ŒUVRES CHOISIES

DE

MOLIÈRE

NOUVELLE ÉDITION

PRÉCÉDÉE D'UNE NOTICE

BAR-LE-DUC

CONTANT-LAGUERRE, ÉDITEUR

1877

BIBLIOTHÈQUE

DES

CHEFS-D'ŒUVRE

IMPRIMERIE
CONTANT-LAGUERRE

Bar le Duc

ŒUVRES CHOISIES

DE

MOLIÈRE

NOUVELLE ÉDITION

PRÉCÉDÉE D'UNE NOTICE

BAR-LE-DUC

CONTANT-LAGUERRE, ÉDITEUR

1877

PRÉFACE GÉNÉRALE

DE LA

BIBLIOTHÈQUE DES CHEFS-D'ŒUVRE.

Notre siècle a ses partisans et ses détracteurs. Les uns l'exaltent outre mesure, les autres le dépriment avec excès. La vérité ne se trouvant jamais dans l'exagération, il ne convient de se laisser entraîner par aucun de ces deux partis. Ce dix-neuvième siècle, si intéressant et si tourmenté, montre des gloires et des hontes, des grandeurs et des faiblesses, de la vitalité et des plaies. Cela peut se dire, il est vrai, de toutes les époques dont l'histoire nous entretient. Aussi avouons-nous que ce mélange d'éléments opposés se présente aujourd'hui avec un caractère particulier qui distingue notre temps et qui justifie les préoccupations passionnées dont il est l'objet. Décadence ou transition, voilà le mot de cette énigme, l'explication de ce chaos.

Mais décadence ou transition n'autorisent ni un pessimisme oisif ni un aveugle optimisme. *Les nations sont guérissables;* si l'homme ne peut arrêter brusquement le cours d'un torrent, il lui est possible de créer des canaux de dérivation qui en amortissent la fougue et le transforment en courant paisible et bienfaisant. Quand les murs craquent de toutes parts, quand les pierres sont disjointes, le ciment tombé, les fondements ébranlés, c'est une insigne folie de vouloir empêcher la ruine imminente; ce serait sagesse de prévenir cette dislocation, tandis qu'il en est temps, et d'opposer un travail opportun d'entretien et de réparation aux ravages de la vétusté. Alors l'édifice, en se revêtant des signes augustes de la durée, garderait la beauté et la solidité de sa jeunesse.

Supposé que le mot de l'énigme contemporaine soit décadence, il n'en faut pas conclure que nous sommes en présence d'une fatalité inexorable et que, sous sa main de fer, le seul parti à prendre soit de courber silencieusement la tête.

Supposez, au contraire, que le monde est emporté dans une voie de transition qui va le conduire à de nouvelles et brillantes destinées, ce n'est pas une raison d'assister dans l'inertie à ce mouvement universel. N'y a-t-il pas là des ardeurs et des élans pour lesquels une direction est nécessaire, trop susceptibles par eux-mêmes de s'égarer dans une fausse route et de se porter au mal et à l'abîme?

Voilà les pensées qui ont inspiré le dessein de la *Bibliothèque des Chefs-d'œuvre*, et qui présideront à sa composition.

Notre siècle aime l'instruction et la lecture : c'est une de ses gloires; il se laisse servir l'aliment intellectuel par une littérature avilie et sceptique, c'est-à-dire, en d'autres termes, qu'il livre son intelligence et son cœur au plus funeste des poisons : c'est son malheur et sa honte.

A cette société malade, mais aussi, nous persistons à le croire, pourvue des ressources d'une abondante vitalité, nous osons apporter notre modeste contingent d'efforts, pour substituer la nourriture saine, vigoureuse, aux substances vénéneuses ou frelatées.

Pendant les trois derniers siècles et au commencement de celui-ci, la France a produit d'innombrables chefs-d'œuvre, dignes de captiver les générations présentes, de leur offrir un idéal, de les éclairer dans le chemin de la vérité et du bonheur. Il faut y ajouter ces grandes œuvres enfantées chez d'autres peuples, mais regardées à bon droit comme le patrimoine de toutes les époques et de tous les pays, parce qu'elles honorent et représentent l'esprit humain dans ce qu'il a de meilleur. Telle est la source où nous puiserons.

Un jour on découvrit à Herculanum, dans cette ville ensevelie par une éruption du Vésuve en l'an 79 de l'ère chrétienne, des espèces de rouleaux noirs rangés avec symétrie. C'était une bibliothèque antique, composée de dix-huit cents volumes. Le P. Antonio Pioggi imagina une machine pour dérouler et fixer sur des membranes transparentes ces rouleaux calcinés et friables que le moindre contact réduisait en poudre. Admirable invention, malheureusement suivie d'une déception amère! On s'attendait à retrouver quelques monuments perdus des illustres génies de Rome et de la Grèce; on ne déchiffra que des œuvres médiocres, productions d'auteurs justement oubliés. La bibliothèque d'Herculanum avait été composée à la triste image de la société romaine du moment : c'était une bibliothèque de la décadence. On peut en dire autant de beaucoup de bibliothèques de nos jours, où vous chercheriez inutilement les noms de Bossuet, de Fénelon, de Corneille, de Racine, de Labruyère, de Buffon, de Châteaubriand. Les livres alignés sur leurs rayons doivent un retentissement de quelques semaines aux caprices d'un goût affaibli qu'ils ont contribué à corrompre et que leurs successeurs achèveront de gâter.

Notre *Bibliothèque* sera tout à fait le contraire de celles-là : le remède en face du mal.

Nous attribuerons le premier rang aux écrivains qui se sont faits, pendant toute leur carrière, les serviteurs de la foi religieuse, de la vertu et du patriotisme. Des autres nous prendrons seulement les pages où resplendissent ces grandes choses et qui peuvent réparer, dans une certaine mesure, la déplorable influence d'autres écrits.

Il est des œuvres qui, sous un air léger et badin, entretiennent le ressort délié de l'esprit français et perpétuent ses bonnes traditions, heureux mélange de sel gaulois, d'urbanité et d'atticisme. Nous ne les exclurons pas.

Religion, philosophie, morale, histoire, éloquence, poésie, gaieté saine et charmante, ces richesses variées se trouvent dans le trésor de notre littérature. A quoi notre siècle s'est-il avisé de donner la préférence?

Tout ce qui pourrait troubler le cœur ou blesser la délicatesse des âmes sera impitoyablement effacé. On doit cette marque de respect à tous les lecteurs, mais surtout à la jeunesse.

L'intégrité des principes, la fermeté des convictions, la rectitude des idées sont aussi des biens également nécessaires et délicats. Nous avons la résolution de ne pas laisser passer une ligne qui puisse y porter atteinte. Plus on affecte aujourd'hui d'en faire bon marché, plus nous voulons montrer combien il importe de les sauvegarder.

Cette œuvre, pour atteindre son but, réclame le concours de ceux qui lisent et de ceux qui dirigent les autres dans leurs études ou leurs lectures.

Nous espérons que notre appel sera entendu des pères et mères de famille; des supérieurs de communautés, de colléges, de pensionnats; des instituteurs, des directeurs de bibliothèques paroissiales ou communales, de cercles, d'associations.

Notre programme, relativement au choix des ouvrages, se résume dans ce mot spirituel et sensé : *Ne lisez pas de bons livres, n'en lisez que..... d'excellents*. Mais cela ne suffit point. Aujourd'hui on veut de beaux livres. Nous nous efforcerons de donner satisfaction à ce noble goût : le plus grand soin présidera à l'exécution typographique de nos volumes, et nous voulons qu'ils méritent, par leur élégance, d'être donnés en cadeaux dans les familles et distribués en prix dans toutes les écoles.

NOTICE

’EST une banalité de dire que la comédie redresse les travers en nous faisant rire : ce n'en est pas moins une vérité. Il n'est pas de genre littéraire plus propre à peindre, à rendre sensibles les défauts ou les ridicules des différents caractères. La Fontaine disait que les *Maximes* de La Rochefoucauld sont un cristal, où l'homme le plus épris de son mérite est obligé de se voir tel qu'il est. Le bon fabuliste pensait que, grâce à ce miroir, la fameuse besace de derrière se montrait à nous, comme si nous la portions par devant. Le drame et le dialogue sont plus saisissants que la maxime la mieux tournée. Si nous voulons connaître le cœur humain, nous déchiffrer nous-mêmes, la compagnie des grands comiques nous sera d'un utile secours.

Mais il y a péril à toute chose humaine, et le péril de

la comédie est de répandre l'amertume dans le cœur, d'habituer à ne voir autour de soi que le côté méprisable de tout, d'ôter de l'âme les sentiments élevés et nobles. La comédie a glissé sur cette pente; elle y a gagné une triste réputation qu'elle ne mérite que trop bien. Aux spectacles qu'elle donne, les oreilles délicates et les yeux modestes sont bien souvent et bien grossièrement offensés. Ce que nous avons dit de la *Poésie dramatique* en général, dans l'*Avertissement* sur les *OEuvres de J. Racine*, vient donc s'ajouter ici à des raisons encore plus fortes, pour condamner la fréquentation du théâtre.

Nous devons néanmoins, en réprouvant l'abus, utiliser les leçons des grands comiques, et nous commençons par MOLIÈRE, un des noms les plus illustres de notre littérature, un des génies du siècle de Louis XIV, un de ces hommes, cependant, qui appartiennent à tous les pays et à tous les temps, parce qu'au delà de l'extérieur et des usages variables, ils savent entrer dans tous les replis de l'âme humaine et peindre l'homme à lui-même. Tous les traits du comique se réunissent en lui, au degré qui captive l'admiration. Il a du feu et de la verve pour animer son dialogue, le couper, le varier, le soutenir, amener les situations et les incidents risibles. Il a de la profondeur et du sentiment pour aller jusqu'au vif des misères et des douleurs de toute passion. Plus fort et plus profond que délicat, il sait pourtant observer les nuances. Qui oserait se dire plus difficile que Louis XIV et sa cour, dont MOLIÈRE fut si goûté?

MOLIÈRE est aussi un des écrivains qu'il importe le plus d'étudier pour dérober les secrets infinis de notre langue française. Quelle souplesse! quelle vigueur! quel coloris! quelle finesse et quels effets soudains? Noble, familière, élégante, naïve, triste, irritée, émue, riante, la prose de MOLIÈRE est tout cela. C'est la vie même de chaque jour, dite avec une énergie, une concision primesautière; et voilà ce qui la rend incomparable. Fénelon estime que MOLIÈRE a moins réussi dans les comédies en vers; il y trouve des longueurs, du remplissage, des tours forcés et compliqués. Cela peut être vrai par endroits; mais, dans sa généralité, le jugement est un peu sévère. Quelles belles tirades et quels dialogues vifs dans le *Misanthrope* et dans les *Femmes savantes!*

Fénelon et Bossuet ont fait à MOLIÈRE un reproche plus grave et trop justifié. Il n'a pas connu les lois de la décence, et souvent il s'est oublié à jeter le ridicule sur les états, sur les institutions, sur les professions, sur les devoirs, au lieu de stigmatiser seulement les caractères et les mœurs. C'est dire qu'avant d'offrir ce volume aux lecteurs, nous avons eu à remplir une tâche assez difficile. Mais l'opinion générale et le jugement des maîtres désignaient à notre choix des pages pleines de vérité et d'entraînante gaieté.

MOLIÈRE naquit à Paris dans le mois de janvier 1622; il fut baptisé sous le nom de JEAN POQUELIN, le 15 de ce mois. Son père, valet de chambre tapissier du roi, lui fit faire des études complètes au collége de Clermont, qui était dirigé par les Jésuites. En 1642, le jeune Poquelin prit les fonctions de son père auprès de Louis XIII. Mais quelques années après, son goût se déclara; il se mit à la tête d'une troupe d'acteurs, en ayant soin de remplacer le nom honorable de sa famille par celui de MOLIÈRE qu'il choisit sans autre raison, et parcourut la France, représentant ses premiers essais, tantôt dans une ville, tantôt dans une autre. Revenu à Paris, il donna une première représentation devant le Roi, le 24 octobre 1658 : ce fut l'entrée d'une carrière où son génie se déploya et se fortifia de plus en plus. On en connaîtra les principales époques par la date des pièces que nous publions dans l'ordre chronologique.

Au milieu des caresses de la gloire et des sourires de la fortune, MOLIÈRE fut malheureux. La vie de famille ne lui donna que des peines. Les acteurs qui l'entouraient en firent la dupe et la victime de leurs passions cupides. Sa mort fut effrayante. Déjà souffrant, il voulut jouer le *Malade imaginaire*. Au moment où il prononçait le mot *Juro*, dans la réception comique du nouveau médecin, il fut pris de convulsions et mourut une heure après; le prêtre ni le médecin ne purent arriver à temps pour lui donner leurs secours. C'était le vendredi 17 février 1673.

L'aspect mélancolique de cette vie et de cette mort offre une morale moins austère qu'on ne pourrait le croire au premier abord. Le rire du sage est modéré; il épanouit l'esprit et le cœur; il n'aigrit ni ne dessèche; il n'empêche l'âme ni de se respecter elle-même ni de sentir et de vénérer tout ce qui est bon et grand. Le rire excessif et déréglé vient d'un homme qui ne peut être heureux, parce qu'il ne sent pas ce qui doit être aimé et qu'il ne voit que des ridicules là où il faudrait voir aussi le vrai et le bien.

LE MISANTHROPE.

1666.

PHILINTE, ALCESTE.

PHILINTE.

Qu'est-ce donc? Qu'avez-vous?

ALCESTE, assis.

Laissez-moi, je vous prie.

PHILINTE.

Mais encor, dites-moi quelle bizarrerie...

ALCESTE.

Laissez-moi là, vous dis-je, et courez vous cacher.

PHILINTE.

Mais on entend les gens au moins sans se fâcher.

ALCESTE.

Moi je veux me fâcher, et ne veux point entendre.

PHILINTE.

Dans vos brusques chagrins je ne puis vous comprendre,
Et, quoique amis enfin, je suis tout des premiers...

ALCESTE, se levant brusquement.

Moi, votre ami? Rayez cela de vos papiers.
J'ai fait jusques ici profession de l'être;
Mais, après ce qu'en vous je viens de voir paroître,
Je vous déclare net que je ne le suis plus,
Et ne veux nulle place en des cœurs corrompus.

PHILINTE.

Je suis donc bien coupable, Alceste, à votre compte?

ALCESTE.

Allez, vous devriez mourir de pure honte;

Une telle action ne sauroit s'excuser,
Et tout homme d'honneur s'en doit scandaliser.
Je vous vois accabler un homme de caresses,
Et témoigner pour lui les dernières tendresses;
De protestations, d'offres et de sermens,
Vous chargez la fureur de vos embrassemens;
Et, quand je vous demande après quel est cet homme,
A peine pouvez-vous dire comme il se nomme;
Votre chaleur pour lui tombe en vous séparant,
Et vous me le traitez, à moi, d'indifférent.
Morbleu! c'est une chose indigne, lâche, infâme,
De s'abaisser ainsi jusqu'à trahir son âme;
Et si, par un malheur, j'en avois fait autant,
Je m'irois, de regret, pendre tout à l'instant.

PHILINTE.

Je ne vois pas, pour moi, que le cas soit pendable;
Et je vous supplierai d'avoir pour agréable
Que je me fasse un peu grâce sur votre arrêt,
Et ne me pende pas pour cela, s'il vous plaît.

ALCESTE.

Que la plaisanterie est de mauvaise grâce!

PHILINTE.

Mais sérieusement, que voulez-vous qu'on fasse?

ALCESTE.

Je veux qu'on soit sincère, et qu'en homme d'honneur
On ne lâche aucun mot qui ne parte du cœur.

PHILINTE.

Lorsqu'un homme vous vient embrasser avec joie,
Il faut bien le payer de la même monnoie[1],
Répondre comme on peut à ses empressemens,
Et rendre offre pour offre, et sermens pour sermens.

ALCESTE.

Non, je ne puis souffrir cette lâche méthode
Qu'affectent la plupart de vos gens à la mode;
Et je ne hais rien tant que les contorsions

---

[1] Exemple de rime fausse et faite pour l'œil seulement; c'est une licence à peine tolérée. (N. E.)

De tous ces grands faiseurs de protestations,
Ces affables donneurs d'ambassades frivoles,
Ces obligeans diseurs d'inutiles paroles,
Qui de civilités avec tous font combat,
Et traitent du même air l'honnête homme et le fat.
Quel avantage a-t-on qu'un homme vous caresse,
Vous jure amitié, foi, zèle, estime, tendresse,
Et vous fasse de vous un éloge éclatant,
Lorsqu'au premier faquin il court en faire autant?
Non, non, il n'est point d'âme un peu bien située
Qui veuille d'une estime ainsi prostituée,
Et la plus glorieuse a des régals peu chers,
Dès qu'on voit qu'on nous mêle avec tout l'univers :
Sur quelque préférence une estime se fonde,
Et c'est n'estimer rien qu'estimer tout le monde.
Puisque vous y donnez, dans ces vices du temps,
Morbleu! vous n'êtes pas pour être de mes gens;
Je refuse d'un cœur la vaste complaisance
Qui ne fait de mérite aucune différence;
Je veux qu'on me distingue, et, pour le trancher net,
L'ami du genre humain n'est point du tout mon fait.

PHILINTE.

Mais, quand on est du monde, il faut bien que l'on rende
Quelques dehors civils que l'usage demande.

ALCESTE.

Non, vous dis-je, on devroit châtier sans pitié
Ce commerce honteux de semblans d'amitié.
Je veux que l'on soit homme, et qu'en toute rencontre
Le fond de notre cœur dans nos discours se montre,
Que ce soit lui qui parle, et que nos sentimens
Ne se masquent jamais sous de vains complimens.

PHILINTE.

Il est bien des endroits où la pleine franchise
Deviendroit ridicule, et seroit peu permise;
Et parfois, n'en déplaise à votre austère honneur,
Il est bon de cacher ce qu'on a dans le cœur.
Seroit-il à propos, et de la bienséance,
De dire à mille gens tout ce que d'eux on pense?

Et, quand on a quelqu'un qu'on hait ou qui déplaît,
Lui doit-on déclarer la chose comme elle est?

ALCESTE.

Oui.

PHILINTE.

Quoi! vous iriez dire à la vieille Émilie,
Qu'à son âge il sied mal de faire la jolie,
Et que le blanc qu'elle a scandalise chacun?

ALCESTE.

Sans doute.

PHILINTE.

A Dorilas, qu'il est trop importun;
Et qu'il n'est, à la cour, oreille qu'il ne lasse
A conter sa bravoure et l'éclat de sa race?

ALCESTE.

Fort bien.

PHILINTE.

Vous vous moquez.

ALCESTE.

Je ne me moque point.
Et je vais n'épargner personne sur ce point.
Mes yeux sont trop blessés, et la cour et la ville
Ne m'offrent rien qu'objets à m'échauffer la bile;
J'entre en une humeur noire, en un chagrin profond,
Quand je vois vivre entre eux les hommes comme ils font;
Je ne trouve partout que lâche flatterie,
Qu'injustice, intérêt, trahison, fourberie;
Je n'y puis plus tenir, j'enrage; et mon dessein
Est de rompre en visière à tout le genre humain.

PHILINTE.

Ce chagrin philosophe est un peu trop sauvage.
Je ris des noirs accès où je vous envisage,
Et crois voir en nous deux, sous mêmes soins nourris,
Ces deux frères que peint *l'Ecole des Maris*[1],
Dont...

---

[1] Titre d'une comédie.

ALCESTE.
Mon Dieu! laissons là vos comparaisons fades.
PHILINTE.
Non : tout de bon, quittez toutes ces incartades.
Le monde par vos soins ne se changera pas :
Et, puisque la franchise a pour vous tant d'appas,
Je vous dirai tout franc que cette maladie,
Partout où vous allez, donne la comédie;
Et qu'un si grand courroux contre les mœurs du temps
Vous tourne en ridicule auprès de bien des gens.
ALCESTE.
Tant mieux, morbleu! tant mieux, c'est ce que je demande :
Ce m'est un fort bon signe, et ma joie en est grande.
Tous les hommes me sont à tel point odieux
Que je serois fâché d'être sage à leurs yeux.
PHILINTE.
Vous voulez un grand mal à la nature humaine.
ALCESTE.
Oui, j'ai conçu pour elle une effroyable haine.
PHILINTE.
Tous les pauvres mortels, sans nulle exception,
Seront enveloppés dans cette aversion?
Encore en est-il bien, dans le siècle où nous sommes....
ALCESTE.
Non, elle est générale, et je hais tous les hommes;
Les uns, parce qu'ils sont méchans et malfaisans,
Et les autres, pour être aux méchans complaisans,
Et n'avoir pas pour eux ces haines vigoureuses
Que doit donner le vice aux âmes vertueuses.
De cette complaisance on voit l'injuste excès
Pour le franc scélérat avec qui j'ai procès.
Au travers de son masque on voit à plein le traître;
Partout il est connu pour tout ce qu'il peut être;
Et ses roulemens d'yeux, et son ton radouci,
N'imposent qu'à des gens qui ne sont point d'ici.
On sait que ce pied-plat, digne qu'on le confonde,
Par de sales emplois s'est poussé dans le monde,
Et que par eux, son sort, de splendeur revêtu,

Fait gronder le mérite et rougir la vertu ;
Quelques titres honteux qu'en tous lieux on lui donne,
Son misérable honneur ne voit pour lui personne :
Nommez-le fourbe, infâme, et scélérat maudit,
Tout le monde en convient, et nul n'y contredit.
Cependant sa grimace est partout bienvenue;
On l'accueille, on lui rit, partout il s'insinue;
Et, s'il est, par la brigue, un rang à disputer,
Sur le plus honnête homme on le voit l'emporter.
Têtebleu ! ce me sont de mortelles blessures
De voir qu'avec le vice on garde des mesures ;
Et parfois il me prend des mouvemens soudains
De fuir dans un désert l'approche des humains.

PHILINTE.

Mon Dieu ! des mœurs du temps mettons-nous moins en peine.
Et faisons un peu grâce à la nature humaine ;
Ne l'examinons point dans la grande rigueur,
Et voyons ses défauts avec quelque douceur.
Il faut, parmi le monde, une vertu traitable ;
A force de sagesse, on peut être blâmable ;
La parfaite raison fuit toute extrémité,
Et veut que l'on soit sage avec sobriété.
Cette grande roideur des vertus des vieux âges
Heurte trop notre siècle et les communs usages ;
Elle veut aux mortels trop de perfection :
Il faut fléchir au temps sans obstination ;
Et c'est une folie à nulle autre seconde
De vouloir se mêler de corriger le monde.
J'observe, comme vous, cent choses tous les jours,
Qui pourroient mieux aller, prenant un autre cours ;
Mais, quoi qu'à chaque pas je puisse voir paroître,
En courroux, comme vous, on ne me voit point être ;
Je prends tout doucement les hommes comme ils sont ;
J'accoutume mon âme à souffrir ce qu'ils font,
Et je crois qu'à la cour, de même qu'à la ville,
Mon flegme est philosophe autant que votre bile.

ALCESTE.

Mais ce flegme, monsieur, qui raisonnez si bien,

Ce flegme pourra-t-il ne s'échauffer de rien?
Et s'il faut, par hasard, qu'un ami vous trahisse,
Que, pour avoir vos biens, on dresse un artifice,
Ou qu'on tâche à semer de méchans bruits de vous,
Verrez-vous tout cela sans vous mettre en courroux?

PHILINTE.

Oui, je vois ces défauts, dont votre âme murmure,
Comme vices unis à l'humaine nature;
Et mon esprit enfin n'est pas plus offensé
De voir un homme fourbe, injuste, intéressé,
Que de voir des vautours affamés de carnage,
Des singes malfaisans, et des loups pleins de rage.

ALCESTE.

Je me verrai trahir, mettre en pièces, voler,
Sans que je sois..... Morbleu! je ne veux point parler,
Tant ce raisonnement est plein d'impertinence!

PHILINTE.

Ma foi, vous ferez bien de garder le silence.
Contre votre partie éclatez un peu moins,
Et donnez au procès une part de vos soins.

ALCESTE.

Je n'en donnerai point, c'est une chose dite.

PHILINTE.

Mais qui voulez-vous donc qui pour vous sollicite?

ALCESTE.

Qui je veux? La raison, mon bon droit, l'équité.

PHILINTE.

Aucun juge par vous ne sera visité?

ALCESTE.

Non. Est-ce que ma cause est injuste ou douteuse?

PHILINTE.

J'en demeure d'accord; mais la brigue est fâcheuse,
Et.....

ALCESTE.

Non. J'ai résolu de n'en pas faire un pas.
J'ai tort, ou j'ai raison.

PHILINTE.

Ne vous y fiez pas.

ALCESTE.

Je ne remuerai point.

PHILINTE.

Votre partie est forte,
Et peut, par sa cabale, entraîner...

ALCESTE.

Il n'importe.

PHILINTE.

Vous vous tromperez.

ALCESTE.

Soit. J'en veux voir le succès.

PHILINTE.

Mais...

ALCESTE.

J'aurai le plaisir de perdre mon procès.

PHILINTE.

Mais enfin...

ALCESTE.

Je verrai dans cette plaiderie
Si les hommes auront assez d'effronterie,
Seront assez méchants, scélérats et pervers,
Pour me faire injustice aux yeux de l'univers.

PHILINTE.

Quel homme!

ALCESTE.

Je voudrois, m'en coûtât-il grand'chose,
Pour la beauté du fait, avoir perdu ma cause.

PHILINTE.

On se riroit de vous, Alceste, tout de bon,
Si l'on vous entendoit parler de la façon.

ALCESTE.

Tant pis pour qui riroit.....

LE

MÉDECIN MALGRÉ LUI

COMÉDIE

1666

PERSONNAGES.

Géronte, père de Lucinde.
Lucinde, fille de Géronte.
Sganarelle, mari de Martine.
Martine, femme de Sganarelle.
M. Robert, voisin de Sganarelle.
Valère, domestique de Géronte.
Lucas, mari de Jacqueline.
Jacqueline, nourrice chez Géronte, et femme de Lucas.
Thibaut, père de Perrin, } paysans.
Perrin, fils de Thibaut,

LE

MÉDECIN MALGRÉ LUI.

ACTE PREMIER.

Le théâtre représente une forêt.

SCÈNE I.

SGANARELLE, MARTINE.

SGANARELLE. — Non, je te dis que je n'en veux rien faire, et que c'est à moi de parler et d'être le maître.

MARTINE. — Et je te dis, moi, que je veux que tu vives à ma fantaisie, et que je ne me suis point mariée avec toi pour souffrir tes fredaines.

SGANARELLE. — O la grande fatigue que d'avoir une femme! et qu'Aristote a bien raison, quand il dit qu'une femme est pire qu'un démon!

MARTINE. — Voyez un peu l'habile homme avec son benêt d'Aristote.

SGANARELLE. — Oui, habile homme. Trouve-moi un faiseur de fagots qui sache, comme moi, raisonner des choses; qui ait servi six ans un fameux médecin, et qui ait su, dans son jeune âge, son rudiment par cœur.

MARTINE. — Peste du fou fieffé!

SGANARELLE. — Peste de la carogne!

MARTINE. — Que maudits soient l'heure et le jour où je m'avisai d'aller dire oui!

SGANARELLE. — Que maudit soit le bec cornu de notaire qui me fit signer ma ruine!

MARTINE. — C'est bien à toi, vraiment, à te plaindre de

cette affaire! Devrois-tu être un seul moment sans rendre grâces au ciel de m'avoir pour ta femme; et méritois-tu d'épouser une personne comme moi?

SGANARELLE. — Il est vrai que tu me fis trop d'honneur! Hé! morbleu! ne me fais point parler là-dessus. Je dirois de certaines choses....

MARTINE. — Quoi? Que dirois-tu?

SGANARELLE. — Baste! laissons là ce chapitre. Il suffit que nous savons ce que nous savons, et que tu fus bien heureuse de me trouver.

MARTINE. — Qu'appelles-tu bien heureuse de te trouver? Un homme qui me réduit à l'hôpital, un débauché, un traître, qui me mange tout ce que j'ai!

SGANARELLE. — Tu as menti, j'en bois une partie.

MARTINE. — Qui me vend, pièce à pièce, tout ce qui est dans le logis.

SGANARELLE. — C'est vivre de ménage.

MARTINE. — Qui m'a ôté jusqu'au lit que j'avois.

SGANARELLE. — Tu t'en lèveras plus matin.

MARTINE. — Enfin, qui ne laisse aucun meuble dans toute la maison!

SGANARELLE. — On en déménage plus aisément.

MARTINE. — Et qui, du matin jusqu'au soir, ne fait que jouer et que boire!

SGANARELLE. — C'est pour ne me point ennuyer.

MARTINE. — Et que veux-tu, pendant ce temps, que je fasse avec ma famille?

SGANARELLE. — Tout ce qu'il te plaira.

MARTINE. — J'ai quatre pauvres petits enfants sur les bras....

SGANARELLE. — Mets-les à terre.

MARTINE. — Qui me demandent à toute heure du pain.

SGANARELLE. — Donne-leur le fouet. Quand j'ai bien bu et bien mangé, je veux que tout le monde soit soûl dans ma maison.

MARTINE. — Et tu prétends, ivrogne, que les choses aillent toujours de même?

SGANARELLE. — Ma femme, allons tout doucement, s'il vous plaît.

MARTINE. — Que j'endure éternellement tes insolences et tes débauches?

SGANARELLE. — Ne nous emportons point, ma femme.

MARTINE. — Et que je ne sache pas trouver le moyen de te ranger à ton devoir?

SGANARELLE. — Ma femme, vous savez que je n'ai pas l'âme endurante, et que j'ai le bras assez bon.

MARTINE. — Je me moque de tes menaces.

SGANARELLE. — Ma petite femme, ma mie, votre peau vous démange à votre ordinaire.

MARTINE. — Je te montrerai bien que je ne te crains nullement.

SGANARELLE. — Ma chère moitié, vous avez envie de me dérober quelque chose.

MARTINE. — Crois-tu que je m'épouvante de tes paroles?

SGANARELLE. — Doux objet de mes vœux, je vous frotterai les oreilles.

MARTINE. — Ivrogne que tu es!

SGANARELLE. — Je vous battrai.

MARTINE. — Sac à vin!

SGANARELLE. — Je vous rosserai.

MARTINE. — Infâme!

SGANARELLE. — Je vous étrillerai.

MARTINE. — Traître, insolent, trompeur, lâche, coquin, pendard, gueux, bélître, fripon, maraud, voleur...

SGANARELLE. — Ah! vous en voulez donc?

(Sganarelle prend un bâton et bat sa femme.)

MARTINE, criant — Ah! ah! ah! ah!

SGANARELLE. — Voilà le vrai moyen de vous apaiser.

SCÈNE II.

M. ROBERT, SGANARELLE, MARTINE.

MONSIEUR ROBERT. — Holà! holà! holà! Fi! Qu'est ceci? Quelle infamie! Peste soit le coquin de battre ainsi sa femme!

MARTINE, à M. Robert. — Et je veux qu'il me batte, moi!

MONSIEUR ROBERT. — Ah! j'y consens de tout mon cœur.

MARTINE. — De quoi vous mêlez-vous?

MONSIEUR ROBERT. — J'ai tort.

MARTINE. — Est-ce là votre affaire?

MONSIEUR ROBERT. — Vous avez raison.

MARTINE. — Voyez un peu cet impertinent, qui veut empêcher les maris de battre leurs femmes!

MONSIEUR ROBERT. — Je me rétracte.

MARTINE. — Qu'avez-vous à voir là-dessus?

MONSIEUR ROBERT. — Rien.

MARTINE. — Est-ce à vous d'y mettre le nez?

MONSIEUR ROBERT. — Non.

MARTINE. — Mêlez-vous de vos affaires.

MONSIEUR ROBERT. — Je ne dis plus mot.

MARTINE. — Il me plaît d'être battue.

MONSIEUR ROBERT. — D'accord.

MARTINE. — Ce n'est pas à vos dépens.

MONSIEUR ROBERT. — Il est vrai.

MARTINE. — Et vous êtes un sot de venir vous fourrer où vous n'avez que faire. *(Elle lui donne un soufflet.)*

MONSIEUR ROBERT, à Sganarelle. — Compère, je vous demande pardon de tout mon cœur. Faites, rossez, battez comme il faut votre femme; je vous aiderai, si vous le voulez.

SGANARELLE. — Il ne me plaît pas, moi.

MONSIEUR ROBERT. — Ah! c'est une autre chose.

SGANARELLE. — Je la veux battre, si je le veux; et ne la veux pas battre, si je ne le veux pas.

MONSIEUR ROBERT. — Fort bien.

SGANARELLE. — C'est ma femme, et non pas la vôtre.

MONSIEUR ROBERT. — Sans doute.

SGANARELLE. — Vous n'avez rien à me commander.

MONSIEUR ROBERT. — D'accord.

SGANARELLE. — Je n'ai que faire de votre aide.

MONSIEUR ROBERT. — Très-volontiers.

SGANARELLE. — Et vous êtes un impertinent de vous ingérer des affaires d'autrui. Apprenez que Cicéron dit qu'entre l'arbre et le doigt il ne faut point mettre l'écorce.....

(Il bat M. Robert, et le chasse.)

SCÈNE III.

SGANARELLE, MARTINE.

SGANARELLE. — Oh! çà, faisons la paix nous deux. Touche là.

MARTINE. — Oui, après m'avoir ainsi battue!

SGANARELLE. — Cela n'est rien. Touche.

MARTINE. — Je ne veux pas.

SGANARELLE. — Eh?

MARTINE. — Non.

SGANARELLE. — Ma petite femme!

MARTINE. — Point.

SGANARELLE. — Allons, te dis-je.

MARTINE. — Je n'en ferai rien.

SGANARELLE. — Viens, viens, viens.

MARTINE. — Non. Je veux être en colère.

SGANARELLE. — Fi! c'est une bagatelle. Allons, allons.

MARTINE. — Laisse-moi là.

SGANARELLE. — Touche, te dis-je.

MARTINE. — Tu m'as trop maltraitée.

SGANARELLE. — Hé bien! va, je te demande pardon; mets là ta main.

MARTINE. — Je te pardonne; (bas, à part) mais tu le payeras.

SGANARELLE. — Tu es une folle de prendre garde à cela. Ce sont petites choses qui sont de temps en temps nécessaires dans l'amitié; et cinq ou six coups de bâton entre gens qui s'aiment, ne font que ragaillardir l'affection. Va, je m'en vais au bois, et je te promets aujourd'hui plus d'un cent de fagots.

SCÈNE IV.

MARTINE, seule.

Va, quelque mine que je fasse, je n'oublierai pas mon ressentiment; et je brûle en moi-même de trouver les moyens de te punir des coups que tu m'as donné.

SCÈNE V.

VALÈRE, LUCAS, MARTINE.

LUCAS, à Valere, sans voir Martine. — Parguienne ! j'avons pris là tous deux une guèble de commission; et je ne sais pas, moi, ce que je pensons attraper.

VALÈRE, à Lucas, sans voir Martine. — Que veux-tu, mon pauvre nourricier? Il faut bien obéir à notre maître; et puis, nous avons intérêt, l'un et l'autre, à la santé de sa fille, notre maîtresse; et sans doute son mariage, différé par sa maladie, nous vaudra quelque récompense.

MARTINE, rêvant à part, se croyant seule. — Ne puis-je point trouver quelque invention pour me venger?

LUCAS, à Valere. — Mais quelle fantaisie s'est-il boutée là dans la tête, puisque les médecins y avont tous pardu leur latin?

VALÈRE, à Lucas. — On trouve quelquefois, à force de chercher, ce qu'on ne trouve pas d'abord; et souvent, en de simples lieux.....

MARTINE, se croyant toujours seule. — Oui, il faut que je m'en venge, à quelque prix que ce soit. Ces coups de bâton me reviennent au cœur, je ne les saurois digérer, et..... (Heurtant Valère et Lucas.) Ah! messieurs, je vous demande pardon; je ne vous voyois pas, et cherchois dans ma tête quelque chose qui m'embarrasse.

VALÈRE. — Chacun a ses soins dans le monde, et nous cherchons aussi ce que nous voudrions bien trouver.

MARTINE. — Seroit-ce quelque chose où je vous puisse aider?

VALÈRE. — Cela se pourroit faire; et nous tâchons de rencontrer quelque habile homme, quelque médecin particulier, qui pût donner quelque soulagement à la fille de notre maître, attaquée d'une maladie qui lui a ôté tout d'un coup l'usage de la langue. Plusieurs médecins ont déjà épuisé toute leur science après elle; mais on trouve, parfois, des gens avec des secrets admirables, de certains remèdes particuliers, qui font le plus souvent ce que les autres n'ont su faire; et c'est là ce que nous cherchons.

MARTINE, bas à part. — Ah! que le ciel m'inspire une admirable invention pour me venger de mon pendard! (Haut.) Vous ne pouviez jamais vous mieux adresser pour rencontrer ce que vous cherchez; et nous avons ici un homme, le plus merveilleux homme du monde, pour les maladies désespérées.

VALÈRE. — Eh! de grâce, où pouvons-nous le rencontrer?

MARTINE. — Vous le trouverez maintenant vers ce petit lieu que voilà, qui s'amuse à couper du bois.

LUCAS. — Un médecin qui coupe du bois!

VALÈRE. — Qui s'amuse à cueillir des simples, voulez-vous dire?

MARTINE. — Non. C'est un homme extraordinaire, qui se plaît à cela, fantasque, bizarre, quinteux, et que vous ne prendriez jamais pour ce qu'il est. Il va vêtu d'une façon extravagante, affecte quelquefois de paroître ignorant, tient sa science renfermée, et ne fuit rien tant, tous les jours, que d'exercer les merveilleux talents qu'il a eus du ciel pour la médecine.

VALÈRE. — C'est une chose admirable, que tous les grands hommes ont toujours du caprice, quelque petit grain de folie mêlé à leur science.

MARTINE. — La folie de celui-ci est plus grande qu'on ne peut croire; car elle va parfois jusqu'à vouloir être battu pour demeurer d'accord de sa capacité; et je vous donne avis que vous n'en viendrez pas à bout, qu'il n'avouera jamais qu'il est médecin, s'il se le met en fantaisie, que vous ne preniez chacun un bâton, et ne le réduisiez, à force de coups, à vous confesser à la fin ce qu'il vous cachera d'abord. C'est ainsi que nous en usons, quand nous avons besoin de lui.

VALÈRE. — Voilà une étrange folie!

MARTINE. — Il est vrai; mais, après cela, vous verrez qu'il ait des merveilles.

VALÈRE. — Comment s'appelle-t-il?

MARTINE. — Il s'appelle Sganarelle; mais il est aisé à connoître. C'est un homme qui a une large barbe noire, et qui porte une fraise, avec un habit jaune et vert.

LUCAS. — Un habit jaune et vart! c'est donc le médecin des parroquets?

VALÈRE. — Mais est-il bien vrai qu'il soit si habile que vous le dites?

MARTINE. — Comment! C'est un homme qui fait des miracles. Il y a six mois qu'une femme fut abandonnée de tous les autres médecins : on la tenoit morte il y avoit déjà six heures et l'on se disposoit à l'ensevelir, lorsqu'on y fit venir de force l'homme dont nous parlons. Il lui mit, l'ayant vue, une petite goutte de je ne sais quoi dans la bouche; et, dans le même instant, elle se leva de son lit, et se mit aussitôt à se promener dans sa chambre, comme si de rien n'eût été.

LUCAS. — Ah!

VALÈRE. — Il falloit que ce fût quelque goutte d'or potable.

MARTINE. — Cela pourroit bien être. Il n'y a pas trois semaines encore qu'un jeune enfant de douze ans tomba du haut du clocher en bas, et se brisa sur le pavé la tête, les bras et les jambes. On n'y eut pas plus tôt amené notre homme, qu'il le frotta par tout le corps d'un certain onguent qu'il sait faire; et l'enfant aussitôt se leva sur ses pieds, et courut jouer à la fossette.

LUCAS. — Ah!

VALÈRE. — Il faut que cet homme-là ait la médecine universelle.

MARTINE. — Qui en doute?

LUCAS. — Tétigué! v'là justement l'homme qu'il nous faut. Allons vite le charcher.

VALÈRE. — Nous vous remercions du plaisir que vous nous faites.

MARTINE. — Mais souvenez-vous bien, au moins, de l'avertissement que je vous ai donné.

LUCAS. — Hé! morguenne! laissez-nous faire. S'il ne tient qu'à battre, la vache est à nous.

VALÈRE, à Lucas. — Nous sommes bien heureux d'avoir fait cette rencontre; et j'en conçois, pour moi, la meilleure espérance du monde.

SCÈNE VI.

SGANARELLE, VALÈRE, LUCAS.

SGANARELLE, chantant derrière le théâtre. — La, la, la.

VALÈRE. — J'entends quelqu'un qui chante, et qui coupe du bois.

SGANARELLE, entrant sur le théâtre avec une bouteille à sa main, sans apercevoir Valère ni Lucas. — La, la, la... Ma foi, c'est assez travaillé pour boire un coup. Prenons un peu d'haleine. (Après avoir bu.) Voilà du bois qui est salé comme tous les diables.
(Il chante.)

> Qu'ils sont doux,
> Bouteille jolie,
> Qu'ils sont doux,
> Vos petits glougloux !
> Mais mon sort feroit bien des jaloux,
> Si vous étiez toujours remplie.
> Ah ! bouteille, ma mie,
> Pourquoi vous videz-vous ?

Allons, morbleu ! il ne faut point engendrer de mélancolie.

VALÈRE, bas, à part. — Le voilà lui-même.

LUCAS, bas, à Valère. — Je pense que vous dites vrai, et que j'avons bouté le nez dessus.

VALÈRE. — Voyons de près.

SGANARELLE, embrassant sa bouteille. — Ah ! ma petite friponne, que je t'aime, mon petit bouchon !
(Il chante. Apercevant Valère et Lucas qui l'examinent, il baisse la voix.)

> Mais mon sort.... feroit.... bien des.... jaloux,
> Si....

(Voyant qu'on l'examine de plus près.)

Que diable ! à qui en veulent ces gens-là ?

VALÈRE, à Lucas. — C'est lui assurément.

LUCAS, à Valère. — Le v'là tout craché comme on nous l'a défiguré.

(Sganarelle pose la bouteille à terre ; et, Valère se baissant pour le saluer, comme il croit que c'est à dessein de la prendre, il la met de l'autre côté ; Lucas faisant la même chose que Valère, Sganarelle reprend sa bouteille, et la tient contre son estomac, avec divers gestes, qui font un jeu de théâtre.)

SGANARELLE, à part. — Ils consultent en me regardant. Quel dessein auroient-ils?

VALÈRE. — Monsieur, n'est-ce pas vous qui vous appelez Sganarelle?

SGANARELLE. — Hé! Quoi?

VALÈRE. — Je vous demande si ce n'est pas vous qui se nomme Sganarelle?

SGANARELLE, se tournant vers Valere, puis vers Lucas. — Oui et non, selon ce que vous lui voulez.

VALÈRE. — Nous ne voulons que lui faire toutes les civilités que nous pourrons.

SGANARELLE. — En ce cas, c'est moi qui se nomme Sganarelle.

VALÈRE. — Monsieur, nous sommes ravis de vous voir. On nous a adressés à vous pour ce que nous cherchons; et nous venons implorer votre aide, dont nous avons besoin.

SGANARELLE. — Si c'est quelque chose, messieurs, qui dépende de mon petit négoce, je suis tout prêt à vous rendre service.

VALÈRE. — Monsieur, c'est trop de grâce que vous nous faites. Mais, monsieur, couvrez-vous, s'il vous plaît; le soleil pourroit vous incommoder.

LUCAS. — Monsieu, boutez dessus.

SGANARELLE, à part. — Voici des gens bien pleins de cérémonie. (Il se couvre.)

VALÈRE. — Monsieur, il ne faut pas trouver étrange que nous venions à vous; les habiles gens sont toujours recherchés, et nous sommes instruits de votre capacité.

SGANARELLE. — Il est vrai, messieurs, que je suis le premier homme du monde pour faire des fagots.

VALÈRE. — Ah! monsieur...

SGANARELLE. — Je n'y épargne aucune chose, et les fais d'une façon qu'il n'y a rien à dire.

VALÈRE. — Monsieur, ce n'est pas cela dont il est question.

SGANARELLE. — Mais aussi, je les vends cent dix sols le cent.

VALÈRE. — Ne parlons point de cela, s'il vous plaît.

SGANARELLE. — Je vous promets que je ne saurois les donner à moins.

VALÈRE. — Monsieur, nous savons les choses.

SGANARELLE. — Si vous savez les choses, vous savez que je les vends cela.

VALÈRE. — Monsieur, c'est se moquer, que...

SGANARELLE. — Je ne me moque point, je n'en puis rien rabattre.

VALÈRE. — Parlons d'autre façon, de grâce.

SGANARELLE. — Vous en pourrez trouver autre part à moins : il y a fagots et fagots; mais pour ceux que je fais...

VALÈRE. — Hé! monsieur, laissons là ce discours.

SGANARELLE. — Je vous jure que vous ne les auriez pas, s'il s'en falloit un double.

VALÈRE. — Hé! Fi!

SGANARELLE. — Non, en conscience, vous en payerez cela. Je vous parle sincèrement, et ne suis pas homme à surfaire.

VALÈRE. — Faut-il, monsieur, qu'une personne comme vous s'amuse à ces grossières feintes, s'abaisse à parler de la sorte? qu'un homme si savant, un fameux médecin, comme vous êtes, veuille se déguiser aux yeux du monde, et tenir enterrés les beaux talents qu'il a?

SGANARELLE, à part. — Il est fou.

VALÈRE. — De grâce, monsieur, ne dissimulez point avec nous.

SGANARELLE. — Comment?

LUCAS. — Tout ce tripotage ne sart de rian; je savons ce que je savons.

SGANARELLE. — Quoi donc? Que me voulez-vous dire? Pour qui me prenez-vous?

VALÈRE. — Pour ce que vous êtes, pour un grand médecin.

SGANARELLE. — Médecin vous-même; je ne le suis point, et je ne l'ai jamais été.

VALÈRE, bas. — Voilà sa folie qui le tient. (Haut.) Monsieur, ne veuillez point nier les choses davantage; et n'en venons point, s'il vous plaît, à de fâcheuses extrémités.

SGANARELLE. — A quoi donc?

VALÈRE. — A de certaines choses dont nous serions marris.

SGANARELLE. — Parbleu! venez-en à tout ce qu'il vous plaira; je ne suis point médecin, et ne sais ce que vous me voulez dire.

VALÈRE, bas. — Je vois bien qu'il faut se servir du remède. Haut) Monsieur, encore un coup, je vous prie d'avouer ce que vous êtes.

LUCAS. — Hé! tétigué! ne lantiponnez point davantage et confessez à la franquette que v's êtes médecin.

SGANARELLE, à part. — J'enrage.

VALÈRE. — A quoi bon nier ce qu'on sait?

LUCAS. — Pourquoi toutes ces fraimes-là? A quoi est-ce que ça vous sart?

SGANARELLE. — Messieurs, en un mot, autant qu'en deux mille, je vous dis que je ne suis point médecin.

VALÈRE. — Vous n'êtes point médecin?

SGANARELLE. — Non.

LUCAS. — V'n'êtes pas médecin?

SGANARELLE. — Non, vous dis-je.

VALÈRE. — Puisque vous le voulez, il faut s'y résoudre.

(Ils prennent chacun un bâton et le frappent.)

SGANARELLE. — Ah! ah! ah! messieurs, je suis tout ce qu'il vous plaira.

VALÈRE. — Pourquoi, monsieur, nous obligez-vous à cette violence?

LUCAS. — A quoi bon nous bailler la peine de vous battre?

VALÈRE. — Je vous assure que j'en ai tous les regrets du monde.

LUCAS. — Par ma figué, j'en sis fâché franchement.

SGANARELLE. — Que diable est ceci, messieurs? De grâce, est-ce pour rire, ou si tous deux vous extravaguez, de vouloir que je sois médecin?

VALÈRE. — Quoi! vous ne vous rendez pas encore, et vous vous défendez d'être médecin?

SGANARELLE. — Diable emporte si je le suis!

LUCAS. — Il n'est pas vrai qu'ous sayez médecin?

SGANARELLE. — Non, la peste m'étouffe. (Ils recommencent à le battre.) Ah! ah! Hé bien! messieurs, oui, puisque vous le voulez, je suis médecin, je suis médecin; apothicaire encore, si vous le trouvez bon. J'aime mieux consentir à tout, que de me faire assommer.

VALÈRE. — Ah! voilà qui va bien, monsieur; je suis ravi de vous voir raisonnable.

LUCAS. — Vous me boutez la joie au cœur, quand je vous vois parler comme ça.

VALÈRE. — Je vous demande pardon de toute mon âme.

LUCAS. — Je vous demandons excuse de la libarté que j'avons prise.

SGANARELLE, à part. — Ouais! seroit-ce bien moi qui me tromperois, et serois-je devenu médecin sans m'en être aperçu?

VALÈRE. — Monsieur, vous ne vous repentirez pas de nous montrer ce que vous êtes, et vous verrez assurément que vous en serez satisfait.

SGANARELLE. — Mais, messieurs, dites-moi, ne vous trompez-vous point vous-mêmes? Est-il bien assuré que je sois médecin?

LUCAS. — Oui, par ma figué.

SGANARELLE. — Tout de bon?

VALÈRE. — Sans doute.

SGANARELLE. — Diable emporte, si je le savois.

VALÈRE. — Comment! vous êtes le plus habile médecin du monde.

SGANARELLE. — Ah! ah!

LUCAS. — Un médecin qui a gari je ne sais combien de maladies.

SGANARELLE. — Tudieu!

VALÈRE. — Une femme étoit tenue pour morte il y avoit six heures, elle étoit prête à ensevelir, lorsque avec une goutte de quelque chose, vous la fîtes revenir, et marcher d'abord par la chambre.

SGANARELLE. — Peste!

LUCAS. — Un petit enfant de douze ans se laissit choir du haut d'un clocher, de quoi il eut la tête, les jambes et les bras cassés; et vous, avec je ne sais quel onguent, vous fîtes qu'aussitôt il se relevit sur ses pieds, et s'en fut jouer à la fossette.

SGANARELLE. — Diantre!

VALÈRE. — Enfin, monsieur, vous aurez contentement avec nous, et vous gagnerez ce que vous voudrez, en vous laissant conduire où nous prétendons vous mener.

SGANARELLE. — Je gagnerai ce que je voudrai?

VALÈRE. — Oui.

SGANARELLE. — Ah! je suis médecin, sans contredit. Je l'avois oublié, mais je m'en ressouviens. De quoi est-il question? Où faut-il se transporter?

VALÈRE. — Nous vous conduirons. Il est question d'aller voir une fille qui a perdu la parole.

SGANARELLE. — Ma foi, je ne l'ai pas trouvée.

VALÈRE, bas, à Lucas. — Il aime à rire. (A Sganarelle.) Allons, monsieur.

SGANARELLE. — Sans une robe de médecin?

VALÈRE. — Nous en prendrons une.

SGANARELLE, présentant sa bouteille à Valère. — Tenez cela, vous : voilà où je mets mes juleps. (Puis se tournant vers Lucas en crachant.) — Vous, marchez là-dessus par ordonnance du médecin.

LUCAS. — Palsanguenne! v'là un médecin qui me plaît; je pense qu'il réussira, car il est bouffon.

ACTE DEUXIÈME.

Le théâtre représente une chambre de la maison de Géronte.

SCÈNE I.

GÉRONTE, VALÈRE, LUCAS, JACQUELINE.

VALÈRE. — Oui, monsieur, je crois que vous serez satisfait; et nous vous avons amené le plus grand médecin du monde.

LUCAS. — Oh! morguenne! il faut tirer l'échelle après cetilà; et tous les autres ne sont pas daignes de li déchausser ses souliés.

VALÈRE. — C'est un homme qui a fait des cures merveilleuses.

LUCAS. — Qui a gari des gens qui étiant morts.

VALÈRE. — Il est un peu capricieux, comme je vous ai dit; et, parfois, il a des moments où son esprit s'échappe, et ne paroît pas ce qu'il est.

LUCAS. — Oui, il aime à bouffonner; et l'an diroit parfois, ne v's en déplaise, qu'il a quelque petit coup de hache à la tête.

VALÈRE. — Mais, dans le fond, il est toute science; et, bien souvent, il dit des choses tout à fait relevées.

LUCAS. — Quand il s'y boute, il parle tout fin drait comme s'il lisoit dans un livre.

VALÈRE. — Sa réputation s'est déjà répandue ici; et tout le monde vient à lui.

GÉRONTE. — Je meurs d'envie de le voir; faites-le-moi vite venir.

VALÈRE. — Je le vais quérir.

SCÈNE II.

GÉRONTE, JACQUELINE, LUCAS.

JACQUELINE. — Par ma fi, monsieur, ceti-ci fera justement ce qu'ant fait les autres. Je pense que ce sera quessi queumi; et la meilleure médeçaine que l'an pourvoit bailler à votre fille,.....

GÉRONTE. — Ouais! nourrice, ma mie, vous vous mêlez de bien des choses.

LUCAS. — Taisez-vous, notre minagère Jacquelaine : ce n'est pas à vous à bouter là votre nez.

JACQUELINE. — Je vous dis et vous douze que tous ces médecins n'y feront rian que de liau claire.....

GÉRONTE. — Peste! madame la nourrice, comme vous dégoisez! Taisez-vous, je vous prie; vous prenez trop de soin.

LUCAS, frappant, à chaque phrase qu'il dit, sur la poitrine de Geronte. — Morgué! tais-toi, t'es eune impartinente. Monsieu n'a que faire de tes discours, et il sait ce qu'il a à faire. Monsieu est le père de sa fille; et il est bon et sage pour voir ce qu'il li faut.

GÉRONTE. — Tout doux. Oh! tout doux.

LUCAS, frappant encore sur la poitrine de Géronte. — Monsieu, je veux un peu la mortifier, et li apprendre le respect qu'alle vous doit.

GÉRONTE. — Oui. Mais ces gestes ne sont pas nécessaires.

SCÈNE III.

VALÈRE, SGANARELLE, GÉRONTE, LUCAS, JACQUELINE.

VALÈRE. — Monsieur, préparez-vous. Voici notre médecin qui entre.

GÉRONTE, à Sganarelle. — Monsieur, je suis ravi de vous voir chez moi, et nous avons grand besoin de vous.

SGANARELLE, en robe de médecin, avec un chapeau des plus pointus. — Hippocrate dit..... que nous nous couvrions tous deux.

GÉRONTE. — Hippocrate dit cela?

SGANARELLE. — Oui.

GÉRONTE. — Dans quel chapitre, s'il vous plaît?

SGANARELLE. — Dans son chapitre..... des chapeaux.

GÉRONTE. — Puisque Hippocrate le dit, il le faut faire.

SGANARELLE. — Monsieur le médecin, ayant appris les merveilleuses choses.....

GÉRONTE. — A qui parlez-vous, de grâce?

SGANARELLE. — A vous.

GÉRONTE. — Je ne suis pas médecin.

SGANARELLE. — Vous n'êtes pas médecin?

GÉRONTE. — Non vraiment.

SGANARELLE. — Tout de bon?

GÉRONTE. — Tout de bon.

(Sganarelle prend un bâton, et frappe Géronte.)

Ah! ah! ah!

SGANARELLE. — Vous êtes médecin maintenant; je n'ai jamais eu d'autres licences.

GÉRONTE, à Valère. — Quel diable d'homme m'avez-vous là amené?

VALÈRE. — Je vous ai bien dit que c'étoit un médecin goguenard.

GÉRONTE. — Oui. Mais je l'enverrois promener avec ses goguenarderies.

LUCAS. — Ne prenez pas garde à çà, monsieu ; ce n'est que pour rire.

GÉRONTE. — Cette raillerie ne me plaît pas.

SGANARELLE. — Monsieur, je vous demande pardon de la liberté que j'ai prise.

GÉRONTE. — Monsieur, je suis votre serviteur.

SGANARELLE. — Je suis fâché....

GÉRONTE. — Cela n'est rien.

SGANARELLE. — Des coups de bâton....

GÉRONTE. — Il n'y a pas de mal.

SGANARELLE. — Que j'ai eu l'honneur de vous donner.

GÉRONTE. — Ne parlons plus de cela. Monsieur, j'ai une fille qui est tombée dans une étrange maladie.

SGANARELLE. — Je suis ravi, monsieur, que votre fille ait besoin de moi ; et je souhaiterois de tout mon cœur que vous en eussiez besoin aussi, vous et toute votre famille, pour vous témoigner l'envie que j'ai de vous servir.

GÉRONTE. — Je vous suis obligé de ces sentiments.

SGANARELLE. — Je vous assure que c'est du meilleur de mon âme que je vous parle.

GÉRONTE. — C'est trop d'honneur que vous me faites.

SGANARELLE. — Comment s'appelle votre fille?

GÉRONTE. — Lucinde!

SGANARELLE. — Lucinde! Ah! beau nom à médicamenter. Lucinde!

GÉRONTE. — Je m'en vais voir un peu ce qu'elle fait.

SCÈNE IV.

GÉRONTE, SGANARELLE, LUCAS, JACQUELINE.

GÉRONTE. — Monsieur, voici tout à l'heure ma fille qu'on va vous amener.

SGANARELLE. — Je l'attends, monsieur, avec toute la médecine.

GÉRONTE. — Où est-elle?

SGANARELLE, se touchant le front. — Là-dedans.

GÉRONTE. — Fort bien.

SCÈNE V.

LUCINDE, GÉRONTE, SGANARELLE, VALÈRE, LUCAS, JACQUELINE.

SGANARELLE. — Est-ce là la malade?

GÉRONTE. — Oui. Je n'ai qu'elle de fille; et j'aurois tous les regrets du monde, si elle venoit à mourir.

SGANARELLE. — Qu'elle s'en garde bien. Il ne faut pas qu'elle meure sans l'ordonnance du médecin.

GÉRONTE. — Allons, un siége.

SGANARELLE, assis entre Geronte et Lucinde. (A Lucinde.) Hé bien? de quoi est-il question? Qu'avez-vous? Quel est le mal que vous sentez?

LUCINDE, portant sa main à sa bouche, à sa tête, et sous son menton. — Han, hi, hon, han.

SGANARELLE. — Hé! que dites-vous?

LUCINDE continue les mêmes gestes. — Han, hi, hon, han, han, hi, hon.

SGANARELLE. — Quoi?

LUCINDE. — Han, hi, hon.

SGANARELLE. — Han, hi, hon, han, ha. Je ne vous entends point. Quel diable de langage est-ce là?

GÉRONTE. — Monsieur, c'est là sa maladie. Elle est devenue muette, sans que jusques ici on en ait pu savoir la cause; et, c'est un accident qui a fait reculer son mariage.

SGANARELLE. — Et pourquoi?

GÉRONTE. — Celui qu'elle doit épouser veut attendre sa guérison pour conclure les choses.

SGANARELLE. — Et qui est ce sot-là, qui ne veut pas que sa femme soit muette? Plût à Dieu que la mienne eût cette maladie! Je me garderois de la vouloir guérir.

GÉRONTE. — Enfin, monsieur, nous vous prions d'employer tous vos soins, pour la soulager de son mal.

SGANARELLE. — Ah! ne vous mettez pas en peine. Dites-moi un peu, ce mal l'oppresse-t-il beaucoup?

GÉRONTE. — Oui, monsieur.

SGANARELLE. — Tant mieux. Sent-elle de grandes douleurs?

GÉRONTE. — Fort grandes.

SGANARELLE. — C'est fort bien fait. Va-t-elle où vous savez?

GÉRONTE. — Oui.

SGANARELLE. — Copieusement?

GÉRONTE. — Je n'entends rien à cela.

SGANARELLE. — La matière est-elle louable?

GÉRONTE. — Je ne me connois pas à ces choses.

SGANARELLE, à Lucinde. — Donnez-moi votre bras. (A Géronte.) Voilà un pouls qui marque que votre fille est muette.

GÉRONTE. — Hé! oui, monsieur, c'est là son mal; vous l'avez trouvé tout du premier coup.

SGANARELLE. — Ah! ah!

JACQUELINE. — Voyez comme il a deviné sa maladie!

SGANARELLE. — Nous autres grands médecins, nous connoissons d'abord les choses. Un ignorant auroit été embarrassé, et vous eût été dire : C'est ceci, c'est cela, mais moi, je touche au but du premier coup, et je vous apprends que votre fille est muette.

GÉRONTE. — Oui; mais je voudrois bien que vous me puissiez dire d'où cela vient.

SGANARELLE. — Il n'est rien de plus aisé. Cela vient de ce qu'elle a perdu la parole.

GÉRONTE. — Fort bien; mais la cause, s'il vous plaît, qui fait qu'elle a perdu la parole?

SGANARELLE. — Tous nos meilleurs auteurs vous diront que c'est l'empêchement de l'action de sa langue.

GÉRONTE. — Mais encore, vos sentimens sur cet empêchement de l'action de sa langue?

SGANARELLE. — Aristote, là-dessus, dit..... de fort belles choses.

GÉRONTE. — Je le crois.

SGANARELLE. — Ah! c'étoit un grand homme.

GÉRONTE. — Sans doute.

SGANARELLE. — Grand homme tout à fait; (levant le bras depuis le coude) un homme qui étoit plus grand que moi de tout cela. Pour revenir donc à notre raisonnement, je tiens que cet empêchement de l'action de sa langue est causé par de certaines humeurs, qu'entre nous autres savans, nous appelons humeurs peccantes, c'est-à-dire... humeurs peccantes; d'autant que les vapeurs formées par les exhalaisons des influences qui s'élèvent dans la région des maladies, venant.... pour ainsi dire.... à.... Entendez-vous le latin?

GÉRONTE. — En aucune façon.

SGANARELLE, se levant brusquement. — Vous n'entendez point le latin?

GÉRONTE. — Non.

SGANARELLE, avec enthousiasme. — *Cabricias, arci thuram, catalamus, singulariter, nominativo, hæc musa*, la muse, *bonus, bona, bonum. Deus sanctus, est-ne oratio latinas? Etiam*, oui. *Quare*, pourquoi? *Quia substantivo, et adjectivum, concordat in generi, numerum, et casus.*

GÉRONTE. — Ah! que n'ai-je étudié!

JACQUELINE. — L'habile homme que vlà!

LUCAS. — Oui, ça est si biau que je n'y entends goutte.

SGANARELLE. — Or, ces vapeurs, dont je vous parle, venant à passer du côté gauche où est le foie, au côté droit où est le cœur, il se trouve que le poumon, que nous appelons en latin *armyan*, ayant communication avec le cerveau, que nous nommons en grec *nasmus*, par le moyen de la veine cave, que nous appelons en hébreu *cubile*, rencontre en son chemin lesdites vapeurs qui remplissent les ventricules de l'omoplate; et parce que lesdites vapeurs... Comprenez bien ce raisonnement, je vous prie; et parce que lesdites vapeurs ont une certaine malignité... Écoutez bien ceci, je vous conjure.

GÉRONTE. — Oui.

SGANARELLE. — Ont une certaine malignité qui est causée..... Soyez attentif, s'il vous plaît.

GÉRONTE. — Je le suis.

SGANARELLE. — Qui est causée par l'âcreté des humeurs engendrées dans la concavité du diaphragme, il arrive que ces vapeurs..... *Ossabandus, nequeis, nequer, potarinum, quipsa milus*. Voilà justement ce qui fait que votre fille est muette.

JACQUELINE. — Ah! que ça est bian dit, notre homme.

LUCAS. — Que n'ai-je la langue aussi bian pendue!

GÉRONTE. — On ne peut pas mieux raisonner, sans doute. Il n'y a qu'une seule chose qui m'a choqué; c'est l'endroit du foie et du cœur. Il me semble que vous les placez autrement qu'ils ne sont; que le cœur est du côté gauche, et le foie du côté droit.

SGANARELLE. — Oui, cela étoit autrefois ainsi; mais nous avons changé tout cela, et nous faisons maintenant la médecine d'une méthode toute nouvelle.

GÉRONTE. — C'est ce que je ne savois pas, et je vous demande pardon de mon ignorance.

SGANARELLE. — Il n'y a point de mal; et vous n'êtes pas obligé d'être aussi habile que nous.

GÉRONTE. — Assurément. Mais, monsieur, que croyez-vous qu'il faille faire à cette maladie?

SGANARELLE. — Ce que je crois qu'il faille faire?

GÉRONTE. — Oui.

SGANARELLE. — Mon avis est qu'on la remette sur son lit, et qu'on lui fasse prendre, pour remède, quantité de pain trempé dans du vin.

GÉRONTE. — Pourquoi cela, monsieur?

SGANARELLE. — Parce qu'il y a dans le vin et le pain, mêlés ensemble, une vertu sympathique qui fait parler. Ne voyez-vous pas bien qu'on ne donne autre chose aux perroquets, et qu'ils apprennent à parler en mangeant de cela?

GÉRONTE. — Cela est vrai. Ah! le grand homme! Vite, quantité de pain et de vin.

SGANARELLE. — Je reviendrai voir, sur le soir, en quel état elle sera.

SCÈNE VI.

GÉRONTE, SGANARELLE, JACQUELINE.

SGANARELLE, à Jacqueline. — Doucement, vous. (A Géronte.) Monsieur, voilà une nourrice à laquelle il faut que je fasse quelques petits remèdes.

JACQUELINE. — Qui? Moi? Je me porte le mieux du monde.

SGANARELLE. — Tant pis, nourrice, tant pis. Cette grande santé est à craindre; et il ne sera pas mauvais de vous faire quelque petite saignée amiable, de vous donner quelque petit clystère dulcifiant.

GÉRONTE. — Mais, monsieur, voilà une mode que je ne comprends point. Pourquoi s'aller faire saigner, quand on n'a point de maladie?

SGANARELLE. — Il n'importe, la mode en est salutaire; et, comme on boit pour la soif à venir, il faut se faire saigner pour la maladie à venir.

JACQUELINE, en s'en allant. — Ma fi, je me moque de ça; et je ne veux point faire de mon corps une boutique d'apothicaire.

SGANARELLE. — Vous êtes rétive aux remèdes; mais nous saurons vous soumettre à la raison.

SCÈNE VII.

GÉRONTE, SGANARELLE.

SGANARELLE. — Je vous donne le bonjour.

GÉRONTE. — Attendez un peu, s'il vous plaît.

SGANARELLE. — Que voulez-vous faire?

GÉRONTE. — Vous donner de l'argent, monsieur.

SGANARELLE, tendant sa main par derrière, tandis que Géronte ouvre sa bourse. — Je n'en prendrai pas, monsieur.

GÉRONTE. — Monsieur.

SGANARELLE. — Point du tout.

GÉRONTE. — Un petit moment.

SGANARELLE. — En aucune façon.

GÉRONTE. — De grâce.

SGANARELLE. — Vous vous moquez.

GÉRONTE. — Voilà qui est fait.

SGANARELLE. — Je n'en ferai rien.

GÉRONTE. — Eh!

SGANARELLE. — Ce n'est pas l'argent qui me fait agir.

GÉRONTE. — Je le crois.

SGANARELLE, après avoir pris l'argent. — Cela est-il de poids?

GÉRONTE. — Oui, monsieur.

SGANARELLE. — Je ne suis pas un médecin mercenaire.

GÉRONTE. — Je le sais bien.

SGANARELLE. — L'intérêt ne me gouverne point.

GÉRONTE. — Je n'ai pas cette pensée.

SGANARELLE, seul, regardant l'argent qu'il a reçu. — Ma foi, cela ne va pas mal; et pourvu que.....

SCÈNE VIII.
THIBAUT, PERRIN, SGANARELLE.

THIBAUT. — Monsieu, je venons vous charcher, mon fils Perrin et moi.

SGANARELLE. — Qu'y a-t-il?

THIBAUT. — Sa pauvre mère, qui a nom Parrette, est dans un lit malade il y a six mois.

SGANARELLE, tendant la main comme pour recevoir de l'argent. — Que voulez-vous que j'y fasse?

THIBAUT. — Je voudrions, monsieu, que vous nous baillissiez queuque petite drôlerie pour la garir.

SGANARELLE. — Il faut voir de quoi est-ce qu'elle est malade.

THIBAUT. — Alle est malade d'hypocrisie, monsieu.

SGANARELLE. — D'hypocrisie?

THIBAUT. — Oui, c'est-à-dire qu'alle est enflée partout; et l'an dit que c'est quantité de sériosités qu'alle a dans le corps, et que son foie, son ventre, ou sa rate, comme vous voudrais l'appeler, au glieu de faire du sang, ne fait plus que de liau. Alle a, de deux jours l'un, la fièvre quotiguienne, avec des lassitudes et des douleurs dans les mufles des jambes. On entend dans sa gorge des fleumes qui sont tout prêts à l'étouffer; et parfois il lui prend des syncoles et des conversions, que je crayons qu'alle est passée. J'avons dans notre village un apothicaire, révérence parler, qui li a donné je ne sais combien d'histoires; et il m'en coûte plus d'eune douzaine de bons écus, en lavemens, ne v's en déplaise, en aposthumes qu'on li a fait prendre, en infections de jacinthe, et en portions cordales. Mais tout ça, comme dit l'autre, n'a été que de l'onguent miton-mitaine. Il veloit li bailler d'une certaine drogue que l'on appelle du vin amétile; mais j'ai-z-eu peur franchement que ça l'envoyît *à patres*, et l'an dit que ces gros médecins tuont je ne sais combien de monde avec cette invention-là.

SGANARELLE, tendant toujours la main. — Venons au fait, mon ami, venons au fait.

THIBAUT. — Le fait est, monsieu, que je venons vous prier de nous dire ce qu'il faut que je fassions.

SGANARELLE. — Je ne vous entends point du tout.

PERRIN. — Monsieu, ma mère est malade, et vlà deux écus que je vous apportons, pour nous bailler queuque remède.

SGANARELLE. — Ah! je vous entends, vous. Voilà un garçon qui parle clairement, et qui s'explique comme il faut. Vous dites que votre mère est malade d'hydropisie, qu'elle est enflée par tout le corps; qu'elle a la fièvre, avec des douleurs dans les jambes, et qu'il lui prend parfois des syncopes, et des convulsions, c'est-à-dire des évanouissemens.

PERRIN. — Hé! oui, monsieu, c'est justement çà.

SGANARELLE. — J'ai compris d'abord vos paroles. Vous avez un père qui ne sait ce qu'il dit. Maintenant, vous me demandez un remède?

PERRIN. — Oui, monsieu.

SGANARELLE. — Un remède pour la guérir?

PERRIN. — C'est comme je l'entendons.

SGANARELLE. Tenez, voilà un morceau de fromage qu'il faut que vous lui fassiez prendre.

PERRIN. — Du fromage, monsieu?

SGANARELLE. — Oui, c'est un fromage préparé, où il entre de l'or, du corail et des perles, et quantité d'autres choses précieuses.

PERRIN. — Monsieu, je vous sommes bien obligés, et j'allons li faire prendre ça tout à l'heure.

SGANARELLE. — Allez. Si elle meurt, ne manquez pas de la faire enterrer du mieux que vous pourrez.

FIN DU MEDECIN MALGRE LUI.

L'AVARE

COMÉDIE

1668

PERSONNAGES.

Harpagon, père de Cléante et d'Elise.
Cléante, fils d'Harpagon.
Élise, fille d'Harpagon.
Valère, intendant.
Anselme, père de Valère.
Maître Simon, courtier.
Maître Jacques, cuisinier et cocher d'Harpagon.
La Flèche, valet de Cléante.
Dame Claude, servante d'Harpagon.
Brindavoine, } laquais d'Harpagon.
La Merluche, }
Un commissaire, et son clerc.

La scène est à Paris, dans la maison d'Harpagon.

L'AVARE.

PREMIER FRAGMENT.

HARPAGON, LA FLÈCHE.

HARPAGON. — Hors d'ici tout à l'heure, et qu'on ne réplique pas. Allons, que l'on détale de chez moi, maître juré filou, vrai gibier de potence.

LA FLÈCHE, à part. — Je n'ai jamais rien vu de si méchant que ce maudit vieillard; et je pense, sauf correction, qu'il a le diable au corps.

HARPAGON. — Tu murmures entre tes dents?

LA FLÈCHE. — Pourquoi me chassez-vous?

HARPAGON. — C'est bien à toi, pendard, à me demander des raisons! Sors vite, que je ne t'assomme.

LA FLÈCHE. — Qu'est-ce que je vous ai fait?

HARPAGON. — Tu m'as fait que je veux que tu sortes.

LA FLÈCHE. — Mon maître, votre fils, m'a donné ordre de l'attendre.

HARPAGON. — Va-t'en l'attendre dans la rue, et ne sois point dans ma maison, planté tout droit comme un piquet, à observer ce qui se passe et faire ton profit de tout. Je ne veux point avoir sans cesse devant moi un espion de mes affaires, un traître dont les yeux maudits assiègent toutes mes actions, dévorent ce que je possède, et furettent de tous côtés pour voir s'il n'y a rien à voler.

LA FLÈCHE. — Comment diantre voulez-vous qu'on fasse pour vous voler? Êtes-vous un homme volable, quand vous renfermez toutes choses, et faites sentinelle jour et nuit?

HARPAGON. — Je veux renfermer ce que bon me semble, et faire sentinelle comme il me plaît. Ne voilà pas de mes mouchards, qui prennent garde à ce qu'on fait? (Bas, à part.) Je tremble qu'il n'ait soupçonné quelque chose de mon argent. (Haut.) Ne serois-tu point homme à aller faire courir le bruit que j'ai chez moi de l'argent caché?

LA FLÈCHE. — Vous avez de l'argent caché?

HARPAGON. — Non, coquin, je ne dis pas cela. (Bas.) J'enrage. (Haut.) Je demande si, malicieusement, tu n'irois point faire courir le bruit que j'en ai.

LA FLÈCHE. — Hé! que nous importe que vous en ayez ou que vous n'en ayez pas, si c'est pour nous la même chose?

HARPAGON, levant la main pour donner un soufflet à La Flèche. — Tu fais le raisonneur! Je te baillerai de ce raisonnement-ci par les oreilles. Sors d'ici, encore une fois.

LA FLÈCHE. — Hé bien! je sors.

HARPAGON. — Attends: ne m'emportes-tu rien?

LA FLÈCHE. — Que vous emporterois-je?

HARPAGON. — Viens çà que je voie. Montre-moi tes mains.

LA FLÈCHE. — Les voilà.

HARPAGON. — Les autres.

LA FLÈCHE. — Les autres?

HARPAGON. — Oui.

LA FLÈCHE. — Les voilà.

HARPAGON, montrant les hauts-de-chausses de La Flèche. — N'as-tu rien mis ici dedans?

LA FLÈCHE. — Voyez vous-même.

HARPAGON, tâtant le bas des chausses de La Flèche. — Ces grands hauts-de-chausses sont propres à devenir les recéleurs des choses qu'on dérobe; et je voudrois qu'on en eût fait pendre quelqu'un.

LA FLÈCHE, à part. — Ah! qu'un homme comme cela mériteroit bien ce qu'il craint! et que j'aurois de joie à le voler!

HARPAGON. — Euh?

LA FLÈCHE. — Quoi?

HARPAGON. — Qu'est-ce que tu parles de voler?

LA FLÈCHE. — Je vous dis que vous fouilliez bien partout, pour voir si je vous ai volé.

HARPAGON. — C'est ce que je veux faire.

(Harpagon fouille dans les poches de La Flèche.)

LA FLÈCHE, à part. — La peste soit de l'avarice et des avaricieux !

HARPAGON. — Comment? Que dis-tu?

LA FLÈCHE. — Ce que je dis?

HARPAGON. — Oui. Qu'est-ce que tu dis d'avarice et d'avaricieux?

LA FLÈCHE. — Je dis que la peste soit de l'avarice et des avaricieux.

HARPAGON. — De qui veux-tu parler?

LA FLÈCHE. — Des avaricieux.

HARPAGON. — Et qui sont-ils ces avaricieux?

LA FLÈCHE. — Des vilains et des ladres.

HARPAGON. — Mais qui est-ce que tu entends par-là?

LA FLÈCHE. — De quoi vous mettez-vous en peine?

HARPAGON. — Je me mets en peine de ce qu'il faut.

LA FLÈCHE. — Est-ce que vous croyez que je veux parler de vous?

HARPAGON. — Je crois ce que je crois; mais je veux que tu me dises à qui tu parles quand tu dis cela.

LA FLÈCHE. — Je parle.... Je parle à mon bonnet.

HARPAGON. — Et moi, je pourrois bien parler à ta barrette.

LA FLÈCHE. — M'empêcherez-vous de maudire les avaricieux?

HARPAGON. — Non : mais je t'empêcherai de jaser et d'être insolent. Tais-toi.

LA FLÈCHE. — Je ne nomme personne.

HARPAGON. — Je te rosserai, si tu parles.

LA FLÈCHE. — Qui se sent morveux, qu'il se mouche.

HARPAGON. — Te tairas-tu?

LA FLÈCHE. — Oui, malgré moi.

HARPAGON. — Ah! ah!

LA FLÈCHE, montrant à Harpagon une poche de son justaucorps. — Tenez, voilà encore une poche : êtes-vous satisfait?

HARPAGON. — Allons, rends-le-moi sans te fouiller.

LA FLÈCHE. — Quoi?

HARPAGON. — Ce que tu m'as pris.

LA FLÈCHE. — Je ne vous ai rien pris du tout.

HARPAGON. — Assurément?

LA FLÈCHE. — Assurément.

HARPAGON. — Adieu. Va-t'en à tous les diables!

LA FLÈCHE, à part. — Me voilà fort bien congédié.

HARPAGON. — Je te le mets sur ta conscience, au moins.

HARPAGON, seul.

Voilà un pendard de valet qui m'incommode fort; et je ne me plais point à voir ce chien de boiteux-là. Certes, ce n'est pas une petite peine que de garder chez soi une grande somme d'argent; et bienheureux qui a tout son fait bien placé, et ne conserve seulement que ce qu'il faut pour sa dépense! On n'est pas peu embarrassé à inventer, dans toute une maison, une cache fidèle; car, pour moi, les coffres-forts me sont suspects, et je ne veux jamais m'y fier. Je les tiens justement une franche amorce à voleurs, et c'est toujours la première chose que l'on va attaquer.

HARPAGON, ÉLISE ET CLÉANTE, parlant ensemble, et restant dans le fond du théâtre.

HARPAGON, se croyant seul. — Cependant je ne sais si j'aurai bien fait d'avoir enterré dans mon jardin dix mille écus qu'on me rendit hier. Dix mille écus en or chez soi, est une somme assez.... (A part, apercevant Élise et Cléante.) O ciel, je me serai trahi moi-même! la chaleur m'aura emporté, et je crois que j'ai parlé haut en raisonnant tout seul. (A Cléante et à Élise.) Qu'est-ce?

CLÉANTE. — Rien, mon père.

HARPAGON. — Y a-t-il longtemps que vous êtes là?

ÉLISE. — Nous ne venons que d'arriver.

HARPAGON. — Vous avez entendu...

CLÉANTE. — Quoi? mon père.

HARPAGON. — Là...

ÉLISE. — Quoi?

HARPAGON. — Ce que je viens de dire.

CLÉANTE. — Non.

HARPAGON. — Si fait, si fait.

ÉLISE. — Pardonnez-moi.

HARPAGON. — Je vois bien que vous en avez ouï quelques mots. C'est que je m'entretenois en moi-même de la peine qu'il y a aujourd'hui à trouver de l'argent, et je disois qu'il est bien heureux qui peut avoir dix mille écus chez soi.

CLÉANTE. — Nous feignions à vous aborder, de peur de vous interrompre.

HARPAGON. — Je suis bien aise de vous dire cela, afin que vous n'alliez pas prendre les choses de travers, et vous imaginer que je dise que c'est moi qui ai dix mille écus.

CLÉANTE. — Nous n'entrons point dans vos affaires.

HARPAGON. — Plût à Dieu que je les eusse, dix mille écus!

CLÉANTE. — Je ne crois pas...

HARPAGON. — Ce seroit une bonne affaire pour moi.

ÉLISE. — Ce sont des choses...

HARPAGON. — J'en aurois bon besoin.

CLÉANTE. — Je pense que...

HARPAGON. — Cela m'accommoderoit fort.

ÉLISE. — Vous êtes...

HARPAGON. — Et je ne me plaindrois pas, comme je fais, que le temps est misérable.

CLÉANTE. — Mon Dieu! mon père, vous n'avez pas lieu de vous plaindre, et l'on sait que vous avez assez de bien.

HARPAGON. — Comment! j'ai assez de bien! Ceux qui le disent en ont menti. Il n'y a rien de plus faux; et ce sont des coquins qui font courir tous ces bruits-là.

ÉLISE. — Ne vous mettez point en colère.

HARPAGON. — Cela est étrange, que mes propres enfants me trahissent et deviennent mes ennemis.

CLÉANTE. — Est-ce être votre ennemi, que de dire que vous avez du bien?

HARPAGON. — Oui. De pareils discours, et les dépenses que vous faites, seront cause qu'un de ces jours on me viendra chez moi couper la gorge, dans la pensée que je suis tout cousu de pistoles.

CLÉANTE. — Quelle grande dépense est-ce que je fais?

HARPAGON. — Quelle? Est-il rien de plus scandaleux que ce somptueux équipage que vous promenez par la ville? Je querellois hier votre sœur; mais c'est encore pis. Voilà qui crie vengeance au ciel; et, à vous prendre depuis les pieds jusqu'à la tête, il y auroit là de quoi faire une bonne constitution[1]. Je

---

[1] Une constitution de rentes.

vous l'ai dit vingt fois, mon fils, toutes vos manières me déplaisent fort; vous donnez furieusement dans le marquis; et, pour aller ainsi vêtu, il faut bien que vous me dérobiez.

CLÉANTE. — Hé! comment vous dérober?

HARPAGON. — Que sais-je? Où pouvez-vous donc prendre de quoi entretenir l'état que vous portez?

CLÉANTE. — Moi, mon père? c'est que je joue; et, comme je suis fort heureux, je mets sur moi tout l'argent que je gagne.

HARPAGON. — C'est fort mal fait. Si vous êtes heureux au jeu, vous en devriez profiter, et mettre à honnête intérêt l'argent que vous gagnez, afin de le trouver un jour. Je voudrois bien savoir, sans parler du reste, à quoi servent tous ces rubans dont vous voilà lardé depuis les pieds jusqu'à la tête, et si une demi-douzaine d'aiguillettes ne suffit pas pour attacher un haut-de-chausses. Il est bien nécessaire d'employer de l'argent à des perruques, lorsque l'on peut porter des cheveux de son cru, qui ne coûtent rien! Je vais gager qu'en perruques et rubans, il y a du moins vingt pistoles; et vingt pistoles rapportent par année dix-huit livres six sous huit deniers, à ne les placer qu'au denier douze.

CLÉANTE. — Vous avez raison.

DEUXIÈME FRAGMENT.

CLÉANTE, LA FLÈCHE.

CLÉANTE. — Ah! traître que tu es, où t'es-tu donc allé fourrer? Ne t'avois-je pas donné ordre.....

LA FLÈCHE. — Oui, monsieur, et je m'étois rendu ici pour vous attendre de pied ferme; mais monsieur votre père, le plus mal gracieux des hommes, m'a chassé dehors malgré moi, et j'ai couru risque d'être battu.

CLÉANTE. — Comment va notre affaire?

LA FLÈCHE. — Ma foi, monsieur, ceux qui empruntent sont bien malheureux; et il faut essuyer d'étranges choses, lorsqu'on en est réduit à passer, comme vous, par les mains des fesse-mathieux.

CLÉANTE. — L'affaire ne se fera point?

LA FLÈCHE. — Pardonnez-moi. Notre maître Simon, le courtier qu'on nous a donné, homme agissant et plein de zèle, dit qu'il a fait rage pour vous, et il assure que votre seule physionomie lui a gagné le cœur.

CLÉANTE. — J'aurai les quinze mille francs que je demande?

LA FLÈCHE. — Oui, mais à quelques petites conditions qu'il faudra que vous acceptiez, si vous avez dessein que les choses se fassent.

CLÉANTE. — T'a-t-il fait parler à celui qui doit prêter l'argent?

LA FLÈCHE. — Ah! vraiment, cela ne va pas de la sorte. Il apporte encore plus de soin à se cacher que vous, et ce sont des mystères bien plus grands que vous ne pensez. On ne veut point du tout dire son nom; et l'on doit aujourd'hui l'aboucher avec vous dans une maison empruntée, pour être instruit par votre bouche de votre bien et de votre famille; et je ne doute point que le seul nom de votre père ne rende les choses faciles.

CLÉANTE. — Et principalement notre mère étant morte, dont on ne peut m'ôter le bien.

LA FLÈCHE. — Voici quelques articles qu'il a dictés lui-même à notre entremetteur, pour vous être montrés avant que de rien faire :

Supposé que le prêteur voie toutes ses sûretés, et que l'emprunteur soit majeur, et d'une famille où le bien soit ample, solide, assuré, clair, et net de tout embarras, on fera une bonne et exacte obligation par-devant un notaire, le plus honnête homme qu'il se pourra, et qui, pour cet effet, sera choisi par le prêteur, auquel il importe le plus que l'acte soit dûment dressé.

CLÉANTE. — Il n'y a rien à dire à cela?

LA FLÈCHE. — *Le prêteur pour ne charger sa conscience d'aucun scrupule, prétend ne donner son argent qu'au denier dix-huit*[1].

---

[1] Un peu plus de cinq et demi pour cent.

CLÉANTE. — Au denier dix-huit? Parbleu! voilà qui est honnête. Il n'y a pas lieu de se plaindre.

LA FLÈCHE. — Cela est vrai.

Mais, comme ledit prêteur n'a pas chez lui la somme dont il est question, et que, pour faire plaisir à l'emprunteur, il est contraint lui-même de l'emprunter d'un autre sur le pied du denier cinq[1]*, il conviendra que ledit premier emprunteur paye cet intérêt, sans préjudice du reste, attendu que ce n'est que pour l'obliger que ledit prêteur s'engage à cet emprunt.*

CLÉANTE. — Comment diable! quel juif, quel Arabe est-ce là? C'est plus qu'au dernier quatre[2].

LA FLÈCHE. — Il est vrai; c'est ce que j'ai dit. Vous avez à voir là-dessus.

CLÉANTE. — Que veux-tu que je voie? J'ai besoin d'argent, et il faut bien que je consente à tout.

LA FLÈCHE. — C'est la réponse que j'ai faite.

CLÉANTE. — Il y a encore quelque chose?

LA FLÈCHE. — Ce n'est plus qu'un petit article.

Des quinze mille francs qu'on demande, le prêteur ne pourra compter en argent que douze mille livres; et, pour les mille écus restans, il faudra que l'emprunteur prenne les hardes, nippes, bijoux dont s'ensuit le mémoire, et que ledit prêteur a mis, de bonne foi, au plus modique prix qu'il lui a été possible.

CLÉANTE. — Que veut dire cela?

LA FLÈCHE. — Écoutez le mémoire.

Premièrement, un lit de quatre pieds à bandes de point de Hongrie, appliquées fort proprement sur un drap de couleur d'olive, avec six chaises et la courte-pointe de même : le tout bien conditionné, et doublé d'un petit taffetas changeant rouge et bleu.

Plus, un pavillon à queue, d'une bonne serge d'Aumale rose sèche, avec le mollet et les franges de soie.

CLÉANTE. — Que veut-il que je fasse de cela?

LA FLÈCHE. — Attendez.

Plus une grande table de bois de noyer, à douze colonnes ou

---

[1] A vingt pour cent.
[2] A vingt-cinq pour cent.

piliers tournés, qui se tire par les deux bouts, et garnie, par le dessous, de ses six escabelles.

CLÉANTE. — Qu'ai-je affaire, morbleu?

LA FLÈCHE. — Donnez-vous patience.

Plus, trois gros mousquets tout garnis de nacre de perle, avec les fourchettes assortissantes.

Plus, un fourneau de brique, avec deux cornues et trois récipiens, fort utiles à ceux qui sont curieux de distiller.

CLÉANTE. — J'enrage.

LA FLÈCHE. — Doucement.

Plus un luth de Bologne, garni de toutes ses cordes, ou peu s'en faut.

Plus un trou-madame et un damier, avec un jeu de l'oie, renouvelé des Grecs, fort propres à passer le temps lorsque l'on n'a que faire.

Plus, une peau d'un lézard de trois pieds et demi, remplie de foin : curiosité agréable pour pendre au plancher d'une chambre.

Le tout ci-dessus mentionné, valant loyalement plus de quatre mille cinq cents livres, et rabaissé à la valeur de mille écus, par la discrétion du prêteur.

CLÉANTE. — Que la peste l'étouffe avec sa discrétion, le traître, le bourreau qu'il est! A-t-on jamais parlé d'une usure semblable? Et n'est-il pas content du furieux intérêt qu'il exige, sans vouloir encore m'obliger à prendre pour trois mille livres les vieux rogatons qu'il ramasse? Je n'aurai pas deux cents écus de tout cela; et cependant il faut bien me résoudre à consentir à ce qu'il veut; car il est en état de me faire tout accepter, et il me tient, le scélérat, le poignard sur la gorge.

LA FLÈCHE. — Je vous vois, monsieur, ne vous en déplaise, dans le grand chemin justement que tenoit Panurge pour se ruiner, prenant argent d'avance, achetant cher, vendant à bon marché, et mangeant son blé en herbe.

CLÉANTE. — Que veux-tu que j'y fasse? Voilà où les jeunes gens sont réduits par la maudite avarice des pères; et on s'étonne, après cela, que les fils souhaitent qu'ils meurent!

LA FLÈCHE. — Il faut avouer que le vôtre animeroit contre sa vilenie le plus posé homme du monde. Je n'ai pas, Dieu merci, les inclinations fort patibulaires; et, parmi mes confrères que je vois se mêler de beaucoup de petits commerces, je sais tirer adroitement mon épingle du jeu, et me démêler prudemment de toutes les galanteries qui sentent tant soit peu l'échelle; mais, à vous dire vrai, il me donneroit, par ses procédés, des tentations de le voler, et je croirois, en le volant, faire une action méritoire.

CLÉANTE. — Donne-moi un peu ce mémoire, que je le voie encore.

HARPAGON, MAITRE SIMON, CLÉANTE et LA FLÈCHE,
dans le fond du théâtre.

MAÎTRE SIMON. — Oui, monsieur, c'est un jeune homme qui a besoin d'argent; ses affaires le pressent d'en trouver, et il en passera par tout ce que vous en prescrirez.

HARPAGON. — Mais croyez-vous, maître Simon, qu'il n'y ait rien à péricliter? et savez-vous le nom, les biens et la famille de celui pour qui vous parlez?

MAÎTRE SIMON. — Non, je ne puis pas bien vous en instruire à fond, et ce n'est que par aventure que l'on m'a adressé à lui; mais vous serez de toutes choses éclairci par lui-même, et son homme m'a assuré que vous serez content quand vous le connoîtrez. Tout ce que je saurois vous dire, c'est que sa famille est fort riche, qu'il n'a plus de mère déjà, et qu'il s'obligera, si vous voulez, que son père mourra avant qu'il soit huit mois.

HARPAGON. — C'est quelque chose que cela. La charité, maître Simon, nous oblige à faire plaisir aux personnes lorsque nous le pouvons.

MAÎTRE SIMON. — Cela s'entend.

LA FLÈCHE, bas, à Cléante, reconnoissant maître Simon. — Que veut dire ceci? Notre maître Simon qui parle à votre père!

CLÉANTE, bas, à La Flèche. — Lui auroit-on appris qui je suis? et serois-tu pour me trahir?

MAÎTRE SIMON, à La Flèche. — Ah! Ah! vous êtes bien pressés! Qui vous a dit que c'était céans? (A Harpagon.) Ce n'est pas moi, monsieur, au moins, qui leur ai découvert votre nom et votre logis: mais à mon avis, il n'y a pas grand mal à cela; ce sont des personnes discrètes, et vous pouvez ici vous expliquer ensemble.

HARPAGON. — Comment?

MAÎTRE SIMON, montrant Cléante. — Monsieur est la personne qui veut vous emprunter les quinze mille livres dont je vous ai parlé.

HARPAGON. — Comment, pendard! c'est toi qui t'abandonnes à ces coupables extrémités?

CLÉANTE. — Comment, mon père! c'est vous qui vous portez à ces honteuses actions?

(Maître Simon s'enfuit et La Flèche va se cacher.)

HARPAGON, CLÉANTE.

HARPAGON. — C'est toi qui te veux ruiner par des emprunts si condamnables!

CLÉANTE. — C'est vous qui cherchez à vous enrichir par des usures si criminelles!

HARPAGON. — Oses-tu bien, après cela, paraître devant moi?

CLÉANTE. — Osez-vous bien, après cela, vous présenter aux yeux du monde?

HARPAGON. — N'as-tu point de honte, dis-moi, d'en venir à ces débauches-là, de te précipiter dans des dépenses effroyables, et de faire une honteuse dissipation du bien que tes parents t'ont amassé avec tant de sueurs!

CLÉANTE. — Ne rougissez-vous point de déshonorer votre condition par les commerces que vous faites; de sacrifier gloire et réputation au désir insatiable d'entasser écu sur écu, et de renchérir, en fait d'intérêts, sur les plus infâmes subtilités qu'aient jamais inventées les plus célèbres usuriers?

HARPAGON. — Ote-toi de mes yeux, coquin; ôte-toi de mes yeux!

CLÉANTE. — Qui est plus criminel, à votre avis, ou celui qui achète un argent dont il a besoin, ou bien celui qui vole un argent dont il n'a que faire?

HARPAGON. — Retire-toi, te dis-je, et ne m'échauffe pas les oreilles. (Seul.) Je ne suis pas fâché de cette aventure; et ce m'est un avis de tenir l'œil plus que jamais sur toutes ses actions.

TROISIÈME FRAGMENT.

HARPAGON, CLÉANTE, ÉLISE, VALÈRE, DAME CLAUDE, tenant un balai; MAITRE JACQUES, LA MERLUCHE, BRINDAVOINE.

HARPAGON. — Allons, venez çà tous, que je vous distribue mes ordres pour tantôt, et règle à chacun son emploi. Approchez, dame Claude; commençons par vous. Bon, vous voilà les armes à la main. Je vous commets au soin de nettoyer partout; et surtout prenez garde de ne point frotter les meubles trop fort, de peur de les user. Outre cela, je vous constitue, pendant le souper, au gouvernement des bouteilles; et, s'il s'en écarte quelqu'une, et qu'il se casse quelque chose, je m'en prendrai à vous et le rabattrai sur vos gages.

MAÎTRE JACQUES, à part. — Châtiment politique.

HARPAGON, à dame Claude. — Allez.

HARPAGON, CLÉANTE, ÉLISE, VALÈRE, MAITRE JACQUES, BRINDAVOINE, LA MERLUCHE.

HARPAGON. — Vous, Brindavoine, et vous, La Merluche, je vous établis dans la charge de rincer les verres et de donner à boire, mais seulement lorsqu'on aura soif, et non pas selon la coutume de certains impertinents de laquais, qui viennent provoquer les gens et les faire aviser de boire lorsqu'on n'y songe pas. Attendez qu'on vous en demande plus d'une fois, et vous ressouvenez de porter toujours beaucoup d'eau.

MAÎTRE JACQUES, à part. — Oui. Le vin pur monte à la tête.

LA MERLUCHE. — Quitterons-nous nos souquenilles, monsieur?

HARPAGON. — Oui, quand vous verrez venir les personnes; et gardez bien de gâter vos habits.

BRINDAVOINE. — Vous savez bien, monsieur, qu'un des devants de mon pourpoint est couvert d'une grande tache de l'huile de la lampe.

LA MERLUCHE. — Et moi, monsieur, que j'ai mon haut-de-chausses tout troué par derrière, et qu'on me voit, révérence parler....

HARPAGON, à La Merluche. — Paix : rangez cela adroitement du côté de la muraille, et présentez toujours le devant au monde. (A Brindavoine, en lui montrant comment il doit mettre son chapeau au-devant de son pourpoint, pour cacher la tache d'huile.) Et vous, tenez toujours votre chapeau ainsi, lorsque vous servirez.

HARPAGON, CLÉANTE, ÉLISE, VALÈRE, MAITRE JACQUES.

HARPAGON. — Pour vous, ma fille, vous aurez l'œil sur ce que l'on desservira, et prendrez garde qu'il ne s'en fasse aucun dégât. Cela sied bien aux filles. Entendez-vous ce que je vous dis?

ÉLISE. — Oui, mon père.

HARPAGON, VALÈRE, MAITRE JACQUES.

HARPAGON. — Valère, aide-moi à ceci. Oh çà! maître Jacques, approchez-vous ; je vous ai gardé pour le dernier.

MAÎTRE JACQUES. — Est-ce à votre cocher, monsieur, ou bien à votre cuisinier, que vous voulez parler? car je suis l'un et l'autre.

HARPAGON. — C'est à tous les deux.

MAÎTRE JACQUES. — Mais à qui des deux le premier?

HARPAGON. — Au cuisinier.

MAÎTRE JACQUES. — Attendez donc, s'il vous plaît. (Maître Jacques ôte sa casaque de cocher, et paroît vêtu en cuisinier.)

HARPAGON. — Quelle diantre de cérémonie est-ce là?

MAÎTRE JACQUES. — Vous n'avez qu'à parler.

HARPAGON. — Je me suis engagé, maître Jacques, à donner ce soir à souper.

MAÎTRE JACQUES, à part. — Grande merveille!

HARPAGON. — Dis-moi un peu : nous feras-tu bonne chère?

MAÎTRE JACQUES. — Oui, si vous me donnez bien de l'argent.

HARPAGON. — Que diable toujours de l'argent! Il semble qu'ils n'aient autre chose à dire ! de l'argent, de l'argent, de l'argent. Ah! ils n'ont que ce mot à la bouche, de l'argent! toujours parler d'argent! Voilà leur épée de chevet, de l'argent!

VALÈRE. — Je n'ai jamais vu de réponse plus impertinente que celle-là. Voilà une belle merveille de faire bonne chère avec bien de l'argent! c'est une chose la plus aisée du monde, et il n'y a si pauvre esprit qui n'en fît bien autant ; mais, pour agir en habile homme, il faut parler de faire bonne chère avec peu d'argent.

MAÎTRE JACQUES. — Bonne chère avec peu d'argent?

VALÈRE. — Oui.

MAÎTRE JACQUES, à Valère. — Par ma foi, monsieur l'intendant, vous nous obligerez de nous faire voir ce secret, et de prendre mon office de cuisinier ; aussi bien vous mêlez-vous céans d'être le factoton.

HARPAGON. — Taisez-vous. Qu'est-ce qu'il nous faudra?

MAÎTRE JACQUES. — Voilà monsieur votre intendant, qui vous fera bonne chère pour peu d'argent.

HARPAGON. — Haye! je veux que tu me répondes.

MAÎTRE JACQUES. — Combien serez-vous de gens à table?

HARPAGON. — Nous serons huit ou dix ; mais il ne faut prendre que huit. Quand il y en a pour huit, il y en a pour dix.

VALÈRE. — Cela s'entend.

MAÎTRE JACQUES. — Hé bien! il faudra quatre grands potages et cinq assiettes.... Potages.... Entrées....

HARPAGON. — Que diable! Voilà pour traiter toute une ville entière.

MAÎTRE JACQUES. — Rôt...

HARPAGON, mettant la main sur la bouche de maître Jacques. — Ah! traître, tu manges tout mon bien.

MAÎTRE JACQUES. — Entremets....

HARPAGON, mettant encore la main sur la bouche de maître Jacques. — Encore?

VALÈRE, à maître Jacques. — Est-ce que vous avez envie de faire crever tout le monde? et monsieur a-t-il invité des gens pour les assassiner à force de mangeaille? Allez-vous-en lire un peu les préceptes de la santé, et demander aux médecins s'il y a rien de plus préjudiciable à l'homme que de manger avec excès.

HARPAGON. — Il a raison.

VALÈRE. — Apprenez, maître Jacques, vous et vos pareils, que c'est un coupe-gorge, qu'une table remplie de trop de viandes; que pour se bien montrer ami de ceux que l'on invite, il faut que la frugalité règne dans les repas qu'on donne ; et que, suivant le dire d'un ancien, *il faut manger pour vivre, et non pas vivre pour manger.*

HARPAGON. — Ah! que cela est bien dit! Approche, que je t'embrasse pour ce mot. Voilà la plus belle sentence que j'aie entendue de ma vie : *Il faut vivre pour manger, et non pas manger pour viv...* Non, ce n'est pas cela. Comment est-ce que tu dis?

VALÈRE. — Qu'*il faut manger pour vivre, et non pas vivre pour manger.*

HARPAGON, à maître Jacques. — Oui, entends-tu? (à Valère.) Qui est le grand homme qui a dit cela?

VALÈRE. — Je ne me souviens pas maintenant de son nom.

HARPAGON. — Souviens-toi de m'écrire ces mots : je les veux faire graver en lettres d'or sur la cheminée de ma salle.

VALÈRE. — Je n'y manquerai pas. Et pour votre souper vous n'avez qu'à me laisser faire; je réglerai tout cela comme il faut.

HARPAGON. — Fais donc.

MAÎTRE JACQUES. — Tant mieux! j'en aurai moins de peine.

HARPAGON, à Valère. — Il faudra de ces choses dont on ne mange guère, et qui rassasient d'abord; quelque bon haricot bien gras, avec quelque pâté en pot bien garni de marrons.

VALÈRE. — Reposez-vous sur moi.

HARPAGON. — Maintenant, maître Jacques, il faut nettoyer mon carrosse.

MAÎTRE JACQUES. — Attendez; ceci s'adresse au cocher. (Maître Jacques remet sa casaque.) Vous dites.

HARPAGON. — Qu'il faut nettoyer mon carrosse, et tenir mes chevaux tout prêts pour conduire à la foire....

MAÎTRE JACQUES. — Vos chevaux, monsieur? ma foi, ils ne sont point du tout en état de marcher. Je ne vous dirai point qu'ils sont sur la litière; les pauvres bêtes n'en ont point, et ce seroit mal parler : mais vous leur faites observer des jeûnes si austères, que ce ne sont plus rien que des idées ou des fantômes, des façons de chevaux.

HARPAGON. — Les voilà bien malades! ils ne font rien.

MAÎTRE JACQUES. — Et pour ne faire rien, monsieur, est-ce

qu'il ne faut rien manger? Il leur vaudroit bien mieux, les pauvres animaux, de travailler beaucoup, de manger de même. Cela me fend le cœur de les voir ainsi exténués. Car, enfin, j'ai une tendresse pour mes chevaux, qu'il me semble que c'est moi-même, quand je les vois pâtir. Je m'ôte tous les jours pour eux les choses de la bouche; et c'est être, monsieur, d'un naturel trop dur, que de n'avoir nulle pitié de son prochain.

HARPAGON. — Le travail ne sera pas grand, d'aller jusqu'à la foire.

MAÎTRE JACQUES. — Non, monsieur, je n'ai pas le courage de les mener, et je ferois conscience de leur donner des coups de fouet, en l'état où ils sont. Comment voudriez-vous qu'ils traînassent un carrosse, qu'ils ne peuvent pas se traîner eux-mêmes?

VALÈRE. — Monsieur, j'obligerai le voisin Picard à se charger de les conduire; aussi bien nous fera-t-il ici besoin pour apprêter le souper.

MAÎTRE JACQUES. — Soit. J'aime mieux encore qu'ils meurent sous la main d'un autre, que sous la mienne.

VALÈRE. — Maître Jacques fait bien le raisonnable!

MAÎTRE JACQUES. — Monsieur l'intendant fait bien le nécessaire?

HARPAGON. — Paix.

MAÎTRE JACQUES. — Monsieur, je ne saurois souffrir les flatteurs; et je vois que ce qu'il en fait, que ses contrôles perpétuels sur le pain et le vin, le bois, le sel et la chandelle, ne sont rien que pour vous gratter et vous faire sa cour. J'enrage de cela; et je suis fâché tous les jours d'entendre ce qu'on dit de vous : car enfin, je me sens pour vous de la tendresse, en dépit que j'en aie; et, après mes chevaux, vous êtes la personne que j'aime le plus.

HARPAGON. — Pourrois-je savoir de vous, maître Jacques, ce que l'on dit de moi?

MAÎTRE JACQUES. — Oui, monsieur, si j'étais assuré que cela ne vous fâchât point.

HARPAGON. — Non, en aucune façon.

MAÎTRE JACQUES. — Pardonnez-moi; je sais fort bien que je vous mettrois en colère.

HARPAGON. — Point du tout. Au contraire, c'est me faire plaisir, et je suis bien aise d'apprendre comme on parle de moi.

MAÎTRE JACQUES. — Monsieur, puisque vous le voulez, je vous dirai franchement qu'on se moque partout de vous, qu'on nous jette de tous côtés cent brocards à votre sujet, et que l'on n'est point plus ravi que de vous tenir au cul et aux chausses, et de faire sans cesse des contes de votre lésine. L'un dit que vous faites imprimer des almanachs particuliers, où vous faites doubler les quatre-temps et les vigiles afin de profiter des jeûnes où vous obligez votre monde; l'autre, que vous avez toujours une querelle toute prête à faire à vos valets dans le temps des étrennes ou de leur sortie d'avec vous, pour vous trouver une raison de ne leur rien donner. Celui-là conte qu'une fois vous fîtes assigner le chat d'un de vos voisins, pour vous avoir mangé un reste d'un gigot de mouton; celui-ci que l'on vous surprit, une nuit, en venant dérober vous-même l'avoine de vos chevaux; et que votre cocher, qui étoit celui d'avant moi, vous donna, dans l'obscurité, je ne sais combien de coups de bâton dont vous ne voulûtes rien dire. Enfin, voulez-vous que je vous dise? On ne sauroit aller nulle part, où l'on ne vous entende accommoder de toutes pièces. Vous êtes la fable et la risée de tout le monde; et jamais on ne parle de vous que sous les noms d'avare, de ladre, de vilain et de fesse-mathieu.

HARPAGON, en battant maître Jacques. — Vous êtes un sot, un maraud, un coquin et un impudent.

MAÎTRE JACQUES. — Eh bien! ne l'avois-je pas deviné? Vous ne m'avez pas voulu croire. Je vous l'avois bien dit que je vous fâcherois de vous dire la vérité.

HARPAGON. — Apprenez à parler.

VALÈRE, MAITRE JACQUES.

VALÈRE, riant. — A ce que je puis voir, maître Jacques, on paye mal votre franchise.

MAÎTRE JACQUES. — Morbleu! monsieur le nouveau venu, qui faites l'homme d'importance, ce n'est pas votre affaire. Riez de vos coups de bâton quand on vous en donnera, et ne venez point rire des miens.

VALÈRE. — Ah! monsieur maître Jacques, ne vous fâchez pas, je vous prie.

MAÎTRE JACQUES, à part. — Il file doux. Je veux faire le brave, et, s'il est assez sot pour me craindre, le frotter quelque peu. (Haut.) Savez-vous bien, monsieur le rieur, que je ne ris pas, moi, et que si vous m'échauffez la tête, je vous ferai rire d'une autre sorte?

(Maître Jacques pousse Valere jusqu'au fond du théâtre en le menaçant.)

VALÈRE. — Hé! doucement.

MAÎTRE JACQUES. — Comment, doucement? Il ne me plaît pas, moi.

VALÈRE. — De grâce!

MAÎTRE JACQUES. — Vous êtes un impertinent.

VALÈRE. — Monsieur maître Jacques.....

MAÎTRE JACQUES. — Il n'y a point de monsieur maître Jacques, pour un double. Si je prends un bâton, je vous rosserai d'importance.

VALÈRE. — Comment! un bâton!

(Valère fait reculer maître Jacques à son tour.)

MAÎTRE JACQUES. — Hé! je ne parle pas de cela.

VALÈRE. — Savez-vous bien, monsieur le fat, que je suis homme à vous rosser vous-même.

MAÎTRE JACQUES. — Je n'en doute pas.

VALÈRE. — Que vous n'êtes, pour tout potage, qu'un faquin de cuisinier.

MAÎTRE JACQUES. — Je le sais bien.

VALÈRE. — Et que vous ne me connoissez pas encore?

MAÎTRE JACQUES. — Pardonnez-moi.

VALÈRE. — Vous me rosserez, dites-vous?

MAÎTRE JACQUES. — Je le disois en raillant.

VALÈRE. — Et moi je ne prends point de goût à votre raillerie. (Donnant des coups de bâton à maître Jacques.) Apprenez que vous êtes un mauvais railleur.

MAÎTRE JACQUES, seul. — Peste soit la sincérité! c'est un mauvais métier : désormais j'y renonce, et je ne veux plus dire vrai. Passe encore pour mon maître, il a quelque droit de me battre; mais, pour ce monsieur l'intendant, je m'en vengerai si je puis.

QUATRIÈME FRAGMENT.

HARPAGON, ÉLISE, CLÉANTE, VALÈRE, BRINDAVOINE.

BRINDAVOINE. — Monsieur, il y a là un homme qui veut vous parler.

HARPAGON. — Dis-lui que je suis empêché, et qu'il revienne une autre fois.

BRINDAVOINE. — Il dit qu'il vous apporte de l'argent.

HARPAGON. — Je vous demande pardon; je reviens tout à l'heure.

HARPAGON, ÉLISE, CLÉANTE, VALÈRE, LA MERLUCHE.

LA MERLUCHE, *courant, et faisant tomber Harpagon*. — Monsieur.....

HARPAGON. — Ah! je suis mort.

CLÉANTE. — Qu'est-ce, mon père? Vous êtes-vous fait mal?

HARPAGON. — Le traître assurément a reçu de l'argent de mes débiteurs pour me faire rompre le cou.

VALÈRE, *à Harpagon*. — Cela ne sera rien.

LA MERLUCHE, *à Harpagon*. — Monsieur, je vous demande pardon; je croyois bien faire d'accourir vite.

HARPAGON. — Que viens-tu faire ici, bourreau?

LA MERLUCHE. — Vous dire que vos deux chevaux sont déferrés.

HARPAGON. — Qu'on les mène promptement chez le maréchal.

CINQUIÈME FRAGMENT.

CLÉANTE, LA FLÈCHE.

LA FLÈCHE, *sortant du jardin, avec une cassette*. Ah! monsieur, que je vous trouve à propos! Suivez-moi vite.

CLÉANTE. — Qu'y a-t-il?

LA FLÈCHE. — Suivez-moi, vous-dis-je : nous sommes bien.
CLÉANTE. — Comment?
LA FLÈCHE. — Voici votre affaire.
CLÉANTE. — Quoi?
LA FLÈCHE. — J'ai guigné ceci tout le jour.
CLÉANTE. — Qu'est-ce que c'est?
LA FLÈCHE. — Le trésor de votre père, que j'ai attrapé.
CLÉANTE. — Comment as-tu fait?
LA FLÈCHE. — Vous saurez tout. Sauvons-nous : je l'entends crier.

HARPAGON, criant au voleur dès le jardin.

Au voleur! au voleur! à l'assassin! au meurtrier! Justice, juste ciel! je suis perdu, je suis assassiné; on m'a coupé la gorge : on m'a dérobé mon argent. Qui peut-ce être? Qu'est-il devenu? Où est-il? Où se cache-t-il? Que ferai-je pour le retrouver? Où courir? Où ne pas courir? N'est-il point là? N'est-il point ici? Qui est-ce? Arrête. (A lui-même, se prenant par le bras.) Rends-moi mon argent, coquin... Ah! c'est moi! Mon esprit est troublé, et j'ignore où je suis, qui je suis, et ce que je fais. Hélas! mon pauvre argent! mon pauvre argent! mon cher ami! on m'a privé de toi; et, puisque tu m'es enlevé, j'ai perdu mon support, ma consolation, ma joie : tout est fini pour moi, et je n'ai plus que faire au monde. Sans toi, il m'est impossible de vivre. C'en est fait; je n'en puis plus; je me meurs; je suis mort, je suis enterré. N'y a-t-il personne qui veuille me ressusciter, en me rendant mon cher argent, ou en m'apprenant qui l'a pris? Euh! que dites-vous? Ce n'est personne. Il faut, qui que ce soit qui ait fait le coup, qu'avec beaucoup de soin on ait épié l'heure, et l'on a choisi justement le temps que je parlois à mon traître de fils. Sortons. Je veux aller quérir la justice, et faire donner la question à toute ma maison; à servantes, à valets, à fils, à fille, et à moi aussi. Que de gens assemblés! Je ne jette mes regards sur personne qui ne me donne des soupçons, et tout me semble mon voleur. Hé! de quoi est-ce qu'on parle là? de celui qui m'a dérobé? Quel bruit fait-on là-haut? Est-ce mon voleur qui y est? De grâce, si l'on sait des nouvelles de mon voleur, je supplie que l'on m'en dise. N'est-il point caché là parmi vous? Ils me regardent tous, et se mettent à rire. Vous verrez qu'ils ont part, sans doute, au vol que l'on m'a fait. Allons vite, des commissaires, des archers, des prévôts, des juges, des gènes, des potences et des bourreaux. Je veux faire pendre tout le monde; et, si je ne retrouve mon argent, je me pendrai moi-même après.

SIXIÈME FRAGMENT.

HARPAGON, UN COMMISSAIRE.

LE COMMISSAIRE. — Laissez-moi faire; je sais mon métier, Dieu merci. Ce n'est pas d'aujourd'hui que je me mêle de découvrir des vols, et je voudrois avoir autant de sacs de mille francs que j'ai fait pendre de personnes.

HARPAGON. — Tous les magistrats sont intéressés à prendre cette affaire en main; et, si l'on ne me fait retrouver mon argent, je demanderai justice de la justice.

LE COMMISSAIRE. — Il faut faire toutes les poursuites requises. Vous dites qu'il y avoit dans cette cassette...

HARPAGON. — Dix mille écus bien comptés.

LE COMMISSAIRE. — Dix mille écus!

HARPAGON, en pleurant. — Dix mille écus.

LE COMMISSAIRE. — Le vol est considérable!

HARPAGON. — Il n'y a point de supplice assez grand pour l'énormité de ce crime; et, s'il demeure impuni, les choses les plus sacrées ne sont plus en sûreté.

LE COMMISSAIRE. — En quelles espèces étoit cette somme!

HARPAGON. — En bons louis d'or et pistoles bien trébuchantes.

LE COMMISSAIRE. — Qui soupçonnez-vous de ce vol?

HARPAGON. — Tout le monde; et je veux que vous arrêtiez prisonniers la ville et les faubourgs.

LE COMMISSAIRE. — Il faut, si vous m'en croyez, n'effaroucher personne, et tâcher doucement d'attraper quelques preuves, afin de procéder après, par la rigueur, au recouvrement des deniers qui vous ont été pris.

HARPAGON, UN COMMISSAIRE, MAITRE JACQUES.

MAÎTRE JACQUES, dans le fond du théâtre, en se retournant du côté par lequel il est entré. — Je m'en vais revenir. Qu'on me l'égorge tout à l'heure; qu'on me lui fasse griller les pieds; qu'on me le mette dans l'eau bouillante, et qu'on me le pende au plancher.

HARPAGON, à maître Jacques. — Qui? celui qui m'a dérobé?

MAÎTRE JACQUES. — Je parle d'un cochon de lait que votre intendant me vient d'envoyer, et je veux vous l'accommoder à ma fantaisie.

HARPAGON. — Il n'est pas question de cela; et voilà monsieur à qui il faut parler d'autre chose.

LE COMMISSAIRE, à maître Jacques. — Ne vous épouvantez point. Je suis homme à ne vous point scandaliser, et les choses iront dans la douceur.

MAÎTRE JACQUES. — Monsieur est de votre souper?

LE COMMISSAIRE. — Il faut ici, mon cher ami, ne rien cacher à votre maître.

MAÎTRE JACQUES. — Ma foi, monsieur, je montrerai tout ce que je sais faire, et je vous traiterai du mieux qu'il me sera possible.

HARPAGON. — Ce n'est pas là l'affaire.

MAÎTRE JACQUES. — Si je ne vous fais pas aussi bonne chère que je voudrois, c'est la faute de monsieur votre intendant, qui m'a rogné les ailes avec les ciseaux de son économie.

HARPAGON. — Traître! il s'agit d'autre chose que de souper; et je veux que tu me dises des nouvelles de l'argent qu'on m'a pris.

MAÎTRE JACQUES. — On vous a pris de l'argent?

HARPAGON. — Oui, coquin; et je m'en vais te faire pendre, si tu ne me le rends.

LE COMMISSAIRE, à Harpagon. — Mon Dieu! ne le maltraitez point. Je vois à sa mine qu'il est honnête homme, et que sans se faire mettre en prison, il vous découvrira ce que vous voulez savoir. Oui, mon ami, si vous nous confessez la chose, il ne vous sera fait aucun mal, et vous serez récompensé comme il faut par votre maître. On lui a pris aujourd'hui son argent; et il n'est pas que vous ne sachiez quelques nouvelles de cette affaire.

MAÎTRE JACQUES, bas, à part. — Voici justement ce qu'il me faut pour me venger de notre intendant. Depuis qu'il est entré céans, il est le favori; on n'écoute que ses conseils; et j'ai aussi sur le cœur les coups de bâton de tantôt.

HARPAGON. — Qu'as-tu à ruminer?

LE COMMISSAIRE, à Harpagon. — Laissez-le faire. Il se prépare à vous contenter; et je vous ai bien dit qu'il était honnête homme.

MAÎTRE JACQUES. — Monsieur, si vous voulez que je vous dise les choses, je crois que c'est monsieur votre cher intendant qui a fait le coup.

HARPAGON. — Valère?

MAÎTRE JACQUES. — Oui.

HARPAGON. — Lui! qui me paroît si fidèle?

MAÎTRE JACQUES. — Lui-même. Je crois que c'est lui qui vous a dérobé.

HARPAGON. — Et sur quoi le crois-tu?

MAÎTRE JACQUES. — Sur quoi?

HARPAGON. — Oui.

MAÎTRE JACQUES. — Je le crois... sur ce que je le crois.

LE COMMISSAIRE. — Mais il est nécessaire de dire les indices que vous avez.

HARPAGON. — L'as-tu vu rôder autour du lieu où j'avois mis mon argent?

MAÎTRE JACQUES. — Oui, vraiment. Où étoit-il, votre argent?

HARPAGON. — Dans le jardin.

MAÎTRE JACQUES. — Justement; je l'ai vu rôder dans le jardin. Et dans quoi est-ce que cet argent étoit?

HARPAGON. — Dans une cassette.

MAÎTRE JACQUES. — Voilà l'affaire. Je lui ai vu une cassette.

HARPAGON. — Et cette cassette, comment est-elle faite? Je verrai bien si c'est la mienne.

MAÎTRE JACQUES. — Comment elle est faite?

HARPAGON. — Oui.

maître jacques. — Elle est faite... elle est faite comme une cassette.

le commissaire. — Cela s'entend. Mais dépeignez-la un peu, pour voir.

maître jacques. — C'est une grande cassette.

harpagon. — Celle qu'on m'a volée est petite.

maître jacques. — Hé! oui, elle est petite, si l'on le veut prendre par là; mais je l'appelle grande pour ce qu'elle contient.

le commissaire. — Et de quelle couleur est-elle?

maître jacques. — De quelle couleur?

le commissaire. — Oui.

maître jacques. — Elle est de couleur.... là, d'une certaine couleur.... Ne sauriez-vous m'aider à dire?

harpagon. — Euh?

maître jacques. — N'est-elle pas rouge?

harpagon. — Non, grise.

maître jacques. — Hé! oui, gris rouge; c'est ce que je voulois dire.

harpagon. — Il n'y a point de doute; c'est elle assurément. Ecrivez, monsieur, écrivez sa déposition. Ciel! à qui désormais se fier? Il ne faut plus jurer de rien; et je crois, après cela, que je suis homme à me voler moi-même.

maître jacques, à Harpagon. — Monsieur, le voici qui revient. Ne lui allez pas dire, au moins, que c'est moi qui vous ai découvert cela.

FIN DE L'AVARE.

MONSIEUR

DE POURCEAUGNAC

COMÉDIE-BALLET

1669

PERSONNAGES.

M. de Pourceaugnac.
Oronte.
Éraste.
Nérine, femme d'intrigue, feinte Picarde.
Sbrigani, Napolitain, homme d'intrigue.
Premier Médecin.
Second Médecin.
Un Apothicaire.
Un Paysan.
Une Paysanne.
Deux Médecins grotesques.
Matassins[1] dansans.

La scène est à Paris.

---

[1] Les *matassins* étaient une danse espagnole du genre bouffe; et on nommait aussi *matassins* ceux qui exécutaient cette danse.

MONSIEUR

DE POURCEAUGNAC.

ACTE PREMIER.

SCÈNE I.

NÉRINE, ERASTE.

NÉRINE. — Le seul nom de monsieur de Pourceaugnac m'a mise dans une colère effroyable. J'enrage de monsieur de Pourceaugnac. Pourceaugnac! cela se peut-il souffrir? Non, Pourceaugnac est une chose que je ne saurois supporter; et nous lui jouerons tant de pièces, nous lui ferons tant de niches sur niches, que nous renverrons à Limoges monsieur de Pourceaugnac.

ÉRASTE. — Voici notre subtil Napolitain, qui nous dira des nouvelles.

SCÈNE II.

JULIE, ÉRASTE, SBRIGANI, NÉRINE.

SBRIGANI. — Monsieur, votre homme arrive. Je l'ai vu à trois lieues d'ici, où a couché le coche; et, dans la cuisine, où il est descendu pour déjeûner, je l'ai étudié une bonne grosse demi-heure, et je le sais déjà par cœur. Pour sa figure, je ne veux point vous en parler : vous verrez de quel air la nature l'a dessinée, et si l'ajustement qui l'accompagne y répond comme il faut; mais, mais pour son esprit, je vous avertis, par avance, qu'il est des plus épais qui se fassent; que nous trouvons en lui une matière tout à fait disposée pour ce que nous voulons, et qu'il est homme enfin à donner dans tous les panneaux qu'on lui présentera.

ÉRASTE. — Nous dis-tu vrai?

SBRIGANI. — Oui, si je me connois en gens.

NÉRINE. — Madame, voilà un illustre. Votre affaire ne pouvoit être mise en de meilleures mains, et c'est le héros de notre siècle pour les exploits dont il s'agit; un homme qui, vingt fois en sa vie, pour servir ses amis, a généreusement affronté les galères; qui, au péril de ses bras et de ses épaules, sait mettre noblement à fin les aventures les plus difficiles, et qui, tel que vous le voyez, est exilé de son pays pour je ne sais combien d'actions honorables qu'il a généreusement entreprises.

SBRIGANI. — Je suis confus des louanges dont vous m'honorez : et je pourrois vous en donner avec plus de justice sur les merveilles de votre vie, et principalement sur la gloire que vous acquîtes, lorsque avec tant d'honnêteté vous pipâtes au jeu, pour douze mille écus, ce jeune seigneur étranger que l'on mena chez vous; lorsque vous fîtes galamment ce faux contrat qui ruina toute une famille; lorsque avec tant de grandeur d'âme vous sûtes nier le dépôt qu'on vous avoit confié, et que si généreusement on vous vit prêter votre témoignage à faire pendre ces deux personnes qui ne l'avoient pas mérité.

NÉRINE. — Ce sont petites bagatelles qui ne valent pas qu'on en parle; et vos éloges me font rougir.

SBRIGANI. — Je veux bien épargner votre modestie; laissons cela, et, pour commencer notre affaire, allons vite joindre notre provincial, tandis que de votre côté vous nous tiendrez prêts au besoin les autres acteurs de la comédie.

ÉRASTE. — Hé bien!...

SBRIGANI. — Ma foi! voici notre homme : songeons à nous.

NÉRINE. — Ah! comme il est bâti!

SCÈNE III.

M. DE POURCEAUGNAC, SBRIGANI.

MONSIEUR DE POURCEAUGNAC, se tournant du côté d'où il est venu, et parlant à des gens qui le suivent. — Hé bien! quoi? Qu'est-ce? Qu'y a-t-il? Au diantre soit la sotte ville, et les sottes gens qui y sont! Ne pouvoir faire un pas, sans trouver des nigauds qui vous regardent et se mettent à rire! Hé! messieurs les badauds, faites vos affaires, et laissez passer les personnes sans leur rire au nez. Je me donne au diable, si je ne baille un coup de poing au premier que je verrai rire.

SBRIGANI, parlant aux mêmes personnes. — Qu'est-ce que c'est, messieurs? Que veut dire cela? A qui en avez-vous? Faut-il se moquer ainsi des honnêtes étrangers qui arrivent ici?

MONSIEUR DE POURCEAUGNAC. — Voilà un homme raisonnable, celui-là.

SBRIGANI. — Quel procédé est le vôtre? et qu'avez-vous à rire?

MONSIEUR DE POURCEAUGNAC. — Fort bien.

SBRIGANI. — Monsieur a-t-il quelque chose de ridicule en soi?

MONSIEUR DE POURCEAUGNAC. — Oui.

SBRIGANI. — Est-il autrement que les autres?

MONSIEUR DE POURCEAUGNAC. — Suis-je tordu ou bossu?

SBRIGANI. — Apprenez à connoître les gens.

MONSIEUR DE POURCEAUGNAC. — C'est bien dit.

SBRIGANI. — Monsieur est d'une mine à respecter.

MONSIEUR DE POURCEAUGNAC. — Cela est vrai.

SBRIGANI. — Personne de condition.

MONSIEUR DE POURCEAUGNAC. — Oui; gentilhomme limosin.

SBRIGANI. — Homme d'esprit.

MONSIEUR DE POURCEAUGNAC. — Qui a étudié en droit.

SBRIGANI. — Il vous fait trop d'honneur de venir dans votre ville.

MONSIEUR DE POURCEAUGNAC. — Sans doute.

SBRIGANI. — Monsieur n'est point une personne à faire rire.

MONSIEUR DE POURCEAUGNAC. — Assurément.

SBRIGANI. — Et quiconque rira de lui aura affaire à moi.

MONSIEUR DE POURCEAUGNAC, à Sbrigani. — Monsieur, je vous suis infiniment obligé.

SBRIGANI. — Je suis fâché, monsieur, de voir recevoir de la sorte une personne comme vous; et je vous demande pardon pour la ville.

MONSIEUR DE POURCEAUGNAC. — Je suis votre serviteur.

SBRIGANI. — Je vous ai vu ce matin, monsieur, avec le coche, lorsque vous avez déjeûné; et la grâce avec laquelle vous mangiez votre pain m'a fait naître d'abord une amitié pour vous; et, comme je sais que vous n'êtes jamais venu en ce pays, et que vous y êtes tout neuf, je suis bien aise de vous avoir trouvé, pour vous offrir mon service à cette arrivée, et vous aider à vous conduire parmi ce peuple, qui n'a pas, parfois, pour les honnêtes gens, toute la considération qu'il faudroit.

MONSIEUR DE POURCEAUGNAC. — C'est trop de grâce que vous me faites.

SBRIGANI. — Je vous l'ai déjà dit : du moment que je vous ai vu, je me suis senti pour vous de l'inclination.

MONSIEUR DE POURCEAUGNAC.. — Je vous suis obligé.

SBRIGANI. — Votre physionomie m'a plu.

MONSIEUR DE POURCEAUGNAC. — Ce m'est beaucoup d'honneur.

SBRIGANI. — J'y ai vu quelque chose d'honnête.

MONSIEUR DE POURCEAUGNAC. — Je suis votre serviteur.

SBRIGANI. — Quelque chose d'aimable.

MONSIEUR DE POURCEAUGNAC. — Ah! ah!

SBRIGANI. — De gracieux.

MONSIEUR DE POURCEAUGNAC. — Ah! ah!

SBRIGANI. — De doux.

MONSIEUR DE POURCEAUGNAC. — Ah! ah!

SBRIGANI. — De majestueux.

MONSIEUR DE POURCEAUGNAC. — Ah! ah!

SBRIGANI. — De franc.

MONSIEUR DE POURCEAUGNAC. — Ah! ah!

SBRIGANI. — Et de cordial.

MONSIEUR DE POURCEAUGNAC. — Ah! ah!

SBRIGANI. — Je vous assure que je suis tout à vous.

MONSIEUR DE POURCEAUGNAC. — Je vous ai beaucoup d'obligation.

SBRIGANI. — C'est du fond du cœur que je parle.

MONSIEUR DE POURCEAUGNAC. — Je le crois.

SBRIGANI. — Si j'avois l'honneur d'être connu de vous, vous sauriez que je suis un homme tout à fait sincère.

MONSIEUR DE POURCEAUGNAC. — Je n'en doute point.

SBRIGANI. — Ennemi de la fourberie.

MONSIEUR DE POURCEAUGNAC. — J'en suis persuadé.

SBRIGANI. — Et qui n'est pas capable de déguiser ses sentimens.

MONSIEUR DE POURCEAUGNAC. — C'est ma pensée.

SBRIGANI. — Vous regardez mon habit, qui n'est pas fait comme les autres; mais je suis originaire de Naples, à votre service, et j'ai voulu conserver un peu et la manière de s'habiller, et la sincérité de mon pays.

MONSIEUR DE POURCEAUGNAC. — C'est fort bien fait. Pour moi, j'ai voulu me mettre à la mode de la cour pour la campagne.

SBRIGANI. — Ma foi, cela vous va mieux qu'à tous nos courtisans.

MONSIEUR DE POURCEAUGNAC. — C'est ce que m'a dit mon tailleur. L'habit est propre et riche, et il fera du bruit ici.

SBRIGANI. — Sans doute. N'irez-vous pas au Louvre?

MONSIEUR DE POURCEAUGNAC. — Il faudra bien aller faire ma cour.

SBRIGANI. — Le roi sera ravi de vous voir.

MONSIEUR DE POURCEAUGNAC. — Je le crois.

SBRIGANI. — Avez-vous arrêté un logis?

MONSIEUR DE POURCEAUGNAC. — Non; j'allois en chercher un.

SBRIGANI. — Je serai bien aise d'être avec vous pour cela; et je connois tout ce pays-ci.

SCÈNE IV.

ERASTE, M. DE POURCEAUGNAC, SBRIGANI.

ÉRASTE. — Ah! Qu'est ceci? Que vois-je? Quelle heureuse rencontre! Monsieur de Pourceaugnac! Que je suis ravi de vous voir! Comment! il semble que vous ayez peine à me reconnoître!

MONSIEUR DE POURCEAUGNAC. — Monsieur, je suis votre serviteur.

ÉRASTE. — Est-il possible que cinq ou six années m'aient ôté de votre mémoire, et que vous ne reconnoissiez pas le meilleur ami de toute la famille des Pourceaugnacs?

MONSIEUR DE POURCEAUGNAC. — Pardonnez-moi. (Bas à Sbrigani.) Ma foi, je ne sais qui il est.

ÉRASTE. — Il n'y a pas un Pourceaugnac à Limoges que je ne connoisse, depuis le plus grand jusques au plus petit; je ne fréquentois qu'eux dans le temps que j'y étois, et j'avois l'honneur de vous voir presque tous les jours.

MONSIEUR DE POURCEAUGNAC. — C'est moi qui l'ai reçu, monsieur.

ÉRASTE. — Vous ne vous remettez point mon visage?

MONSIEUR DE POURCEAUGNAC. — Si fait. (A Sbrigani.) Je ne le connois point.

ÉRASTE. — Vous ne vous ressouvenez pas que j'ai eu le bonheur de boire avec vous, je ne sais combien de fois?

MONSIEUR DE POURCEAUGNAC. — Excusez-moi. (A Sbrigani.) Je ne sais ce que c'est.

ÉRASTE. — Comment appelez-vous ce traiteur de Limoges qui fait si bonne chère?

MONSIEUR DE POURCEAUGNAC. — Petit-Jean?

ÉRASTE. — Le voilà. Nous allions le plus souvent ensemble chez lui nous réjouir. Comment est-ce que vous nommez à Limoges ce lieu où l'on se promène?

MONSIEUR DE POURCEAUGNAC. — Le cimetière des Arènes?

ÉRASTE. — Justement. C'est où je passois de si douces heures à jouir de votre agréable conversation. Vous ne vous remettez pas tout cela?

MONSIEUR DE POURCEAUGNAC. — Excusez-moi; je me le remets. (A Sbrigani.) Diable emporte si je m'en souviens.

SBRIGANI, bas, à M. de Pourceaugnac. — Il y a cent choses comme cela qui passent de la tête.

ÉRASTE. — Embrassez-moi donc, je vous prie, et resserrons les nœuds de notre ancienne amitié.

SBRIGANI, à M. de Pourceaugnac. — Voilà un homme qui vous aime fort.

ÉRASTE. — Dites-moi un peu des nouvelles de toute la parenté. Comment se porte monsieur votre..... là..... qui est si honnête homme?

MONSIEUR DE POURCEAUGNAC. — Mon frère le consul?

ÉRASTE. — Oui.

MONSIEUR DE POURCEAUGNAC. — Il se porte le mieux du monde.

ÉRASTE. — Certes, j'en suis ravi. Et celui qui est de si bonne humeur? Là..... monsieur votre.....

MONSIEUR DE POURCEAUGNAC. — Mon cousin l'assesseur?

ÉRASTE. — Justement.

MONSIEUR DE POURCEAUGNAC. — Toujours gai et gaillard.

ÉRASTE. — Ma foi, j'en ai beaucoup de joie. Et monsieur votre oncle? Le.....

MONSIEUR DE POURCEAUGNAC. — Je n'ai point d'oncle.

ÉRASTE. — Vous aviez pourtant en ce temps-là.....

MONSIEUR DE POURCEAUGNAC. — Non : rien qu'une tante.

ÉRASTE. — C'est ce que je voulois dire : madame votre tante. Comment se porte-t-elle?

MONSIEUR DE POURCEAUGNAC. — Elle est morte depuis six mois

ÉRASTE. — Hélas! la pauvre femme! Elle étoit si bonne personne!

MONSIEUR DE POURCEAUGNAC. — Nous avons aussi mon neveu le chanoine qui a pensé mourir de la petite vérole.

ÉRASTE. — Quel dommage c'auroit été!

MONSIEUR DE POURCEAUGNAC. — Le connoissez-vous aussi?

ÉRASTE. — Vraiment, si je le connois! Un grand garçon bien fait.

MONSIEUR DE POURCEAUGNAC. — Pas des plus grands.

ÉRASTE. — Non; mais de taille bien prise.

MONSIEUR DE POURCEAUGNAC. — Hé! oui.

ÉRASTE. — Qui est votre neveu?

MONSIEUR DE POURCEAUGNAC. — Oui.

ÉRASTE. — Fils de votre frère ou de votre sœur?

MONSIEUR DE POURCEAUGNAC. — Justement.

ÉRASTE. — Chanoine de l'église de..... Comment l'appelez-vous?

MONSIEUR DE POURCEAUGNAC. — De Saint-Étienne.

ÉRASTE. — Le voilà; je ne connois autre.

MONSIEUR DE POURCEAUGNAC, à Sbrigani. — Il dit toute la parenté.

SBRIGANI. — Il vous connoît plus que vous ne croyez.

MONSIEUR DE POURCEAUGNAC. — A ce que je vois, vous avez demeuré longtemps dans notre ville?

ÉRASTE. — Deux ans entiers.

MONSIEUR DE POURCEAUGNAC. — Vous étiez donc là quand mon cousin l'élu fit tenir son enfant à monsieur notre gouverneur?

ÉRASTE. — Vraiment oui; j'y fus convié des premiers.

MONSIEUR DE POURCEAUGNAC. — Cela fut galant.

ÉRASTE. — Très-galant.

MONSIEUR DE POURCEAUGNAC. — C'étoit un repas bien troussé.

ÉRASTE. — Sans doute.

MONSIEUR DE POURCEAUGNAC. — Vous vîtes donc aussi la querelle que j'eus avec ce gentilhomme périgordin?

ÉRASTE. — Oui.

MONSIEUR DE POURCEAUGNAC. — Parbleu! il trouva à qui parler.

ÉRASTE. — Ah! ah!

MONSIEUR DE POURCEAUGNAC. — Il me donna un soufflet; mais je lui dis bien son fait.

ÉRASTE. — Assurément. Au reste, je ne prétends pas que vous preniez d'autre logis que le mien.

MONSIEUR DE POURCEAUGNAC. — Je n'ai garde de...

ÉRASTE. — Vous moquez-vous? Je ne souffrirai point du tout que mon meilleur ami soit autre part que dans ma maison.

MONSIEUR DE POURCEAUGNAC. — Ce seroit vous...

ÉRASTE. — Non. Le diable m'emporte! vous logerez chez moi.

SBRIGANI, à M. de Pourceaugnac. — Puisqu'il le veut obstinément, je vous conseille d'accepter l'offre.

ÉRASTE. — Où sont vos hardes?

MONSIEUR DE POURCEAUGNAC. — Je les ai laissées, avec mon valet, où je suis descendu.

ÉRASTE. — Envoyons-les quérir par quelqu'un.

MONSIEUR DE POURCEAUGNAC. — Non, je lui ai défendu de bouger, à moins que j'y fusse moi-même, de peur de quelque fourberie.

SBRIGANI. — C'est prudemment avisé.

MONSIEUR DE POURCEAUGNAC. — Ce pays-ci est un peu sujet à caution.

ÉRASTE. — On voit les gens d'esprit en tout.

SBRIGANI. — Je vais accompagner monsieur, et le ramènerai où vous voudrez.

ÉRASTE. — Oui. Je serai bien aise de donner quelques ordres, et vous n'avez qu'à revenir à cette maison-là.

SBRIGANI. — Nous sommes à vous tout à l'heure.

ÉRASTE, à M. de Pourceaugnac. — Je vous attends avec impatience.

MONSIEUR DE POURCEAUGNAC, à Sbrigani. — Voilà une connoissance où je ne m'attendois point.

SBRIGANI. — Il a la mine d'être honnête homme.

ÉRASTE, seul. — Ma foi, monsieur de Pourceaugnac, nous vous

en donnerons de toutes les façons; les choses sont préparées, et je n'ai qu'à frapper. Holà?

SCÈNE V.

ÉRASTE, UN APOTHICAIRE.

ÉRASTE. — Je crois, monsieur, que vous êtes le médecin à qui l'on est venu parler de ma part?

L'APOTHICAIRE. — Non, monsieur; ce n'est pas moi qui suis médecin; à moi n'appartient pas cet honneur, et je ne suis qu'apothicaire; apothicaire indigne, pour vous servir.

ÉRASTE. — Et monsieur le médecin est-il à la maison?

L'APOTHICAIRE. — Oui. Il est là embarrassé à expédier quelques malades; et je vais lui dire que vous êtes ici.

ÉRASTE. — Non, ne bougez; j'attendrai qu'il ait fait. C'est pour lui mettre entre les mains certain parent que nous avons, dont on lui a parlé, et qui se trouve attaqué de quelque folie, que nous serions bien aise qu'il pût guérir.

L'APOTHICAIRE. — Je sais ce que c'est, je sais ce que c'est; et j'étois avec lui quand on lui a parlé de cette affaire. Ma foi, ma foi! vous ne pouviez pas vous adresser à un médecin plus habile. C'est un homme qui sait la médecine à fond, comme je sais ma croix de par Dieu; et qui, quand on devroit crever, ne démordroit pas d'un *iota* des règles des anciens. Oui, il suit toujours le grand chemin, le grand chemin, et ne va point chercher midi à quatorze heures; et, pour tout l'or du monde, il ne voudroit pas avoir guéri une personne avec d'autres remèdes que ceux que la Faculté permet.

ÉRASTE. — Il fait fort bien. Un malade ne doit point vouloir guérir que la Faculté n'y consente.

L'APOTHICAIRE. — Ce n'est pas parce que nous sommes grands amis que j'en parle; mais il y a plaisir, il y a plaisir d'être son malade; et j'aimerois mieux mourir de ses remèdes, que de guérir de ceux d'un autre. Car, quoi qu'il puisse arriver, on est assuré que les choses sont toujours dans l'ordre, et, quand on meurt sous sa conduite, vos héritiers n'ont rien à vous reprocher.

ÉRASTE. — C'est une grande consolation pour un défunt!

L'APOTHICAIRE. — Assurément. On est bien aise au moins d'être mort méthodiquement. Au reste, il n'est pas de ces médecins qui marchandent les maladies; c'est un homme expéditif, expéditif, qui aime à dépêcher ses malades; et, quand on a à mourir, cela se fait avec lui le plus vite du monde.

ÉRASTE. — En effet, il n'est rien tel que de sortir promptement d'affaire.

L'APOTHICAIRE. — Cela est vrai. A quoi bon tant barguigner et tant tourner autour du pot? Il faut savoir vitement le court ou le long d'une maladie.

ÉRASTE. — Vous avez raison.

L'APOTHICAIRE. — Voilà déjà trois de mes enfants dont il m'a fait l'honneur de conduire la maladie, qui sont morts en moins de quatre jours, et qui, entre les mains d'un autre, auroient langui plus de trois mois.

ÉRASTE. — Il est bon d'avoir des amis comme cela.

L'APOTHICAIRE. — Sans doute. Il ne me reste plus que deux enfants, dont il prend soin comme des siens; il les traite et gouverne à sa fantaisie, sans que je me mêle de rien; et, le plus souvent, quand je reviens de la ville, je suis tout étonné que je les trouve saignés ou purgés par son ordre.

ÉRASTE. — Voilà des soins fort obligeans.

L'APOTHICAIRE. — Le voici, le voici, le voici qui vient.

SCÈNE VI.

ÉRASTE, PREMIER MÉDECIN, UN APOTHICAIRE, UN PAYSAN,
UNE PAYSANNE.

LE PAYSAN, au médecin. — Monsieur, il n'en peut plus; et il dit qu'il sent dans la tête les plus grandes douleurs du monde.

PREMIER MÉDECIN. — Le malade est un sot; d'autant plus que, dans la maladie dont il est attaqué, ce n'est pas la tête, selon Galien, mais la rate qui lui doit faire mal.

LE PAYSAN. — Quoi que c'en soit, monsieur, il a toujours, avec cela, son cours de ventre depuis six mois.

PREMIER MÉDECIN. — Bon! c'est signe que le dedans se dégage. Je l'irai visiter dans deux ou trois jours; mais, s'il mouroit avant ce temps-là, ne manquez pas de m'en donner avis; car il n'est pas de la civilité qu'un médecin visite un mort.

LA PAYSANNE, au médecin. — Mon père, monsieur, est toujours malade de plus en plus.

PREMIER MÉDECIN. — Ce n'est pas ma faute. Je lui donne des remèdes; que ne guérit-il? Combien a-t-il été saigné de fois?

LA PAYSANNE. — Quinze, monsieur, depuis vingt jours.

PREMIER MÉDECIN. — Quinze fois saigné?

LA PAYSANNE. — Oui.

PREMIER MÉDECIN. — Et il ne guérit point?

LA PAYSANNE. — Non, monsieur.

PREMIER MÉDECIN. — C'est signe que la maladie n'est pas dans le sang. Nous le ferons purger autant de fois, pour voir si elle n'est pas dans les humeurs; et, si rien ne nous réussit, nous l'enverrons aux bains.

L'APOTHICAIRE. — Voilà le fin, cela; voilà le fin de la médecine.

SCÈNE VII.

ÉRASTE, PREMIER MÉDECIN, UN APOTHICAIRE.

ÉRASTE, au médecin. — C'est moi, monsieur, qui vous ai envoyé parler, ces jours passés, pour un parent un peu troublé d'esprit, que je veux vous donner chez vous, afin de le guérir avec plus de commodité, et qu'il soit vu de moins de monde.

PREMIER MÉDECIN. — Oui, monsieur; j'ai déjà disposé tout, et promets d'en avoir tous les soins imaginables.

ÉRASTE. — Le voici.

PREMIER MÉDECIN. — La conjoncture est tout à fait heureuse, et j'ai ici un ancien de mes amis, avec lequel je serai bien aise de consulter sa maladie.

SCÈNE VIII.

M. DE POURCEAUGNAC, ÉRASTE, PREMIER MÉDECIN, UN APOTHICAIRE.

ÉRASTE, à monsieur de Pourceaugnac. — Une petite affaire m'est survenue, qui m'oblige à vous quitter ; (montrant le médecin) mais voilà une personne entre les mains de qui je vous laisse, qui aura soin pour moi de vous traiter du mieux qu'il lui sera possible.

PREMIER MÉDECIN. — Le devoir de ma profession m'y oblige ; et c'est assez que vous me chargiez de ce soin.

MONSIEUR DE POURCEAUGNAC, à part. — C'est son maître-d'hôtel, et il faut que ce soit un homme de qualité.

PREMIER MÉDECIN, à Éraste. — Oui ; je vous assure que je traiterai monsieur méthodiquement et dans toutes les régularités de notre art.

MONSIEUR DE POURCEAUGNAC. — Mon Dieu ! il ne me faut point tant de cérémonies, et je ne viens pas ici pour incommoder.

PREMIER MÉDECIN. — Un tel emploi ne me donne que de la joie.

ÉRASTE, au médecin. — Voilà toujours six pistoles d'avance, en attendant ce que j'ai promis.

MONSIEUR DE POURCEAUGNAC. — Non, s'il vous plaît ; je n'entends pas que vous fassiez de dépense, et que vous envoyiez rien acheter pour moi.

ÉRASTE. — Mon Dieu ! laissez faire. Ce n'est pas pour ce que vous pensez.

MONSIEUR DE POURCEAUGNAC. — Je vous demande de ne me traiter qu'en ami.

ÉRASTE. — C'est ce que je veux faire. (Bas au médecin.) Je vous recommande surtout de ne point le laisser sortir de vos mains ; car, parfois, il veut s'échapper.

PREMIER MÉDECIN. — Ne vous mettez pas en peine.

ÉRASTE, à monsieur de Pourceaugnac. — Je vous prie de m'excuser de l'incivilité que je commets.

MONSIEUR DE POURCEAUGNAC. — Vous vous moquez ; et c'est trop de grâce que vous me faites.

SCÈNE IX.

M. DE POURCEAUGNAC, PREMIER MÉDECIN, SECOND MÉDECIN UN APOTHICAIRE.

PREMIER MÉDECIN. — Ce m'est beaucoup d'honneur monsieur, d'être choisi pour vous rendre service.

MONSIEUR DE POURCEAUGNAC. — Je suis votre serviteur.

PREMIER MÉDECIN. — Voici un habile homme, mon confrère, avec lequel je vais consulter la manière dont nous vous traiterons.

MONSIEUR DE POURCEAUGNAC. — Il ne faut point faire tant de façons, vous dis-je, et je suis homme à me contenter de l'ordinaire.

PREMIER MÉDECIN. — Allons, des siéges.

(Des laquais entrent, et donnent des siéges.)

MONSIEUR DE POURCEAUGNAC, à part. — Voilà, pour un jeune homme, des domestiques bien lugubres.

PREMIER MÉDECIN. — Allons, monsieur : prenez votre place, monsieur.

(Les deux médecins font asseoir M. de Pourceaugnac entre eux deux.)

MONSIEUR DE POURCEAUGNAC, s'asseyant. — Votre très-humble valet. (Les deux médecins lui prennent chacun une main pour lui tâter le pouls) Que veut dire cela !

PREMIER MÉDECIN. — Mangez-vous bien, monsieur ?

MONSIEUR DE POURCEAUGNAC. — Oui ; et bois encore mieux.

PREMIER MÉDECIN. — Tant pis ! Cette grande appétition du

froid et de l'humide, est une indication de la chaleur et de la sécheresse qui est au-dedans. Dormez-vous fort ?

MONSIEUR DE POURCEAUGNAC. — Oui ; quand j'ai bien soupé.

PREMIER MÉDECIN. — Faites-vous des songes ?

MONSIEUR DE POURCEAUGNAC. — Quelquefois.

PREMIER MÉDECIN. — De quelle nature sont-ils?

MONSIEUR DE POURCEAUGNAC. — De la nature des songes. Quelle diable de conversation est-ce là?

PREMIER MÉDECIN. — Vos déjections, comment sont-elles?

MONSIEUR DE POURCEAUGNAC. — Ma foi, je ne comprends rien à toutes ces questions ; et je veux plutôt boire un coup.

PREMIER MÉDECIN. — Un peu de patience. Nous allons raisonner sur votre affaire devant vous ; et nous le ferons en françois, pour être plus intelligibles.

MONSIEUR DE POURCEAUGNAC. — Quel grand raisonnement faut-il pour manger un morceau?

PREMIER MÉDECIN. — Comme ainsi soit qu'on ne puisse guérir une maladie qu'on ne la connoisse parfaitement, et qu'on ne la puisse parfaitement connoître sans en bien établir l'idée particulière, et la véritable espèce, par ses signes diagnostiques et prognostiques[1]; vous me permettrez, monsieur notre ancien, d'entrer en considération de la maladie dont il s'agit, avant que de toucher à la thérapeutique[2], et aux remèdes qu'il nous conviendra faire pour la parfaite curation d'icelle. Je dis donc, monsieur, avec votre permission, que notre malade ici présent est malheureusement attaqué, affecté, possédé, travaillé de cette sorte de folie que nous nommons fort bien mélancolie hypocondriaque; espèce de folie très-fâcheuse, et qui ne demande pas moins qu'un Esculape comme vous, consommé dans notre art : vous, dis-je, qui avez blanchi, comme on dit, sous le harnois, et auquel il en a tant passé par les mains, de

---

[1] *Signes diagnostiques*, symptômes auxquels on reconnoit la maladie ; *signes prognostiques*, symptômes qui aident à en prévoir les effets.

[2] *Thérapeutique*, l'art d'appliquer le remède.

toutes les façons. Je l'appelle mélancolie hypocondriaque, pour la distinguer des deux autres ; car le célèbre Galien établit doctement, à son ordinaire, trois espèces de cette maladie, que nous nommons mélancolie, ainsi appelée, non-seulement par les Latins, mais encore par les Grecs : ce qui est bien à remarquer pour notre affaire. La première, qui vient du propre vice du cerveau : la seconde, qui vient de tout le sang, fait et rendu atrabilaire : la troisième, appelée hypocondriaque, qui est la nôtre, laquelle procède du vice de quelque partie du bas-ventre, et de la région inférieure, mais particulièrement de la rate, dont la chaleur et l'inflammation portent au cerveau de notre malade beaucoup de fuligines épaisses et crasses, dont la vapeur noire et maligne cause dépravation aux fonctions de la faculté princesse, et fait la maladie dont, par notre raisonnement, il est manifestement atteint et convaincu. Qu'ainsi ne soit : pour diagnostic incontestable de ce que je dis, vous n'avez qu'à considérer ce grand sérieux que vous voyez, cette tristesse accompagnée de crainte et de défiance, signes pathognomoniques et individuels de cette maladie, si bien marquée chez le divin vieillard Hippocrate ; cette physionomie, ces yeux rouges et hagards, cette grande barbe, cette habitude du corps, menue, grêle, noire et velue, lesquels signes le dénotent très-affecté de cette maladie, procédante du vice des hypocondres, laquelle maladie, par laps de temps, naturalisée, envieillie, habituée, et ayant pris droit de bourgeoisie chez lui, pourroit bien dégénérer ou en manie, ou en phthisie, ou en apoplexie ; ou même en fine frénésie et fureur. Tout ceci supposé, puisqu'une maladie bien connue est à demi guérie, car, *ignoti nulla est curatio morbi*[1], il ne vous sera pas difficile de convenir des remèdes que nous devons faire à monsieur. Premièrement, pour remédier à cette pléthore obturante, et à cette cacochymie luxuriante par tout le corps, je suis d'avis qu'il soit phlébotomisé libéralement ; c'est-à-dire, que les saignées soient fré-

---

[1] « On ne peut pas guérir une maladie sans la connoître. »

quentes et plantureuses : en premier lieu, de la basilique¹, puis de la céphalique²; et même, si le mal est opiniâtre, de lui ouvrir la veine du front, et que l'ouverture soit large, afin que le gros sang puisse sortir; et, en même temps, de le purger, désopiler, et évacuer par purgatifs propres et convenables; c'est-à-dire, par cholagogues³, mélanogogues⁴, *et cætera ;* et comme la véritable source de tout mal est ou une humeur crasse et féculente, ou une vapeur noire et grossière, qui obscurcit, infecte et salit les esprits animaux, il est à propos ensuite qu'il prenne un bain d'eau pure et nette, avec force petit-lait clair, pour purifier, par l'eau, la féculence de l'humeur crasse, et éclaircir, par le lait clair, la noirceur de cette vapeur. Mais, avant toute chose, je trouve qu'il est bon de le réjouir par agréables conversations, chants et instrumens de musique; à quoi il n'y a pas d'inconvénient de joindre des danseurs, afin que leurs mouvemens, disposition et agilité, puissent exciter et réveiller la paresse de ses esprits engourdis, qui occasionne l'épaisseur de son sang, d'où procède la maladie. Voilà les remèdes que j'imagine, auxquels pourront être ajoutés beaucoup d'autres meilleurs, par monsieur notre maître et ancien, suivant l'expérience, jugement, lumière et suffisance qu'il s'est acquise dans notre art. *Dixi.*

SECOND MÉDECIN. — A Dieu ne plaise, monsieur, qu'il me tombe en pensée d'ajouter rien à ce que vous venez de dire ! Vous avez si bien discouru sur tous les signes, les symptômes et les causes de la maladie de monsieur; le raisonnement que vous en avez fait est si docte et si beau, qu'il est impossible qu'il ne soit pas fou et mélancolique hypocondriaque; et,

---

¹ La *basilique*, veine qui monte le long de la partie interne de l'os du bras jusqu'à la veine axillaire (ou de l'aisselle), où elle se rend.

² La *céphalique*, une des veines du bras qu'on croyoit autrefois venir de la tête, et qu'on ouvroit par cette raison, pour le soulagement des maux de tête.

³ *Cholagogues*, remèdes propres à chasser la bile.

⁴ *Mélanogogues*, remèdes propres à chasser la bile noire.

quand il ne le seroit pas, il faudroit qu'il le devînt, pour la beauté des choses que vous avez dites, et la justesse du raisonnement que vous avez fait. Oui, monsieur, vous avez dépeint fort graphiquement, *graphicè depinxisti*, tout ce qui appartient à cette maladie. Il ne se peut rien de plus doctement, sagement, ingénieusement conçu, pensé, imaginé, que ce que vous avez prononcé au sujet de ce mal, soit pour la diagnose, ou la prognose, ou la thérapie; et il ne me reste rien ici, que de féliciter monsieur d'être tombé entre vos mains, et de lui dire qu'il est trop heureux d'être fou, pour éprouver l'efficace et la douceur des remèdes que vous avez si judicieusement proposés. Je les approuve tous, *manibus et pedibus descendo in tuam sententiam*[1]. Tout ce que j'y voudrois ajouter, c'est de faire les saignées et les purgations en nombre impair, *numero deus im pare gaudet*[2]; de prendre le lait clair avant le bain; de lui composer un fronteau où il entre du sel, le sel est le symbole de la sagesse; de faire blanchir les murailles de sa chambre, pour dissiper les ténèbres de ses esprits, *album est disgregativum visûs*[3]; et de lui donner tout à l'heure un petit lavement, pour servir de prélude et d'introduction à ces judicieux remèdes, dont, s'il a à guérir, il doit recevoir du soulagement. Fasse le ciel que ces remèdes, monsieur, qui sont les vôtres, réussissent au malade, selon notre intention!

MONSIEUR DE POURCEAUGNAC. — Messieurs, il y a une heure que je vous écoute. Est-ce que nous jouons ici une comédie?

PREMIER MÉDECIN. — Non, monsieur, nous ne jouons point.

MONSIEUR DE POURCEAUGNAC. — Qu'est-ce que tout ceci, et que voulez-vous dire, avec votre galimatias et vos sottises?

PREMIER MÉDECIN. — Bon! dire des injures! Voilà un diagnostic qui nous manquoit pour la confirmation de son mal; et ceci pourroit bien tourner en manie.

---

[1] « Je donne les mains à votre opinion; je m'y range sans réserve. »

[2] « Les dieux aiment le nombre impair. »

[3] « Le blanc fatigue la vue. » Citation faite mal à propos pour achever le ridicule du médecin.

Monsieur de Pourceaugnac, à part. — Avec qui m'a-t-on mis ici ? (Il crache deux ou trois fois.)

Premier médecin. — Autre diagnostic : la sputation fréquente.

Monsieur de Pourceaugnac. — Laissons cela, et sortons d'ici.

Premier médecin. — Autre encore : l'inquiétude de changer de place.

Monsieur de Pourceaugnac. — Qu'est-ce donc que toute cette affaire ? et que me voulez-vous ?

Premier médecin. — Vous guérir, selon l'ordre qui nous a été donné.

Monsieur de Pourceaugnac. — Me guérir ?

Premier médecin. — Oui.

Monsieur de Pourceaugnac. — Parbleu ! je ne suis pas malade.

Premier médecin. — Mauvais signe, lorsqu'un malade ne sent pas son mal.

Monsieur de Pourceaugnac. — Je vous dis que je me porte bien.

Premier médecin. — Nous savons mieux que vous comment vous vous portez ; et nous sommes médecins qui voyons clair dans votre constitution.

Monsieur de Pourceaugnac. — Si vous êtes médecins, je n'ai que faire de vous ; et je me moque de la médecine.

Premier médecin. — Hom ! hom ! voici un homme plus fou que nous ne pensons.

Monsieur de Pourceaugnac. — Mon père et ma mère n'ont jamais voulu de remèdes, et ils sont morts tous deux sans l'assistance des médecins.

Premier médecin. — Je ne m'étonne pas s'ils ont engendré un fils qui est insensé. (Au second médecin.) Allons, procédons à la curation ; et, par la douceur exhilarante de l'harmonie, adoucissons, lénifions, et accoisons[1] l'aigreur de ses esprits, que je vois prêts à s'enflammer.

---

[1] *Accoiser*, pour calmer, rendre coi.

SCÈNE X.

M. DE POURCEAUGNAC, seul.

Que diable est-ce là? Les gens de ce pays-ci sont-ils insensés? Je n'ai jamais rien vu de tel, et je n'y comprends rien du tout.

SCÈNE XI.

M. DE POURCEAUGNAC, DEUX MÉDECINS GROTESQUES.

(Ils s'asseyent d'abord tous trois; les medecins se lèvent à différentes reprises pour saluer M. de Pourceaugnac, qui se leve autant de fois pour les saluer.)

LES DEUX MÉDECINS.

Buon dì, buon dì, buon dì;
Non vi lasciate uccidere
Dal dolor malinconico,
Noi vi faremo ridere
Col nostro canto armonico;
Sol per guarirvi
Siamo venuti quì.
Buon dì, buon dì, buon dì.

PREMIER MÉDECIN.

Altro non è la pazzià
Che malinconia.
Il malato
Non è disperato,
Se vol pigliar un poco d'allegria;
Altro non è la pazzia
Che malinconia.

SECOND MÉDECIN.

Sù, cantate, ballate, ridete,
E, se far meglio volete,

Quando sentite il deliro vicino,
Pigliate del vino,
E qualche volta un poco di tabac.
Allegramente, monsu Pourceaugnac[1].

SCÈNE XII.

M. DE POURCEAUGNAC, DEUX MEDECINS grotesques, MATASSINS.

ENTRÉE DE BALLET.
Danses des matassins autour de M. de Pourceaugnac.

SCÈNE XIII.

M. DE POURCEAUGNAC, UN APOTHICAIRE, tenant une seringue.

L'APOTHICAIRE. — Monsieur, voici un petit remède, un petit remède, qu'il vous faut prendre, s'il vous plaît, s'il vous plaît.

MONSIEUR DE POURCEAUGNAC. — Comment? je n'ai que faire de cela.

L'APOTHICAIRE. — Il a été ordonné, monsieur, il a été ordonné.

MONSIEUR DE POURCEAUGNAC. — Ah! que de bruit?

L'APOTHICAIRE. — Prenez-le, monsieur, prenez-le; il ne vous fera point de mal, il ne vous fera point de mal.

MONSIEUR DE POURCEAUGNAC. — Ah!

L'APOTHICAIRE. — C'est un petit clystère, un petit clystère, bénin, bénin; il est bénin, bénin : là, prenez, prenez, monsieur; c'est pour déterger, pour déterger, déterger.

---

[1] « Bon jour, bon jour, bon jour; ne vous laissez pas emporter par l'affection mélancolique. Nous vous ferons rire par nos chansons ; nous ne sommes ici que pour vous guérir.

« La folie n'est que de la mélancolie. Le malade n'est pas désespéré, pourvu qu'il veuille prendre quelque divertissement.

« Allons, courage; dansez, riez; et si vous voulez encore mieux faire, quand vous sentirez les approches du mal, prenez un verre de vin et quelquefois une prise de tabac. Allons, gai! monsieur de Pourceaugnac. »

SCÈNE XIV.

M. DE POURCEAUGNAC, UN APOTHICAIRE, DEUX MÉDECINS GROTESQUES, MATASSINS, avec des seringues.

LES DEUX MÉDECINS.

Piglialo sù,
Signor monsu;
Piglialo, piglialo, piglialo sù,
Che non ti farà male.
Piglialo sù questo serviziale;
Piglialo sù,
Signor monsu;
Piglialo, piglialo, piglialo sù[1].

MONSIEUR DE POURCEAUGNAC. — Allez-vous-en au diable.

(M. de Pourceaugnac, mettant son chapeau pour se garantir des seringues, est suivi par les deux médecins et par les matassins; il passe par derrière le théâtre, et revient se mettre sur sa chaise, auprès de laquelle il trouve l'apothicaire qui l'attendoit; les deux médecins et les matassins rentrent aussi.)

LES DEUX MÉDECINS.

Piglialo sù,
Signor monsu;
Piglialo, piglialo, piglialo sù,
Che non ti farà male.
Piglialo sù questo serviziale;
Piglialo sù,
Signor monsu;
Piglialo, piglialo, piglialo sù.

(M. de Pourceaugnac s'enfuit avec sa chaise; l'apothicaire appuie sa seringue contre, et les deux médecins et les matassins le suivent.)

---

[1] « Prenez-le, monsieur; prenez-le (le clystère) : il ne vous fera pas de mal. »

ACTE DEUXIÈME.

SCÈNE I.

PREMIER MÉDECIN, SBRIGANI.

premier médecin. — Il a forcé tous les obstacles que j'avois mis, et s'est dérobé aux remèdes que je commençois de lui faire.

sbrigani. — C'est être bien ennemi de soi-même, que de fuir des remèdes aussi salutaires que les vôtres.

premier médecin. — Marque d'un cerveau démonté, et d'une raison dépravée, que de ne vouloir pas guérir.

sbrigani. — Vous l'auriez guéri haut la main.

premier médecin. — Sans doute : quand il y auroit eu complication de douze maladies.

sbrigani. — Cependant voilà cinquante pistoles bien acquises qu'il vous fait perdre.

premier médecin. — Moi, je n'entends point les perdre, et prétends le guérir en dépit qu'il en ait. Il est lié et engagé à mes remèdes; et je veux le faire saisir où je le trouverai, comme déserteur de la médecine et infracteur de mes ordonnances.

sbrigani. — Vous avez raison. Vos remèdes étoient un coup sûr, et c'est de l'argent qu'il vous vole.

premier médecin. — Où puis-je en avoir des nouvelles ?

sbrigani. — Chez le bonhomme Oronte, assurément, dont il vient épouser la fille, et qui ne sachant rien de l'infirmité de son gendre futur, voudra peut-être se hâter de conclure le mariage.

premier médecin. — Je vais lui parler tout à l'heure.

sbrigani. — Vous ne ferez point mal.

PREMIER MÉDECIN. — Il est hypothéqué à mes consultations; et un malade ne se moquera pas d'un médecin.

SBRIGANI. — C'est fort bien dit à vous, et, si vous m'en croyez, vous ne souffrirez point qu'il se marie, que vous ne l'ayez pansé tout votre soûl.

PREMIER MÉDECIN. — Laissez-moi faire.

SBRIGANI, à part, en s'en allant. — Je vais de mon côté, dresser une autre batterie, et le beau-père est aussi dupe que le gendre.

SCÈNE II.

ORONTE, PREMIER MÉDECIN.

PREMIER MÉDECIN. — Vous avez, monsieur, un certain monsieur de Pourceaugnac qui doit épouser votre fille?

ORONTE. — Oui; je l'attends de Limoges, et il devroit être arrivé

PREMIER MÉDECIN. — Aussi l'est-il, et il s'en est fui de chez moi, après y avoir été mis; mais je vous défends, de la part de la médecine, de procéder au mariage que vous avez conclu, que je ne l'aie dûment préparé pour cela.

ORONTE. — Comment donc?

PREMIER MÉDECIN. — Votre prétendu gendre a été constitué mon malade; sa maladie, qu'on m'a donnée à guérir, est un meuble qui m'appartient, et que je compte entre mes effets; et je vous déclare que je ne prétends point qu'il se marie, qu'au préalable il n'ait satisfait à la médecine, et subi les remèdes que je lui ai ordonnés.

ORONTE. — Il a quelque mal?

PREMIER MÉDECIN. — Oui.

ORONTE. — Et quel mal, s'il vous plaît?

PREMIER MÉDECIN. — Ne vous en mettez pas en peine.

ORONTE. — Est-ce quelque mal?...

PREMIER MÉDECIN. — Les médecins sont obligés au secret. Il suffit que je vous ordonne, à vous et à votre fille, de ne point célébrer, sans mon consentement, vos noces avec lui, sur peine d'encourir la disgrâce de la Faculté, et d'être accablés de toutes les maladies qu'il nous plaira.

ORONTE. — Je n'ai garde, si cela est, de faire le mariage.

PREMIER MÉDECIN. — On me l'a mis entre les mains; et il est obligé d'être mon malade.

ORONTE. — A la bonne heure.

PREMIER MÉDECIN. — Il a beau fuir : je le ferai condamner, par arrêt, à se faire guérir par moi.

ORONTE. — J'y consens.

PREMIER MÉDECIN. — Oui, il faut qu'il crève, ou que je le guérisse.

ORONTE. — Je le veux bien.

PREMIER MÉDECIN. — Et, si je ne le trouve, je m'en prendrai à vous; et je vous guérirai au lieu de lui.

ORONTE. — Je me porte bien.

PREMIER MÉDECIN. — Il n'importe. Il me faut un malade; et je prendrai qui je pourrai.

ORONTE. — Prenez qui vous voudrez; mais ce ne sera pas moi. (Seul.) Voyez un peu la belle raison!

SCÈNE III.

ORONTE, SBRIGANI, en marchand flamand.

SBRIGANI. — Montsir, afec le fôtre permission, je suisse un trancher marchand flamane qui foudroit bienne fous demandair un petit nouvel.

ORONTE. — Quoi, monsieur?

SBRIGANI. — Mettez le fôtre chapeau sur le tête, montsir, si ve plait.

ORONTE. — Dites-moi, monsieur, ce que vous voulez?

SBRIGANI. — Moi le dire rien, montsir, si fous le mettre pas le chapeau sur le tête.

ORONTE. — Soit. Qu'y a-t-il, monsieur?

SBRIGANI. — Fous connoître point en sti file un certe montsir Oronte?

ORONTE. — Oui, je le connois.

SBRIGANI. — Et quel homme est-il, montsir, si ve plait?

ORONTE. — C'est un homme comme les autres.

SBRIGANI. — Je fous temande, montsir, s'il est un homme riche qui a du bienne?

ORONTE. — Oui.

SBRIGANI. — Mais riche beaucoup grandement, montsir.

ORONTE. — Oui.

SBRIGANI. — J'en suis aise beaucoup, montsir.

ORONTE. — Mais pourquoi cela?

SBRIGANI. — L'est, montsir, pour un petit raisonne de conséquence pour nous.

ORONTE. — Mais encore, pourquoi?

SBRIGANI. — L'est, montsir, que sti montsir Oronte donne son fille en mariage à un certe montsir de Pourcegnac?

ORONTE. — Hé bien?

SBRIGANI. — Et sti montsir de Pourcegnac, montsir, l'est un homme que doivre beaucoup grandement, à dix ou douze marchanes flamanes qui être venus ici.

ORONTE. — Ce monsieur de Pourceaugnac doit beaucoup à dix ou douze marchands?

SBRIGANI. — Oui, montsir; et, depuis huit mois, nous afoir obtenir un petit sentence contre lui; et lui a remettre à payer tous ce créanciers de sti mariage que sti montsir Oronte donne pour son fille.

ORONTE. — Hon, hon! il a remis là à payer ses créanciers?

SBRIGANI. — Oui, montsir, avec un grand défotion nous tous attendre sti mariage.

ORONTE, à part. — L'avis n'est pas mauvais. (Haut.) Je vous donne le bonjour.

SBRIGANI. — Je remercie, montsir, de la faveur grande.

ORONTE. — Votre très-humble valet.

SBRIGANI. — Je le suis, montsir, obliger plus que beaucoup

du bon nouvel que montsir m'afoir donné. (Seul, après avoir ôte sa barbe et dépouillé l'habit de Flamand qu'il a par-dessus le sien.) Cela ne va pas mal. Quittons notre ajustement de Flamand, pour songer à d'autres machines; et tâchons de semer tant de soupçons et de division entre le beau-père et le gendre, que cela rompe le mariage prétendu. Tous deux également sont propres à gober les hameçons qu'on leur veut tendre; et, entre nous autres fourbes de la première classe, nous ne faisons que nous jouer, lorsque nous trouvons un gibier aussi facile que celui-là.

SCÈNE IV.

M. DE POURCEAUGNAC, SBRIGANI.

MONSIEUR DE POURCEAUGNAC, se croyant seul. — *Piglialo sù, piglialo sù, signor monsu.* Que diable est-ce là? (Apercevant Sbrigani.) Ah!

SBRIGANI. — Qu'est-ce, monsieur? Qu'avez-vous?

MONSIEUR DE POURCEAUGNAC. — Tout ce que je vois me semble lavement.

SBRIGANI. — Comment?

MONSIEUR DE POURCEAUGNAC. — Vous ne savez pas ce qui m'est arrivé dans ce logis à la porte duquel vous m'avez conduit?

SBRIGANI. — Non, vraiment. Qu'est-ce que c'est?

MONSIEUR DE POURCEAUGNAC. — Je pensois y être régalé comme il faut.

SBRIGANI. — Hé bien?

MONSIEUR DE POURCEAUGNAC. — Je vous laisse entre les mains de monsieur. Des médecins habillés de noir. Dans une chaise. Tâter le pouls. Comme ainsi soit. Il est fou. Deux gros joufflus. Grands chapeaux. *Buon dì, buon dì.* Six pantalons. Ta, ra, ta, ta; ta, ra, ta, ta. *Allegramente, monsu Pourceaugnac.* Apothicaire. Lavement. Prenez, monsieur; prenez, prenez. Il est bénin, bénin, bénin. C'est pour déterger, pour déterger, déterger. *Piglialo sù, signor monsu; piglialo, piglialo, piglialo sù.* Jamais je n'ai été si saoul de sottises.

SBRIGANI. — Qu'est-ce que tout cela veut dire?

MONSIEUR DE POURCEAUGNAC. — Cela veut dire que cet homme-là, avec ses grandes embrassades, est un fourbe qui m'a mis dans une maison pour se moquer de moi, et me faire une pièce.

SBRIGANI. — Cela est-il possible?

MONSIEUR DE POURCEAUGNAC. — Sans doute. Ils étoient une douzaine de possédés après mes chausses; et j'ai eu toutes les peines du monde à m'échapper de leurs pattes.

SBRIGANI. — Voyez un peu; les mines sont bien trompeuses! Je l'aurois cru le plus affectionné de vos amis. Voilà un de mes étonnemens, comme il est possible qu'il y ait des fourbes comme cela dans le monde.

MONSIEUR DE POURCEAUGNAC. — Ne sens-je point le lavement? Voyez, je vous prie.

SBRIGANI. — Hé! il y a quelque petite chose qui approche de cela.

MONSIEUR DE POURCEAUGNAC. — J'ai l'odorat et l'imagination tout remplis de cela; et il me semble toujours que je vois une douzaine de lavemens qui me couchent en joue.

SBRIGANI. — Voilà une méchanceté bien grande, et les hommes sont bien traîtres et scélérats!

MONSIEUR DE POURCEAUGNAC. — Enseignez-moi, de grâce, le logis de monsieur Oronte; je suis bien aise d'y aller tout à l'heure.

SBRIGANI. — Ah! ah! vous avez ouï parler que ce monsieur Oronte a une fille?...

MONSIEUR DE POURCEAUGNAC. — Oui. Je viens l'épouser.

SBRIGANI. — L'é... l'épouser?

MONSIEUR DE POURCEAUGNAC. — Oui.

SBRIGANI. — Ah? c'est une autre chose; et je vous demande pardon.

MONSIEUR DE POURCEAUGNAC. — Qu'est-ce que cela veut dire?

SBRIGANI. — Rien.

MONSIEUR DE POURCEAUGNAC. — Mais encore?

SBRIGANI. — Rien, vous dis-je. J'ai un peu parlé trop vite.

MONSIEUR DE POURCEAUGNAC. — Je vous prie de me dire ce qu'il y a là-dessous.

SBRIGANI. — Non : cela n'est point nécessaire.

MONSIEUR DE POURCEAUGNAC. — De grâce.

SBRIGANI. — Point. Je vous prie de m'en dispenser.

MONSIEUR DE POURCEAUGNAC. — Est-ce que vous n'êtes pas de mes amis?

SBRIGANI. — Si fait. On ne peut pas l'être davantage.

MONSIEUR DE POURCEAUGNAC. — Vous devez donc ne me rien cacher.

SBRIGANI. — C'est une chose où il y va de l'intérêt du prochain.

MONSIEUR DE POURCEAUGNAC. — Afin de vous obliger à m'ouvrir votre cœur, voilà une petite bague que je vous prie de garder pour l'amour de moi.

SBRIGANI. — Laissez-moi consulter un peu si je le puis faire en conscience. (Apres s'être un peu eloigne de M. de Pourceaugnac.) C'est un homme qui cherche son bien, qui tâche de pourvoir sa fille le plus avantageusement qu'il est possible; et il ne faut nuire à personne. Ce sont des choses qui sont connues, à la vérité; mais j'irai les découvrir à un homme qui les ignore; et il est défendu de scandaliser son prochain. Cela est vrai; mais, d'autre part, voilà un étranger qu'on veut surprendre, et qui, de bonne foi, vient se marier avec une fille qu'il ne connoît pas et qu'il n'a jamais vue; un gentilhomme plein de franchise, pour qui je me sens de l'inclination, qui me fait l'honneur de me tenir pour son ami, prend confiance en moi, et me donne une bague à garder pour l'amour de lui. (A M. de Pourceaugnac.) Oui, je trouve que je puis vous dire les choses sans blesser ma conscience : mais tâchons de vous les dire le plus doucement qu'il nous sera possible, et d'épargner les gens le plus que nous pourrons. De vous dire que cette fille-là mène une vie déshonnête, cela seroit un peu trop fort. Cherchons, pour nous expliquer, quelques termes plus doux. Le mot de galante aussi n'est pas assez : celui de coquette achevée me semble propre à ce que nous voulons, et je m'en puis servir pour vous dire honnêtement ce qu'elle est.

MONSIEUR DE POURCEAUGNAC. — L'on me veut donc prendre pour dupe?

SBRIGANI. — Peut-être, dans le fond, n'y a-t-il pas tant de mal que tout le monde croit; et puis il y a des gens, après tout, qui se mettent au-dessus de ces sortes de choses, et qui ne croient pas que leur honneur dépende...

MONSIEUR DE POURCEAUGNAC. — Je suis votre serviteur; je ne me veux point mettre sur la tête un chapeau comme celui-là; et l'on aime à aller le front levé dans la famille des Pourceaugnacs.

SBRIGANI. — Voilà le père.

MONSIEUR DE POURCEAUGNAC. — Ce vieillard-là?

SBRIGANI. — Oui, je me retire.

SCÈNE V.

ORONTE, M. DE POURCEAUGNAC.

MONSIEUR DE POURCEAUGNAC. — Bonjour, monsieur, bonjour.

ORONTE. — Serviteur, monsieur, serviteur.

MONSIEUR DE POURCEAUGNAC. — Vous êtes monsieur Oronte, n'est-ce pas?

ORONTE. — Oui.

MONSIEUR DE POURCEAUGNAC. — Et moi, monsieur de Pourceaugnac.

ORONTE. — A la bonne heure.

MONSIEUR DE POURCEAUGNAC. — Croyez-vous, monsieur Oronte, que les Limosins soient des sots?

ORONTE. — Croyez-vous, monsieur de Pourceaugnac, que les Parisiens soient des bêtes?

(Ils sortent chacun de leur côté.)

FIN DE MONSIEUR DE POURCEAUGNAC.

LE

BOURGEOIS GENTILHOMME

COMÉDIE-BALLET

1670

PERSONNAGES[1].

M. Jourdain, bourgeois.
Madame Jourdain, sa femme.
Lucile, fille de M. Jourdain.
Cléonte, prétendant de Lucile.
Dorimène, marquise.
Dorante, comte.
Nicole, servante de M. Jourdain.
Covielle, valet de Cléonte.
Un maître de musique.
Un élève du maître de musique.
Un maître a danser.
Un maître d'armes.
Un maître de philosophie.
Un maître tailleur.
Un garçon tailleur.
Deux laquais.

La scène est à Paris, dans la maison de M. Jourdain.

[1] Dans le ballet, le personnage du muphti fut représenté par Lulli.

LE BOURGEOIS GENTILHOMME.

ACTE PREMIER.

L'ouverture se fait par un grand assemblage d'instruments; et, dans le milieu du théâtre, on voit un élève du maître de musique, qui compose sur une table un air que le bourgeois a demandé pour une sérénade.

SCÈNE I.

UN MAITRE DE MUSIQUE, UN MAITRE A DANSER, TROIS MUSICIENS, DEUX VIOLONS, QUATRE DANSEURS.

LE MAÎTRE DE MUSIQUE, aux musiciens. — Venez, entrez dans cette salle, et vous reposez là, en attendant qu'il vienne.

LE MAÎTRE A DANSER, aux danseurs. — Et vous aussi, de ce côté.

LE MAÎTRE DE MUSIQUE, à son élève. — Est-ce fait?

L'ÉLÈVE. — Oui.

LE MAÎTRE DE MUSIQUE. — Voyons... Voilà qui est bien.

LE MAÎTRE A DANSER. — Est-ce quelque chose de nouveau?

LE MAÎTRE DE MUSIQUE. — Oui, c'est un air pour une sérénade, que je lui ai fait composer ici, en attendant que notre homme fût éveillé.

LE MAÎTRE A DANSER. — Peut-on voir ce que c'est?

LE MAÎTRE DE MUSIQUE. — Vous l'allez entendre avec le dialogue, quand il viendra. Il ne tardera guère.

LE MAÎTRE A DANSER. — Nos occupations, à vous et à moi, ne sont pas petites maintenant.

LE MAÎTRE DE MUSIQUE. — Il est vrai. Nous avons trouvé ici un homme comme il nous le faut à tous deux. Ce nous est une douce rente que ce monsieur Jourdain, avec les visions de noblesse et de galanterie qu'il est allé se mettre en tête ; et votre danse et ma musique auroient à souhaiter que tout le monde lui ressemblât.

LE MAÎTRE A DANSER. — Non pas entièrement ; et je voudrois, pour lui, qu'il se connût mieux qu'il ne fait aux choses que nous lui donnons.

LE MAÎTRE DE MUSIQUE. — Il est vrai qu'il les connoît mal, mais il les paye bien ; et c'est de quoi maintenant nos arts ont plus besoin que de toute autre chose.

LE MAÎTRE A DANSER. — Pour moi, je vous l'avoue, je me repais un peu de gloire. Les applaudissemens me touchent ; et je tiens que, dans tous les beaux-arts, c'est un supplice assez fâcheux que de se produire à des sots, que d'essuyer, sur des compositions, la barbarie d'un stupide. Il y a plaisir, ne m'en parlez point, à travailler pour des personnes qui soient capables de sentir les délicatesses d'un art ; qui sachent faire un doux accueil aux beautés d'un ouvrage, et, par de chatouillantes approbations, vous régaler de votre travail. Oui, la récompense la plus agréable qu'on puisse recevoir des choses que l'on fait, c'est de les voir connues, de les voir caressées d'un applaudissement qui vous honore. Il n'y a rien, à mon avis, qui nous paye mieux que cela de toutes nos fatigues ; et ce sont des douceurs exquises que des louanges éclairées.

LE MAÎTRE DE MUSIQUE. — J'en demeure d'accord, et je les goûte comme vous. Il n'y a rien assurément qui chatouille davantage que les applaudissemens que vous dites ; mais cet encens ne fait pas vivre. Des louanges toutes pures ne mettent point un homme à son aise : il y faut mêler du solide ; et la meilleure façon de louer, c'est de louer avec les mains. C'est un homme, à la vérité, dont les lumières sont petites, qui parle à tort et à travers de toutes choses, et n'applaudit qu'à contre-sens; mais son argent redresse les jugemens de son esprit; il a du discernement dans sa bourse; ses louanges sont monnoyées; et ce bourgeois ignorant nous vaut mieux, comme vous voyez, que le grand seigneur éclairé qui nous a introduits ici.

LE MAÎTRE A DANSER. — Il y a quelque chose de vrai dans ce que vous dites; mais je trouve que vous appuyez un peu trop sur l'argent; et l'intérêt est quelque chose de si bas, qu'il ne faut jamais qu'un honnête homme montre pour lui de l'attachement.

LE MAÎTRE DE MUSIQUE. — Vous recevez fort bien pourtant l'argent que notre homme vous donne.

LE MAÎTRE A DANSER. — Assurément; mais je n'en fais pas tout mon bonheur; et je voudrois qu'avec son bien, il eût encore quelque bon goût des choses.

LE MAÎTRE DE MUSIQUE. — Je le voudrois aussi; et c'est à quoi nous travaillons tous deux autant que nous pouvons. Mais, en tout cas, il nous donne moyen de nous faire connoître dans le monde, et il payera pour les autres ce que les autres loueront pour lui.

LE MAÎTRE A DANSER. — Le voilà qui vient.

SCÈNE II.

MONSIEUR JOURDAIN, en robe de chambre et en bonnet de nuit; LE MAITRE DE MUSIQUE, LE MAITRE A DANSER, L'ÉLÈVE DU MAÎTRE DE MUSIQUE, UNE MUSICIENNE, DEUX MUSICIENS, DANSEURS, DEUX LAQUAIS.

MONSIEUR JOURDAIN. — Hé bien, messieurs? Qu'est-ce? Me ferez-vous voir votre petite drôlerie?

LE MAÎTRE A DANSER. — Comment? Quelle petite drôlerie?

MONSIEUR JOURDAIN. — Hé! la.... Comment appelez-vous cela? Votre prologue ou dialogue de chansons et de danse.

LE MAÎTRE A DANSER. — Ah ! ah !

LE MAÎTRE DE MUSIQUE. — Vous nous y voyez préparés.

MONSIEUR JOURDAIN. — Je vous ai fait un peu attendre ; mais c'est que je me fais habiller aujourd'hui comme les gens de qualité ; et mon tailleur m'a envoyé des bas de soie que j'ai pensé ne mettre jamais.

LE MAÎTRE DE MUSIQUE. — Nous ne sommes ici que pour attendre votre loisir.

MONSIEUR JOURDAIN. — Je vous prie tous deux de ne vous point en aller qu'on ne m'ait apporté mon habit, afin que vous me puissiez voir.

LE MAÎTRE A DANSER. — Tout ce qu'il vous plaira.

MONSIEUR JOURDAIN. — Vous me verrez équipé comme il faut, depuis les pieds jusqu'à la tête.

LE MAÎTRE DE MUSIQUE. — Nous n'en doutons point.

MONSIEUR JOURDAIN. — Je me suis fait faire cette indienne-ci.

LE MAÎTRE A DANSER. — Elle est fort belle.

MONSIEUR JOURDAIN. — Mon tailleur m'a dit que les gens de qualité étoient comme cela le matin.

LE MAÎTRE DE MUSIQUE. — Cela vous sied à merveille.

MONSIEUR JOURDAIN. — Laquais ! holà, mes deux laquais !

PREMIER LAQUAIS. — Que voulez-vous, monsieur ?

MONSIEUR JOURDAIN. — Rien. C'est pour voir si vous m'entendez bien. (Au maître de musique et au maître à danser.) Que dites-vous de mes livrées ?

LE MAÎTRE A DANSER. — Elles sont magnifiques.

MONSIEUR JOURDAIN, entr'ouvrant sa robe, et faisant voir son haut-de-chausses etroit de velours rouge, et sa camisole de velours vert. — Voici encore un petit déshabillé pour faire, le matin, mes exercices.

LE MAÎTRE DE MUSIQUE. — Il est galant.

MONSIEUR JOURDAIN. — Laquais !

PREMIER LAQUAIS. — Monsieur ?

MONSIEUR JOURDAIN. — L'autre laquais !

SECOND LAQUAIS. — Monsieur ?

MONSIEUR JOURDAIN, ôtant sa robe de chambre. — Tenez ma robe.

(Au maître de musique et au maître à danser). Me trouvez-vous bien comme cela?

LE MAÎTRE A DANSER. — Fort bien. On ne peut pas mieux.

MONSIEUR JOURDAIN. — Voyons un peu votre affaire.

LE MAÎTRE DE MUSIQUE. — Je voudrois bien auparavant vous faire entendre un air (montrant son élève) qu'il vient de composer pour la sérénade que vous m'avez demandée. C'est un de mes écoliers, qui a pour ces sortes de choses un talent admirable.

MONSIEUR JOURDAIN. — Oui, mais il ne falloit pas faire faire cela par un écolier; et vous n'étiez pas trop bon vous-même pour cette besogne-là.

LE MAÎTRE DE MUSIQUE. — Il ne faut pas, monsieur, que le nom d'écolier vous abuse. Ces sortes d'écoliers en savent autant que les plus grands maîtres; et l'air est aussi beau qu'il s'en puisse faire. Ecoutez seulement.

MONSIEUR JOURDAIN, à ses laquais. — Donnez-moi ma robe pour mieux entendre.... Attendez, je crois que je serai mieux sans robe. Non, redonnez-la-moi; cela ira mieux.

MONSIEUR JOURDAIN. — Est-ce que les gens de qualité apprennent aussi la musique?

LE MAÎTRE DE MUSIQUE. — Oui, monsieur.

MONSIEUR JOURDAIN. — Je l'apprendrai donc. Mais je ne sais quel temps je pourrai prendre : car, outre le maître d'armes qui me montre, j'ai arrêté encore un maître de philosophie qui doit commencer ce matin.

LE MAÎTRE DE MUSIQUE. — La philosophie est quelque chose; mais la musique, monsieur, la musique....

LE MAÎTRE A DANSER. — La musique et la danse.... La musique et la danse, c'est là tout ce qu'il faut.

LE MAÎTRE DE MUSIQUE. — Il n'y a rien qui soit si utile dans un État que la musique.

LE MAÎTRE A DANSER. — Il n'y a rien qui soit si nécessaire aux hommes que la danse.

LE MAÎTRE DE MUSIQUE. — Sans la musique, un État ne peut subsister.

LE MAÎTRE A DANSER. — Sans la danse, un homme ne sauroit rien faire.

LE MAÎTRE DE MUSIQUE. — Tous les désordres, toutes les guerres qu'on voit dans le monde, n'arrivent que pour n'apprendre pas la musique.

LE MAÎTRE A DANSER. — Tous les malheurs des hommes, tous les revers funestes dont les histoires sont remplies, les bévues des politiques et les manquemens des grands capitaines, tout cela n'est venu que faute de savoir danser.

MONSIEUR JOURDAIN. — Comment cela?

LE MAÎTRE DE MUSIQUE. — La guerre ne vient-elle pas d'un manque d'union entre les hommes?

MONSIEUR JOURDAIN. — Cela est vrai.

LE MAÎTRE DE MUSIQUE. — Et si tous les hommes apprenoient la musique, ne seroit-ce pas le moyen de s'accorder ensemble, et de voir dans le monde la paix universelle?

MONSIEUR JOURDAIN. — Vous avez raison.

LE MAÎTRE A DANSER. — Lorsqu'un homme a commis un manquement dans sa conduite, soit aux affaires de sa famille, ou au gouvernement d'un État, ou au commandement d'une armée, ne dit-on pas toujours : Un tel a fait un mauvais pas dans une telle affaire.

MONSIEUR JOURDAIN. — Oui, on dit cela.

LE MAÎTRE A DANSER. — Et faire un mauvais pas, peut-il procéder d'autre chose que de ne savoir pas danser?

MONSIEUR JOURDAIN. — Cela est vrai, et vous avez raison tous deux.

LE MAÎTRE A DANSER. — C'est pour vous faire voir l'excellence et l'utilité de la danse et de la musique.

MONSIEUR JOURDAIN. — Je comprends cela à cette heure.

LE MAÎTRE A DANSER. — Voici, pour mon affaire, un petit essai des plus beaux mouvemens et des plus belles attitudes dont une danse puisse être variée. (Aux danseurs.) Allons.

ENTRÉE DE BALLET.

Quatre danseurs exécutent tous les mouvements différens et toutes les sortes de pas que le maître à danser leur commande.

ACTE DEUXIÈME.

SCÈNE I.

MONSIEUR JOURDAIN, LE MAITRE DE MUSIQUE,
LE MAITRE A DANSER.

MONSIEUR JOURDAIN. — Voilà qui n'est point sot, et ces gens-là se trémoussent bien.

LE MAÎTRE DE MUSIQUE. — Lorsque la danse sera mêlée avec la musique, cela fera plus d'effet encore ; et vous verrez quelque chose de galant dans le petit ballet que nous avons ajusté pour vous.

MONSIEUR JOURDAIN. — C'est pour tantôt, au moins ; et la personne pour qui j'ai fait faire tout cela, me doit faire l'honneur de venir dîner céans.

LE MAÎTRE A DANSER. — Tout est prêt.

LE MAÎTRE DE MUSIQUE. — Au reste, monsieur, ce n'est pas assez ; il faut qu'une personne comme vous, qui êtes magnifique, et qui avez de l'inclination pour les belles choses, ait un concert de musique chez soi tous les mercredis ou tous les jeudis.

MONSIEUR JOURDAIN. — Est-ce que les gens de qualité en ont?

LE MAÎTRE DE MUSIQUE. — Oui, monsieur.

MONSIEUR JOURDAIN. — J'en aurai donc. Cela sera-t-il beau ?

LE MAÎTRE DE MUSIQUE. — Sans doute. Il vous faudra trois voix, un dessus, une haute-contre, et une basse, qui seront accompagnées d'une basse de viole, d'un théorbe, et d'un clavecin pour les basses continues, avec deux dessus de violon pour jouer les ritournelles.

MONSIEUR JOURDAIN. — Il faudra y mettre aussi une trompette marine. La trompette marine est un instrument qui me plaît, et qui est harmonieux.

LE MAÎTRE DE MUSIQUE. — Laissez-nous gouverner les choses.

MONSIEUR JOURDAIN. — Au moins, n'oubliez pas tantôt de m'envoyer des mucisiens pour chanter à table.

LE MAÎTRE DE MUSIQUE. — Vous aurez tout ce qu'il vous faut.

MONSIEUR JOURDAIN. — Mais, surtout, que le ballet soit beau.

LE MAÎTRE DE MUSIQUE. — Vous en serez content ; et entre autres choses, de certains menuets que vous y verrez.

MONSIEUR JOURDAIN. — Ah ! les menuets sont ma danse, et je veux que vous me les voyiez danser. Allons, mon maître.

LE MAÎTRE A DANSER. — Un chapeau, monsieur, s'il vous plaît. (M. Jourdain va prendre le chapeau de son laquais, et le met par-dessus son bonnet de nuit. Son maître lui prend les mains et le fait danser sur un air de menuet qu'il chante.) La, la, la, la, la, la ; la, la, la, la, la, la, la ; la, la, la, la, la, la ; la, la, la, la, la, la ; la, la, la, la, la. En cadence, s'il vous plaît. La, la, la, la, la. La jambe droite. La, la, la. Ne remuez pas tant les épaules. La, la, la, la ; la, la, la, la, la. Vos deux bras sont estropiés. La, la, la, la, la. Haussez la tête. Tournez la pointe du pied en dehors. La, la, la. Dressez votre corps.

MONSIEUR JOURDAIN. — Hé !

LE MAÎTRE DE MUSIQUE. — Voilà qui est le mieux du monde.

MONSIEUR JOURDAIN. — A propos ! apprenez-moi comme il faut faire une révérence pour saluer une marquise ; j'en aurai besoin tantôt.

LE MAÎTRE A DANSER. — Une révérence pour saluer une marquise ?

MONSIEUR JOURDAIN. — Oui. Une marquise qui s'appelle Dorimène.

LE MAÎTRE A DANSER. — Donnez-moi la main.

MONSIEUR JOURDAIN. — Non. Vous n'avez qu'à faire : je le retiendrai bien.

LE MAÎTRE A DANSER. — Si vous voulez la saluer avec beaucoup de respect, il faut faire d'abord une révérence en arrière, puis marcher vers elle avec trois révérences en avant, et à la dernière vous baisser jusqu'à ses genoux.

MONSIEUR JOURDAIN. — Faites un peu. (Après que le maître à danser a fait trois révérences.) Bon.

SCÈNE II.

MONSIEUR JOURDAIN, LE MAITRE DE MUSIQUE, LE MAITRE A DANSER, UN LAQUAIS.

LE LAQUAIS. — Monsieur, voilà votre maître d'armes qui est là.

MONSIEUR JOURDAIN. — Dis-lui qu'il entre ici pour me donner leçon. (Au maître de musique, et au maître de danse.) Je veux que vous me voyiez faire.

SCÈNE III,

MONSIEUR JOURDAIN, UN MAITRE D'ARMES, LE MAITRE DE MUSIQUE, LE MAITRE A DANSER, UN LAQUAIS, tenant deux fleurets.

LE MAÎTRE D'ARMES, après avoir pris les deux fleurets de la main du laquais, et en avoir présenté un à M. Jourdain. — Allons, monsieur, la révérence. Votre corps droit. Un peu penché sur la cuisse gauche. Les jambes point tant écartées. Vos pieds sur une même ligne. Votre poignet à l'opposite de votre hanche. La pointe de votre épée vis-à-vis de votre épaule. Le bras pas tout à fait si étendu. La main gauche à la hauteur de l'œil. L'épaule gauche plus quartée. La tête droite. Le regard assuré. Avancez. Le corps ferme. Touchez-moi l'épée de quarte, et achevez de même. Une, deux. Remettez-vous. Redoublez de pied ferme. Un saut en arrière. Quand vous portez la botte, monsieur, il faut que l'épée parte la première, et que le corps soit bien effacé. Une, deux. Allons, touchez-moi l'épée de tierce, et achevez de même. Avancez. Le corps ferme. Avancez. Partez de là. Une, deux. Remettez-vous. Redoublez. Un saut en arrière. En garde, monsieur, en garde.

(Le maître d'armes lui pousse deux ou trois bottes, en lui disant : En garde.)

MONSIEUR JOURDAIN. — Hé !

LE MAÎTRE DE MUSIQUE. — Vous faites des merveilles.

LE MAÎTRE D'ARMES. — Je vous l'ai déjà dit; tout le secret des armes ne consiste qu'en deux choses, à donner et à ne point recevoir; et, comme je vous fis voir l'autre jour par raison démonstrative, il est impossible que vous receviez, si vous savez détourner l'épée de votre ennemi de la ligne de votre corps; ce qui ne dépend seulement que d'un petit mouvement du poignet, ou en dedans, ou en dehors.

MONSIEUR JOURDAIN. — De cette façon donc, un homme, sans avoir du cœur, est sûr de tuer son homme, et de n'être point tué ?

LE MAÎTRE D'ARMES. — Sans doute. N'en vîtes-vous pas la démonstration ?

MONSIEUR JOURDAIN. — Oui.

LE MAÎTRE D'ARMES. — Et c'est en quoi l'on voit de quelle considération nous autres nous devons être dans un État; et combien la science des armes l'emporte hautement sur toutes les autres sciences inutiles, comme la danse, la musique, la....

LE MAÎTRE A DANSER. — Tout beau, monsieur le tireur d'armes; ne parlez de la danse qu'avec respect.

LE MAÎTRE DE MUSIQUE. — Apprenez, je vous prie, à mieux traiter l'excellence de la musique.

LE MAÎTRE D'ARMES. — Vous êtes de plaisantes gens, de vouloir comparer vos sciences à la mienne !

LE MAÎTRE DE MUSIQUE. — Voyez un peu l'homme d'importance !

LE MAÎTRE A DANSER. — Voilà un plaisant animal, avec son plastron !

LE MAÎTRE D'ARMES. — Mon petit maître à danser, je vous ferois danser comme il faut. Et vous, mon petit musicien, je vous ferois chanter de la belle manière.

LE MAÎTRE A DANSER. — Monsieur le batteur de fer, je vous apprendrai votre métier.

MONSIEUR JOURDAIN, au maître à danser. — Êtes-vous fou de l'aller quereller, lui qui entend la tierce et la quarte, et qui sait tuer un homme par raison démonstrative ?

LE MAÎTRE A DANSER. — Je me moque de sa raison démonstrative, et de sa tierce et de sa quarte.

MONSIEUR JOURDAIN, au maître à danser. — Tout doux, vous dis-je.

LE MAÎTRE D'ARMES, au maître à danser. — Comment ? petit impertinent !

MONSIEUR JOURDAIN. — Hé ! mon maître d'armes !

LE MAÎTRE A DANSER, au maître d'armes. — Comment ? grand cheval de carrosse !

MONSIEUR JOURDAIN. — Hé ! mon maître à danser !

LE MAÎTRE D'ARMES. — Si je me jette sur vous....

MONSIEUR JOURDAIN, au maître d'armes. — Doucement !

LE MAÎTRE A DANSER. — Si je mets sur vous la main....

MONSIEUR JOURDAIN, au maître à danser. — Tout beau !

LE MAÎTRE D'ARMES. — Je vous étrillerai d'un air.....

MONSIEUR JOURDAIN, au maître d'armes. — De grâce !

LE MAÎTRE A DANSER. — Je vous rosserai d'une manière....

MONSIEUR JOURDAIN, au maître à danser. — Je vous prie.

LE MAÎTRE DE MUSIQUE. — Laissez-nous un peu lui apprendre à parler.

MONSIEUR JOURDAIN, au maître de musique. — Mon Dieu ! arrêtez-vous !

SCÈNE IV.

UN MAITRE DE PHILOSOPHIE, MONSIEUR JOURDAIN, LE MAITRE DE MUSIQUE, LE MAITRE A DANSER, LE MAITRE D'ARMES, UN LAQUAIS.

MONSIEUR JOURDAIN. — Holà! monsieur le philosophe, vous arrivez tout à propos avec votre philosophie. Venez un peu mettre la paix entre ces personnes-ci.

LE MAÎTRE DE PHILOSOPHIE. — Qu'est-ce donc! Qu'y a-t-il, messieurs?

MONSIEUR JOURDAIN. — Ils se sont mis en colère pour la préférence de leurs professions, jusqu'à se dire des injures, et en vouloir venir aux mains.

LE MAÎTRE DE PHILOSOPHIE. — Hé quoi, messieurs! faut-il s'emporter de la sorte? et n'avez-vous point lu le docte traité que Sénèque a composé de la colère? Y a-t-il rien de plus bas et de plus honteux que cette passion, qui fait d'un homme une bête féroce? et la raison ne doit-elle pas être maîtresse de tous nos mouvemens?

LE MAÎTRE A DANSER. — Comment, monsieur! il vient nous dire des injures à tous deux, en méprisant la danse que j'exerce, et la musique dont il fait profession!

LE MAÎTRE DE PHILOSOPHIE. — Un homme sage est au-dessus de toutes les injures qu'on peut lui dire; et la grande réponse qu'on doit faire aux outrages, c'est la modération et la patience.

LE MAÎTRE D'ARMES. — Ils ont tous deux l'audace de vouloir comparer leurs professions à la mienne!

LE MAÎTRE DE PHILOSOPHIE. — Faut-il que cela vous émeuve? Ce n'est pas de vaine gloire et de condition que les hommes doivent disputer entre eux; et ce qui nous distingue parfaitement les uns des autres, c'est la sagesse et la vertu.

LE MAÎTRE A DANSER. — Je lui soutiens que la danse est une science à laquelle on ne peut faire assez d'honneur.

LE MAÎTRE DE MUSIQUE. — Et moi, que la musique en est une que tous les siècles ont révérée.

LE MAÎTRE D'ARMES. — Et moi je leur soutiens à tous deux que la science de tirer les armes est la plus belle et la plus nécessaire de toutes les sciences.

LE MAÎTRE DE PHILOSOPHIE. — Et que sera donc la philosophie? Je vous trouve tous trois bien impertinens, de parler devant moi avec cette arrogance, et de donner impudemment le nom de science à des choses que l'on ne doit pas même honorer du nom d'art, et qui ne peuvent être comprises que sous le nom de métier misérable de gladiateur, de chanteur et de baladin!

LE MAÎTRE D'ARMES. — Allez, philosophe de chien.

LE MAÎTRE DE MUSIQUE. — Allez, bélître de pédant.

LE MAÎTRE A DANSER. — Allez, cuistre fieffé.

LE MAÎTRE DE PHILOSOPHIE. — Comment! marauds que vous êtes.... (Le philosophe se jette sur eux, et tous trois le chargent de coups.)

MONSIEUR JOURDAIN. — Monsieur le philosophe!

LE MAÎTRE DE PHILOSOPHIE. — Infâmes, coquins, insolens!

MONSIEUR JOURDAIN. — Monsieur le philosophe!

LE MAÎTRE D'ARMES. — La peste! l'animal!

MONSIEUR JOURDAIN. — Messieurs!

LE MAÎTRE DE PHILOSOPHIE. — Impudens!

MONSIEUR JOURDAIN. — Monsieur le philosophe!

LE MAÎTRE A DANSER. — Diantre soit de l'âne bâté!

MONSIEUR JOURDAIN. — Messieurs!

LE MAÎTRE DE PHILOSOPHIE. — Scélérats!

MONSIEUR JOURDAIN. — Monsieur le philosophe!

LE MAÎTRE DE MUSIQUE. — Au diable l'impertinent!

MONSIEUR JOURDAIN. — Messieurs!

LE MAÎTRE DE PHILOSOPHIE. — Fripons, gueux, traîtres, imposteurs!

MONSIEUR JOURDAIN. — Monsieur le philosophe! Messieurs! Monsieur le philosophe! Messieurs! Monsieur le philosophe!

(Ils sortent en se battant.)

SCÈNE V.

MONSIEUR JOURDAIN, UN LAQUAIS.

MONSIEUR JOURDAIN. — Oh! battez-vous tant qu'il vous plaira : je n'y saurois que faire, et je n'irai pas gâter ma robe pour vous séparer. Je serois bien fou de m'aller fourrer parmi eux, pour recevoir quelque coup qui me feroit mal.

SCÈNE VI.

LE MAITRE DE PHILOSOPHIE, MONSIEUR JOURDAIN, UN LAQUAIS.

LE MAÎTRE DE PHILOSOPHIE, raccommodant son collet. — Venons à notre leçon.

MONSIEUR JOURDAIN. — Ah! monsieur, je suis fâché des coups qu'ils vous ont donnés!

LE MAÎTRE DE PHILOSOPHIE. — Cela n'est rien. Un philosophe sait recevoir comme il faut les choses ; et je vais composer contre eux une satire du style de Juvénal, qui les déchirera de la belle façon. Laissons cela. Que voulez-vous apprendre?

MONSIEUR JOURDAIN. — Tout ce que je pourrai ; car j'ai toutes les envies du monde d'être savant ; et j'enrage que mon père et ma mère ne m'aient pas fait bien étudier dans toutes les sciences, quand j'étois jeune.

LE MAÎTRE DE PHILOSOPHIE. — Ce sentiment est raisonnable ; *nam, sine doctrinâ, vita est quasi mortis imago.* Vous entendez cela, et vous savez le latin, sans doute.

MONSIEUR JOURDAIN. — Oui : mais faites comme si je ne le savois pas. Expliquez-moi ce que cela veut dire.

LE MAÎTRE DE PHILOSOPHIE. — Cela veut dire que, *sans la science, la vie est presque une image de la mort.*

MONSIEUR JOURDAIN. — Ce latin-là a raison.

LE MAÎTRE DE PHILOSOPHIE. — N'avez-vous point quelques principes, quelques commencemens des sciences?

MONSIEUR JOURDAIN. — Oh! oui. Je sais lire et écrire.

LE MAÎTRE DE PHILOSOPHIE. — Par où vous plaît-il que nous commencions? voulez-vous que je vous apprenne la logique?

MONSIEUR JOURDAIN. — Qu'est-ce que c'est que cette logique?

LE MAÎTRE DE PHILOSOPHIE. — C'est elle qui enseigne les trois opérations de l'esprit.

MONSIEUR JOURDAIN. — Qui sont-elles, ces trois opérations de l'esprit?

LE MAÎTRE DE PHILOSOPHIE. — La première, la seconde et la troisième. La première est de bien concevoir, par le moyen des universaux; la seconde, de bien juger, par le moyen des catégories; et la troisième, de bien tirer une conséquence par le moyen des figures : *Barbara, Celarent, Darii, Ferio, Baralipton*[1], *etc.*

MONSIEUR JOURDAIN. — Voilà des mots qui sont trop rébarbatifs. Cette logique-là ne me revient point. Apprenons autre chose qui soit plus joli.

LE MAÎTRE DE PHILOSOPHIE. — Voulez-vous apprendre la morale?

MONSIEUR JOURDAIN. — La morale?

LE MAÎTRE DE PHILOSOPHIE. — Oui.

MONSIEUR JOURDAIN. — Qu'est-ce qu'elle dit, cette morale?

LE MAÎTRE DE PHILOSOPHIE. — Elle traite de la félicité, enseigne aux hommes à modérer leurs passions, et....

MONSIEUR JOURDAIN. — Non, laissons cela. Je suis bilieux comme tous les diables; et il n'y a morale qui tienne, je me veux mettre en colère tout mon soûl, quand il m'en prend envie.

LE MAÎTRE DE PHILOSOPHIE. — Est-ce la physique que vous voulez apprendre?

MONSIEUR JOURDAIN. — Qu'est-ce qu'elle chante, cette physique?

LE MAÎTRE DE PHILOSOPHIE. — La physique est celle qui explique les principes des choses naturelles, et les propriétés des

---

[1] Mots techniques pour retenir certaines règles du raisonnement.

corps ; qui discourt de la nature des éléments, des métaux, des minéraux, des pierres, des plantes et des animaux, et nous enseigne les causes de tous les météores, l'arc-en-ciel, les feux volans, les comètes, les éclairs, le tonnerre, la foudre, la pluie, la neige, la grêle, les vents et les tourbillons.

MONSIEUR JOURDAIN. — Il y a trop de tintamarre là dedans, trop de brouillamini.

LE MAÎTRE DE PHILOSOPHIE. — Que voulez-vous donc que je vous apprenne ?

MONSIEUR JOURDAIN. — Apprenez-moi l'orthographe.

LE MAÎTRE DE PHILOSOPHIE. — Très-volontiers.

MONSIEUR JOURDAIN. — Après, vous m'apprendrez l'almanach, pour savoir quand il y a de la lune, et quand il n'y en a point.

LE MAÎTRE DE PHILOSOPHIE. — Soit, pour bien suivre votre pensée, et traiter cette matière en philosophie, il faut commencer, selon l'ordre des choses, par une exacte connoissance de la nature des lettres, et de la différente manière de les prononcer toutes. Et là-dessus j'ai à vous dire que les lettres sont divisées en voyelles, ainsi dites voyelles, parce qu'elles expriment les voix ; et en consonnes, ainsi appelées consonnes, parce qu'elles sonnent avec les voyelles, et ne font que marquer les diverses articulations des voix. Il y a cinq voyelles, ou voix : A, E, I, O, U.

MONSIEUR JOURDAIN. — J'entends tout cela.

LE MAÎTRE DE PHILOSOPHIE. — La voix A se forme en ouvrant fort la bouche : A.

MONSIEUR JOURDAIN. — A, A. Oui.

LE MAÎTRE DE PHILOSOPHIE. — La voix E se forme en rapprochant la mâchoire d'en bas de celle d'en-haut : A, E.

MONSIEUR JOURDAIN. — A, E ; A, E. Ma foi, oui. Ah ! que cela est beau !

LE MAÎTRE DE PHILOSOPHIE. — Et la voix I, en rapprochant encore davantage les mâchoires l'une de l'autre, et écartant les deux coins de la bouche vers les oreilles : A, E, I.

MONSIEUR JOURDAIN. — A, E, I, I, I, I. Cela est vrai. Vive la science !

LE MAÎTRE DE PHILOSOPHIE. — La voix O se forme en rouvrant les mâchoires, et rapprochant les lèvres par les deux coins, le haut et le bas : O.

MONSIEUR JOURDAIN. — O, O. Il n'y a rien de plus juste : A, E, I, O, I, O. Cela est admirable ! I, O ; I, O.

LE MAÎTRE DE PHILOSOPHIE. — L'ouverture de la bouche fait justement comme un petit rond qui représente un O.

MONSIEUR JOURDAIN. — O, O, O. Vous avez raison. O. Ah! la belle chose que de savoir quelque chose !

LE MAÎTRE DE PHILOSOPHIE. — La voix U se forme en rapprochant les dents sans les joindre entièrement, et allongeant les deux lèvres en dehors, les approchant aussi l'une de l'autre, sans les joindre tout à fait : U.

MONSIEUR JOURDAIN. — U, U. Il n'y a rien de plus véritable : U.

LE MAÎTRE DE PHILOSOPHIE. — Vos deux lèvres s'allongent comme si vous faisiez la moue : d'où vient que si vous la voulez faire à quelqu'un, et vous moquer de lui, vous ne sauriez lui dire que U.

MONSIEUR JOURDAIN. — U, U. Cela est vrai. Ah ! que n'ai-je étudié plus tôt, pour savoir tout cela !

LE MAÎTRE DE PHILOSOPHIE. — Demain, nous verrons les autres lettres, qui sont les consonnes.

MONSIEUR JOURDAIN. — Est-ce qu'il y a des choses aussi curieuses qu'à celles-ci ?

LE MAÎTRE DE PHILOSOPHIE. — Sans doute. La consonne D, par exemple, se prononce en donnant du bout de la langue au-dessus des dents d'en-haut : DA.

MONSIEUR JOURDAIN. — DA, DA. Oui. Ah ! les belles choses ! les belles choses !

LE MAÎTRE DE PHILOSOPHIE. — L'F, en appuyant les dents d'en-haut sur la lèvre de dessous : FA.

Monsieur Jourdain. — FA, FA. C'est la vérité. Ah! mon père et ma mère, que je vous veux de mal!

Le Maître de Philosophie. — Et l'R, en portant le bout de la langue jusqu'au bout du palais; de sorte qu'étant frôlée par l'air qui sort avec force, elle lui cède, et revient toujours au même endroit, faisant une manière de tremblement : R, RA.

Monsieur Jourdain. — R, R, RA, R, R, R, R, R, RA. Cela est vrai. Ah! l'habile homme que vous êtes, et que j'ai perdu de temps! R, R, R, RA.

Le Maître de Philosophie. — Je vous expliquerai à fond toutes ces curiosités.

Monsieur Jourdain. — Je vous en prie. Au reste, il faut que je vous fasse une confidence. Je suis ami d'une personne de grande qualité, et je souhaiterois que vous m'aidassiez à lui écrire quelque chose dans un petit billet.

Le Maître de Philosophie. — Sans doute. Sont-ce des vers que vous lui voulez écrire?

Monsieur Jourdain. — Non, non; point de vers.

Le Maître de Philosophie. — Vous ne voulez que de la prose?

Monsieur Jourdain. — Non, je ne veux ni prose ni vers.

Le Maître de Philosophie. — Il faut bien que ce soit l'un ou l'autre.

Monsieur Jourdain. — Pourquoi?

Le Maître de Philosophie. — Par la raison, monsieur, qu'il n'y a, pour s'exprimer, que la prose ou les vers.

Monsieur Jourdain. — Il n'y a que la prose ou les vers?

Le Maître de Philosophie. — Non, monsieur. Tout ce qui n'est point prose est vers; et tout ce qui n'est point vers est prose.

Monsieur Jourdain. — Et comme l'on parle, qu'est-ce que c'est donc que cela?

Le Maître de Philosophie. — De la prose.

Monsieur Jourdain. — Quoi! quand je dis : « Nicole, apportez-moi mes pantoufles, et me donnez mon bonnet de nuit, » c'est de la prose?

LE MAÎTRE DE PHILOSOPHIE. — Oui, monsieur.

MONSIEUR JOURDAIN. — Par ma foi, il y a plus de quarante ans que je dis de la prose, sans que j'en susse rien ; et je vous suis le plus obligé du monde, de m'avoir appris cela. Je vous remercie de tout mon cœur, et je vous prie de venir demain de bonne heure.

LE MAÎTRE DE PHILOSOPHIE. — Je n'y manquerai pas.

SCÈNE VII.

MONSIEUR JOURDAIN, UN LAQUAIS.

MONSIEUR JOURDAIN, à son laquais. — Comment, mon habit n'est point encore arrivé ?

LE LAQUAIS. — Non, monsieur.

MONSIEUR JOURDAIN. — Ce maudit tailleur me fait bien attendre pour un jour où j'ai tant d'affaires. J'enrage. Que la fièvre quartaine puisse serrer bien fort le bourreau de tailleur ! Au diable le tailleur ! La peste étouffe le tailleur ! Si je le tenois maintenant, ce tailleur détestable, ce chien de tailleur-là, ce traître de tailleur, je....

SCÈNE VIII.

MONSIEUR JOURDAIN, UN MAITRE TAILLEUR ; UN GARÇON TAILLEUR, portant l'habit de M. Jourdain ; UN LAQUAIS.

MONSIEUR JOURDAIN. — Ah ! vous voilà ! Je m'allois mettre en colère contre vous.

LE MAÎTRE TAILLEUR. — Je n'ai pas pu venir plus tôt, et j'ai mis vingt garçons après votre habit.

MONSIEUR JOURDAIN. — Vous m'avez envoyé des bas de soie si étroits que j'ai eu toutes les peines du monde à les mettre ; et il y a déjà deux mailles de rompues.

LE MAÎTRE TAILLEUR. — Ils ne s'élargiront que trop.

MONSIEUR JOURDAIN. — Oui, si je romps toujours des mailles.

Vous m'avez aussi fait faire des souliers qui me blessent furieusement.

LE MAÎTRE TAILLEUR. — Point du tout, monsieur.

MONSIEUR JOURDAIN. — Comment! point du tout!

LE MAÎTRE TAILLEUR. — Non, ils ne vous blessent point.

MONSIEUR JOURDAIN. — Je vous dis qu'ils me blessent, moi.

LE MAÎTRE TAILLEUR. — Vous vous imaginez cela.

MONSIEUR JOURDAIN. — Je me l'imagine parce que je le sens. Voyez la belle raison!

LE MAÎTRE TAILLEUR. — Tenez, voilà le plus bel habit de la cour, et le mieux assorti. C'est un chef-d'œuvre que d'avoir inventé un habit sérieux qui ne fût pas noir; et je le donne en six coups aux tailleurs les plus éclairés.

MONSIEUR JOURDAIN. — Qu'est-ce que c'est que ceci? Vous avez mis les fleurs en en-bas.

LE MAÎTRE TAILLEUR. — Vous ne m'avez pas dit que vous les vouliez en en-haut.

MONSIEUR JOURDAIN. — Est-ce qu'il faut dire cela?

LE MAÎTRE TAILLEUR. — Oui, vraiment. Toutes les personnes de qualité les portent de la sorte.

MONSIEUR JOURDAIN. — Les personnes de qualité portent les fleurs en en-bas?

LE MAÎTRE TAILLEUR. — Oui, monsieur.

MONSIEUR JOURDAIN. — Oh! voilà qui est donc bien.

LE MAÎTRE TAILLEUR. — Si vous voulez, je les mettrai en en-haut.

MONSIEUR JOURDAIN. — Non, non.

LE MAÎTRE TAILLEUR. — Vous n'avez qu'à dire.

MONSIEUR JOURDAIN. — Non, vous dis-je; vous avez bien fait. Croyez-vous que l'habit m'aille bien?

LE MAÎTRE TAILLEUR. — Belle demande! Je défie un peintre, avec son pinceau, de vous faire rien de plus juste. J'ai chez moi un garçon qui, pour monter une rhingrave, est le plus grand génie du monde; et un autre qui, pour assembler un pourpoint, est le héros de notre temps.

monsieur jourdain. — La perruque et les plumes sont-elles comme il faut?

le maître tailleur. — Tout est bien.

monsieur jourdain, regardant le maître tailleur. — Ah! ah! monsieur le tailleur, voilà de mon étoffe du dernier habit que vous m'avez fait. Je la reconnois bien.

le maître tailleur. — C'est que l'étoffe me sembla si belle, que j'en ai voulu lever un habit pour moi.

monsieur jourdain. — Oui : mais il ne falloit pas le lever avec le mien.

le maître tailleur. — Voulez-vous mettre votre habit?

monsieur jourdain. — Oui : donnez-le-moi.

le maître tailleur. — Attendez. Cela ne va pas comme cela. J'ai amené des gens pour vous habiller en cadence, et ces sortes d'habits se mettent avec cérémonie. Holà! entrez vous autres.

SCÈNE IX.

MONSIEUR JOURDAIN, LE MAITRE TAILLEUR, LE GARÇON TAILLEUR, GARÇONS TAILLEURS dansans, UN LAQUAIS.

le maître tailleur, à ses garçons. — Mettez cet habit à monsieur, de la manière que vous faites aux personnes de qualité.

PREMIÈRE ENTRÉE DE BALLET.

Les quatre garçons tailleurs dansans s'approchent de M. Jourdain. Deux lui arrachent le haut-de-chausses de ses exercices; les deux autres lui ôtent la camisole; après quoi, toujours en cadence, ils lui mettent son habit neuf. M. Jourdain se promène au milieu d'eux, et leur montre son habit, pour voir s'il est bien.

garçon tailleur. — Mon gentilhomme, donnez, s'il vous plaît aux garçons quelque chose pour boire.

monsieur jourdain. — Comment m'appelez-vous?

garçon tailleur. — Mon gentilhomme.

monsieur jourdain. — Mon gentilhomme! Voilà ce que c'est que de se mettre en personne de qualité! Allez-vous-en demeurer toujours habillé en bourgeois, on ne vous dira point : Mon gentilhomme. (Donnant de l'argent.) — Tenez, voilà pour Mon gentilhomme.

GARÇON TAILLEUR. — Monseigneur, nous vous sommes bien obligés.

MONSIEUR JOURDAIN. — Monseigneur! oh! oh! Monseigneur! Attendez, mon ami; Monseigneur mérite quelque chose, et ce n'est pas une petite parole que Monseigneur! Tenez, voilà ce que Monseigneur vous donne.

GARÇON TAILLEUR. — Monseigneur, nous allons boire tous à la santé de Votre Grandeur.

MONSIEUR JOURDAIN. — Votre Grandeur! oh! oh! oh! Attendez; ne vous en allez pas. A moi! Votre Grandeur! (Bas, à part.) Ma foi, s'il va jusqu'à l'Altesse, il aura toute la bourse. (Haut.) Tenez, voilà pour Ma Grandeur.

GARÇON TAILLEUR. — Monseigneur, nous la remercions très-humblement de ses libéralités.

MONSIEUR JOURDAIN. — Il a bien fait; je lui allois tout donner.

SCÈNE X.

DEUXIÈME ENTRÉE DE BALLET.

Les quatre garçons tailleurs se réjouissent, en dansant, de la libéralité de M. Jourdain.

ACTE TROISIÈME.

SCÈNE I.

MONSIEUR JOURDAIN, DEUX LAQUAIS.

MONSIEUR JOURDAIN. — Suivez-moi, que j'aille un peu montrer mon habit par la ville; et surtout ayez soin tous deux de marcher immédiatement sur mes pas, afin qu'on voie bien que vous êtes à moi.

LAQUAIS. — Oui, monsieur.

MONSIEUR JOURDAIN. — Appelez-moi Nicole, que je lui donne quelques ordres. Ne bougez : la voilà.

SCÈNE II.

MONSIEUR JOURDAIN, NICOLE, DEUX LAQUAIS.

MONSIEUR JOURDAIN. — Nicole!

NICOLE. — Plaît-il?

MONSIEUR JOURDAIN. — Ecoutez.

NICOLE, riant. — Hi, hi, hi, hi, hi.

MONSIEUR JOURDAIN. — Qu'as-tu à rire?

NICOLE. — Hi, hi, hi, hi, hi, hi.

MONSIEUR JOURDAIN. — Que veut dire cette coquine-là?

NICOLE. — Hi, hi, hi. Comme vous voilà bâti! Hi, hi, hi.

MONSIEUR JOURDAIN. — Comment donc?

NICOLE. — Ah! ah! mon Dieu! Hi, hi, hi, hi, hi.

MONSIEUR JOURDAIN. — Quelle friponne est-ce là? Te moques-tu de moi?

NICOLE. — Nenni, monsieur; j'en serois bien fâchée. Hi, hi, ni, hi, hi, hi.

MONSIEUR JOURDAIN. — Je te baillerai sur le nez, si tu ris davantage.

NICOLE. — Monsieur, je ne puis pas m'en empêcher. Hi, hi, hi, hi, hi, hi.

MONSIEUR JOURDAIN. — Tu ne t'arrêteras pas?

NICOLE. — Monsieur, je vous demande pardon; mais vous êtes si plaisant que je ne saurois me tenir de rire. Hi, hi, hi.

MONSIEUR JOURDAIN. — Mais voyez quelle insolence!

NICOLE. — Vous êtes tout à fait drôle comme cela. Hi, hi.

MONSIEUR JOURDAIN. — Je te....

NICOLE. — Je vous prie de m'excuser. Hi, hi, hi, hi.

MONSIEUR JOURDAIN. — Tiens, si tu ris encore le moins du monde, je te jure que je t'appliquerai sur la joue le plus grand soufflet qui se soit jamais donné.

NICOLE. — Hé bien! monsieur, voilà qui est fait : je ne rirai plus.

MONSIEUR JOURDAIN. — Prends-y bien garde. Il faut que, pour tantôt, tu nettoies....

NICOLE. — Hi, hi.

MONSIEUR JOURDAIN. — Que tu nettoies comme il faut....

NICOLE. — Hi, hi.

MONSIEUR JOURDAIN.—Il faut, dis-je, que tu nettoies la salle, et...

NICOLE. — Hi, hi.

MONSIEUR JOURDAIN. — Encore?

NICOLE, tombant à force de rire. — Tenez, monsieur, battez-moi plutôt, et me laissez rire tout mon soûl; cela me fera plus de bien. Hi, hi, hi, hi, hi.

MONSIEUR JOURDAIN. — J'enrage.

NICOLE. — De grâce, monsieur, je vous prie de me laisser rire. Hi, hi, hi.

MONSIEUR JOURDAIN. — Si je te prends....

NICOLE. — Monsieur, eur, je crèverai, ai, si je ne ris. Hi, hi, hi.

MONSIEUR JOURDAIN. — Mais a-t-on jamais vu une pendarde comme celle-là, qui me vient rire insolemment au nez, au lieu de recevoir mes ordres?

NICOLE. — Que voulez-vous que je fasse, monsieur?

MONSIEUR JOURDAIN. — Que tu songes, coquine, à préparer ma maison pour la compagnie qui doit venir tantôt.

NICOLE, se relevant. — Ah! par ma foi, je n'ai plus envie de rire; et toutes vos compagnies font tant de désordre céans, que ce mot est assez pour me mettre en mauvaise humeur.

MONSIEUR JOURDAIN. — Ne dois-je point pour toi fermer ma porte à tout le monde?

NICOLE. — Vous devriez au moins la fermer à certaines gens.

SCÈNE III.

MADAME JOURDAIN, MONSIEUR JOURDAIN, NICOLE, DEUX LAQUAIS.

MADAME JOURDAIN. — Ah! ah! voici une nouvelle histoire! Qu'est-ce donc, mon mari, que cet équipage-là? Vous moquez-vous du monde, de vous être fait enharnacher de la sorte? et avez-vous envie qu'on se raille partout de vous?

MONSIEUR JOURDAIN. — Il n'y a que des sots et des sottes, ma femme, qui se railleront de moi.

MADAME JOURDAIN. — Vraiment, on n'a pas attendu jusqu'à cette heure; et il y a longtemps que vos façons de faire donnent à rire à tout le monde.

MONSIEUR JOURDAIN. — Qui est donc ce monde-là, s'il vous plaît?

MADAME JOURDAIN. — Tout ce monde-là est un monde qui a raison, et qui est plus sage que vous. Pour moi, je suis scandalisée de la vie que vous menez. Je ne sais plus ce que c'est que notre maison. On diroit qu'il est céans carême-prenant tous les jours; et, dès le matin, de peur d'y manquer, on y entend des vacarmes de violons et de chanteurs, dont tout le voisinage se trouve incommodé.

NICOLE. — Madame parle bien. Je ne saurois plus voir mon ménage propre avec cet attirail de gens que vous faites venir chez vous. Ils ont des pieds qui vont chercher de la boue dans tous les quartiers de la ville pour l'apporter ici; et la pauvre Françoise est presque sur les dents, à frotter les planchers que vos biaux maîtres viennent crotter régulièrement tous les jours.

MONSIEUR JOURDAIN. — Ouais! notre servante Nicole, vous avez le caquet bien affilé, pour une paysanne!

MADAME JOURDAIN. — Nicole a raison, et son sens est meilleur que le vôtre. Je voudrois bien savoir ce que vous pensez faire d'un maître à danser, à l'âge que vous avez?

NICOLE. — Et d'un grand maître tireur d'armes, qui vient, avec ses battemens de pied, ébranler toute la maison, et nous déraciner tous les carriaux de notre salle?

MONSIEUR JOURDAIN. — Taisez-vous, ma servante et ma femme.

MADAME JOURDAIN. — Est-ce que vous voulez apprendre à danser pour quand vous n'aurez plus de jambes?

NICOLE. — Est-ce que vous avez envie de tuer quelqu'un?

MONSIEUR JOURDAIN. — Taisez-vous, vous dis-je : vous êtes des ignorantes l'une et l'autre; et vous ne savez pas les prérogatives de tout cela.

MADAME JOURDAIN. — Vous devriez bien plutôt songer à marier votre fille, qui est en âge d'être pourvue.

MONSIEUR JOURDAIN. — Je songerai à marier ma fille quand il se présentera un parti pour elle; mais je veux songer aussi à apprendre les belles choses.

NICOLE. — J'ai encore ouï dire, madame, qu'il a pris aujourd'hui, pour renfort de potage, un maître de philosophie.

MONSIEUR JOURDAIN. — Fort bien. Je veux avoir de l'esprit, et savoir raisonner des choses parmi les honnêtes gens.

MADAME JOURDAIN. — N'irez-vous point, l'un de ces jours, au collége vous faire donner le fouet, à votre âge?

MONSIEUR JOURDAIN. — Pourquoi non? Plût à Dieu l'avoir tout à l'heure, le fouet, devant tout le monde, et savoir ce qu'on apprend au collége!

NICOLE. — Oui, ma foi, cela vous rendroit la jambe bien mieux faite.

MONSIEUR JOURDAIN. — Sans doute.

MADAME JOURDAIN. — Tout cela est fort nécessaire pour conduire votre maison!

MONSIEUR JOURDAIN. — Assurément. Vous parlez toutes deux comme des bêtes, et j'ai honte de votre ignorance. (A madame Jourdain.) Par exemple, savez-vous, vous, ce que c'est que vous dites à cette heure?

MADAME JOURDAIN. — Oui, je sais que ce que je dis est fort bien dit, et que vous devriez songer à vivre d'autre sorte.

MONSIEUR JOURDAIN. — Je ne parle pas de cela. Je vous demande ce que c'est que les paroles que vous dites ici.

MADAME JOURDAIN. — Ce sont des paroles bien sensées, et votre conduite ne l'est guère.

MONSIEUR JOURDAIN. — Je ne parle pas de cela, vous dis-je. Je vous demande : ce que je parle avec vous, ce que je vous dis à cette heure, qu'est-ce que c'est?

MADAME JOURDAIN. — Des chansons.

MONSIEUR JOURDAIN. — Hé! non, ce n'est pas cela. Ce que nous disons tous deux, le langage que nous parlons à cette heure?

MADAME JOURDAIN. — Hé bien?

MONSIEUR JOURDAIN. — Comment est-ce que cela s'appelle?

MADAME JOURDAIN. — Cela s'appelle comme on veut l'appeler.

MONSIEUR JOURDAIN. — C'est de la prose, ignorante.

MADAME JOURDAIN. — De la prose?

MONSIEUR JOURDAIN. — Oui, de la prose. Tout ce qui est prose n'est point vers; et tout ce qui n'est point vers est prose. Hé! voilà ce que c'est que d'étudier. (A Nicole.) Et toi, sais-tu bien comme il faut faire pour dire un U.

NICOLE. — Comment?

MONSIEUR JOURDAIN. — Oui. Qu'est-ce que tu fais quand tu dis U ?

NICOLE. — Quoi ?

MONSIEUR JOURDAIN. — Dis un peu U, pour voir.

NICOLE. — Hé bien ! U.

MONSIEUR JOURDAIN. — Qu'est-ce que tu fais ?

NICOLE. — Je dis U.

MONSIEUR JOURDAIN. — Oui : mais quand tu dis U, qu'est-ce que tu fais ?

NICOLE. — Je fais ce que vous me dites.

MONSIEUR JOURDAIN. — Oh ! l'étrange chose que d'avoir affaire à des bêtes ! Tu allonges les lèvres en dehors, et approches la mâchoire d'en haut de celle d'en bas; U, vois-tu ? Je fais la moue : U.

NICOLE. — Oui, cela est biau.

MADAME JOURDAIN. — Voilà qui est admirable !

MONSIEUR JOURDAIN. — C'est bien autre chose, si vous aviez vu O, et DA, DA, et FA, FA !

MADAME JOURDAIN. — Qu'est-ce que c'est donc que tout ce galimatias-là ?

NICOLE. — De quoi est-ce que tout cela guérit ?

MONSIEUR JOURDAIN. — J'enrage, quand je vois des femmes ignorantes.

MADAME JOURDAIN. — Allez, vous devriez envoyer promener tous ces gens-là, avec leurs fariboles.

NICOLE. — Et surtout ce grand escogriffe de maître d'armes, qui remplit de poudre tout mon ménage.

MONSIEUR JOURDAIN. — Ouais ! ce maître d'armes vous tient fort au cœur ! Je te veux faire voir ton impertinence tout à l'heure. (Après avoir fait apporter des fleurets, et en avoir donné un à Nicole.) Tiens, raison démonstrative, la ligne du corps. Quand on pousse en quarte, on n'a qu'à faire cela ; et quand on pousse en tierce, on n'a qu'à faire cela. Voilà le moyen de n'être jamais tué ; et cela n'est-il pas beau, d'être assuré de son fait quand on se bat contre quelqu'un ? Là, pousse-moi un peu, pour voir.

NICOLE. — Hé bien! quoi!

(Nicole pousse plusieurs bottes à M. Jourdain.)

MONSIEUR JOURDAIN. — Tout beau! Holà! ho! Doucement! Diantre soit la coquine!

NICOLE. — Vous me dites de pousser.

MONSIEUR JOURDAIN. — Oui; mais tu me pousses en tierce avant que de pousser en quarte, et tu n'as pas la patience que je pare.

MADAME JOURDAIN. — Vous êtes fou, mon mari, avec toutes vos fantaisies; et cela vous est venu depuis que vous vous mêlez de hanter la noblesse.

MONSIEUR JOURDAIN. — Lorsque je hante la noblesse, je fais paroître mon jugement; et cela est plus beau que de hanter votre bourgeoisie.

MADAME JOURDAIN. — Çamon[1] vraiment! Il y a fort à gagner à fréquenter vos nobles, et vous avez bien opéré avec ce beau monsieur le comte, dont vous vous êtes embéguiné!

MONSIEUR JOURDAIN. — Paix; songez à ce que vous dites. Savez-vous bien, ma femme, que vous ne savez pas de qui vous parlez, quand vous parlez de lui? C'est une personne d'importance plus que vous ne pensez, un seigneur que l'on considère à la cour, et qui parle au roi tout comme je vous parle. N'est-ce pas une chose qui m'est tout à fait honorable, que l'on voie venir chez moi si souvent une personne de cette qualité, qui m'appelle son cher ami, et me traite comme si j'étois son égal? Il a pour moi des bontés qu'on ne devineroit jamais; et devant tout le monde il me fait des caresses dont je suis moi-même confus.

MADAME JOURDAIN. — Oui, il a des bontés pour vous et vous fait des caresses; mais il vous emprunte votre argent.

MONSIEUR JOURDAIN. — Hé bien! ne m'est-ce pas de l'honneur de prêter de l'argent à un homme de cette condition-là? et puis-je faire moins pour un seigneur qui m'appelle son cher ami?

---

[1] Expression inusitée qui signifiait : *Oui, certes.*

MADAME JOURDAIN. — Et ce seigneur, que fait-il pour vous?

MONSIEUR JOURDAIN. — Des choses dont on seroit étonné, si on les savoit?

MADAME JOURDAIN. — Et quoi?

MONSIEUR JOURDAIN. — Baste! je ne puis pas m'expliquer. Il suffit que, si je lui ai prêté de l'argent, il me le rendra bien, avant qu'il soit peu.

MADAME JOURDAIN. — Oui. Attendez-vous à cela.

MONSIEUR JOURDAIN. — Assurément. Ne me l'a-t-il pas dit?

MADAME JOURDAIN. — Oui, oui, il ne manquera pas d'y faillir.

MONSIEUR JOURDAIN. — Il m'a juré sa foi de gentilhomme.

MADAME JOURDAIN. — Chansons!

MONSIEUR JOURDAIN. — Ouais! Vous êtes bien obstinée, ma femme! Je vous dis qu'il me tiendra sa parole; j'en suis sûr.

MADAME JOURDAIN. — Et moi, je suis sûre que non, et que toutes les caresses qu'il vous fait ne sont que pour vous enjôler.

MONSIEUR JOURDAIN. — Taisez-vous. Le voici.

MADAME JOURDAIN. — Il ne nous faut plus que cela. Il vient peut-être encore vous faire quelque emprunt; et il me semble que j'ai dîné quand je le vois.

MONSIEUR JOURDAIN. — Taisez-vous, vous dis-je.

SCÈNE IV.

DORANTE, MONSIEUR JOURDAIN, MADAME JOURDAIN, NICOLE.

DORANTE. — Mon cher ami monsieur Jourdain, comment vous portez-vous?

MONSIEUR JOURDAIN. — Fort bien, monsieur, pour vous rendre mes petits services.

DORANTE. — Et madame Jourdain, que voilà, comment se porte-t-elle?

MADAME JOURDAIN. — Madame Jourdain se porte comme elle peut.

DORANTE. — Comment! monsieur Jourdain, vous voilà le plus propre du monde!

MONSIEUR JOURDAIN. — Vous voyez.

DORANTE. — Vous avez tout à fait bon air avec cet habit; et nous n'avons point de jeunes gens à la cour qui soient mieux faits que vous.

MONSIEUR JOURDAIN. — Hai, hai.

MADAME JOURDAIN, à part. — Il le gratte par où il se démange.

DORANTE. — Tournez-vous. Cela est tout à fait galant.

MADAME JOURDAIN, à part. — Oui, aussi sot par derrière que par devant.

DORANTE. — Ma foi, monsieur Jourdain, j'avois une impatience étrange de vous voir. Vous êtes l'homme du monde que j'estime le plus; et je parlois encore de vous, ce matin, dans la chambre du roi.

MONSIEUR JOURDAIN. — Vous me faites beaucoup d'honneur, monsieur. (A madame Jourdain) Dans la chambre du roi!

DORANTE. — Allons, mettez.

MONSIEUR JOURDAIN. — Monsieur, je sais le respect que je vous dois.

DORANTE. — Mon Dieu! mettez. Point de cérémonie entre nous, je vous prie.

MONSIEUR JOURDAIN. — Monsieur....

DORANTE. — Mettez, vous dis-je, monsieur Jourdain : vous êtes mon ami.

MONSIEUR JOURDAIN. — Monsieur, je suis votre serviteur.

DORANTE. — Je ne me couvrirai point, si vous ne vous couvrez.

MONSIEUR JOURDAIN, se couvrant. — J'aime mieux être incivil qu'importun.

DORANTE. — Je suis votre débiteur, comme vous le savez.

MADAME JOURDAIN, à part. — Oui : nous ne le savons que trop.

DORANTE. — Vous m'avez généreusement prêté de l'argent en plusieurs occasions, et m'avez obligé de la meilleure grâce du monde, assurément.

MONSIEUR JOURDAIN. — Monsieur, vous vous moquez.

DORANTE. — Mais je sais rendre ce qu'on me prête, et reconnoître les plaisirs qu'on me fait.

MONSIEUR JOURDAIN. — Je n'en doute point, monsieur.

DORANTE. — Je veux sortir d'affaire avec vous; et je viens ici pour faire nos comptes ensemble.

MONSIEUR JOURDAIN, bas, à madame Jourdain. — Hé bien! vous voyez votre impertinence, ma femme.

DORANTE. — Je suis homme qui aime à m'acquitter le plus tôt que je puis.

MONSIEUR JOURDAIN, bas, à madame Jourdain. — Je vous le disois bien.

DORANTE. — Voyons un peu ce que je vous dois.

MONSIEUR JOURDAIN, bas, à madame Jourdain. — Vous voilà, avec vos soupçons ridicules.

DORANTE. — Vous souvenez-vous bien de tout l'argent que vous m'avez prêté?

MONSIEUR JOURDAIN. — Je crois que oui. J'en ai fait un petit mémoire. Le voici. Donné à vous une fois deux cent louis.

DORANTE. — Cela est vrai.

MONSIEUR JOURDAIN. — Une autre fois six-vingts.

DORANTE. — Oui.

MONSIEUR JOURDAIN. — Et une autre fois cent quarante.

DORANTE. — Vous avez raison.

MONSIEUR JOURDAIN. — Ces trois articles font quatre cent soixante louis, qui valent cinq mille soixante livres[1].

DORANTE. — Le compte est fort bon. Cinq mille soixante livres.

MONSIEUR JOURDAIN. — Mille huit cent trente-deux livres à votre plumassier.

DORANTE. — Justement.

MONSIEUR JOURDAIN. — Deux mille sept cent quatre-vingts livres à votre tailleur.

DORANTE. — Il est vrai.

---

[1] Le louis valait alors onze livres.

MONSIEUR JOURDAIN. — Quatre mille trois cent septante-neuf livres douze sols huit deniers à votre marchand.

DORANTE. — Fort bien. Douze sols huit deniers; le compte est juste.

MONSIEUR JOURDAIN. — Et mille sept cent quarante-huit livres sept sols quatre deniers à votre sellier.

DORANTE. — Tout cela est véritable. Qu'est-ce que cela fait?

MONSIEUR JOURDAIN. — Somme totale, quinze mille huit cents livres.

DORANTE. — Somme totale est juste. Quinze mille huit cents livres. Mettez encore deux cents pistoles que vous m'allez donner : cela fera justement dix-huit mille francs, que je vous payerai au premier jour.

MADAME JOURDAIN, bas, à M. Jourdain. — Hé bien! ne l'avois-je pas bien deviné?

MONSIEUR JOURDAIN, bas, à madame Jourdain. — Paix.

DORANTE. — Cela vous incommodera-t-il, de me donner ce que je vous dis?

MONSIEUR JOURDAIN. — Hé! non.

MADAME JOURDAIN, bas, à M. Jourdain. — Cet homme-là fait de vous une vache à lait.

MONSIEUR JOURDAIN, bas, à madame Jourdain. — Taisez-vous.

DORANTE. — Si cela vous incommode, j'en irai chercher ailleurs.

MONSIEUR JOURDAIN. — Non, monsieur.

MADAME JOURDAIN, bas, à M. Jourdain. — Il ne sera pas content qu'il ne vous ait ruiné.

MONSIEUR JOURDAIN, bas, à madame Jourdain. — Taisez-vous, vous dis-je.

DORANTE. — Vous n'avez qu'à me dire si cela vous embarrasse.

MONSIEUR JOURDAIN. — Point, monsieur.

MADAME JOURDAIN, bas, à M. Jourdain. — C'est un vrai enjôleur.

MONSIEUR JOURDAIN, bas, à madame Jourdain. — Taisez-vous donc.

MADAME JOURDAIN, bas, à M. Jourdain. — Il vous sucera jusqu'au dernier sou.

MONSIEUR JOURDAIN, bas, à madame Jourdain. — Vous tairez-vous?

DORANTE. — J'ai force gens qui m'en prêteroient avec joie; mais, comme vous êtes mon meilleur ami, j'ai cru que je vous ferois tort si j'en demandois à quelque autre.

MONSIEUR JOURDAIN. — C'est trop d'honneur, monsieur, que vous me faites. Je vais quérir votre affaire.

MADAME JOURDAIN, bas, à M. Jourdain. — Quoi! vous allez encore lui donner cela?

MONSIEUR JOURDAIN, bas, à madame Jourdain. — Que faire? Voulez-vous que je refuse un homme de cette condition-là, qui a parlé de moi ce matin dans la chambre du roi?

MADAME JOURDAIN, bas, à M. Jourdain. — Allez, vous êtes une vraie dupe.

SCÈNE V.
DORANTE, MADAME JOURDAIN, NICOLE.

DORANTE. — Vous me semblez toute mélancolique. Qu'avez-vous, madame Jourdain?

MADAME JOURDAIN. — J'ai la tête plus grosse que le poing, et si elle n'est pas enflée.

DORANTE. — Mademoiselle votre fille, où est-elle, que je ne la vois point?

MADAME JOURDAIN. — Mademoiselle ma fille est bien où elle est.

DORANTE. — Comment se porte-t-elle?

MADAME JOURDAIN. — Elle se porte sur ses deux jambes.

DORANTE. — Ne voulez-vous point, un de ces jours, venir voir avec elle le ballet et la comédie que l'on fait chez le roi?

MADAME JOURDAIN. — Oui, vraiment! nous avons fort envie de rire, fort envie de rire nous avons.

SCÈNE VI.

MONSIEUR JOURDAIN, MADAME JOURDAIN, DORANTE, NICOLE.

MONSIEUR JOURDAIN, à Dorante. — Voilà deux cents louis bien comptés.

DORANTE. — Je vous assure, monsieur Jourdain, que je suis tout à vous, et que je brûle de vous rendre un service à la cour.

MONSIEUR JOURDAIN. — Je vous suis trop obligé.

DORANTE. — Si madame Jourdain veut voir le divertissement royal, je lui ferai donner les meilleures places de la salle.

MADAME JOURDAIN. — Madame Jourdain vous baise les mains.

DORANTE, bas, à M. Jourdain. — Notre marquise, comme je vous ai mandé par mon billet, viendra tantôt ici pour le ballet et le repas.

MONSIEUR JOURDAIN. — Tirons-nous un peu plus loin, pour cause.

DORANTE. — Il y a huit jours que je ne vous ai vu, et.....

MONSIEUR JOURDAIN. — Ce sont, Monsieur, des bontés qui m'accablent; et je suis dans une confusion la plus grande du monde, de voir une personne de votre qualité s'abaisser pour moi à ce que vous faites.

DORANTE. — Vous moquez-vous? Est-ce qu'entre amis on s'arrête à ces sortes de scrupules? et ne feriez-vous pas pour moi la même chose, si l'occasion s'en offroit?

MONSIEUR JOURDAIN. — Oh! assurément, et de très-grand cœur!

MADAME JOURDAIN, à Nicole. — Que sa présence me pèse sur les épaules!

DORANTE. — Pour moi, je ne regarde rien, quand il faut servir un ami.

MONSIEUR JOURDAIN. — Il est vrai. Ce sont des bontés qui me confondent.

MADAME JOURDAIN, à Nicole. — Est-ce qu'il ne s'en ira point?

NICOLE. — Ils se trouvent bien ensemble.

MONSIEUR JOURDAIN. — Pour être en pleine liberté, j'ai fait en sorte que ma femme ira dîner chez ma sœur, où elle passera toute l'après-dînée.

DORANTE. — Vous avez fait prudemment, et votre femme auroit pu nous embarrasser. J'ai donné pour vous l'ordre qu'il faut au cuisinier, et à toutes les choses qui sont nécessaires pour le ballet. Il est de mon invention; et pourvu que l'exécution puisse répondre à l'idée, je suis sûr qu'il sera trouvé...

MONSIEUR JOURDAIN, s'apercevant que Nicole écoute, et lui donnant un soufflet. — Ouais! vous êtes bien impertinente. (A Dorante.) Sortons, s'il vous plaît.

SCÈNE VII.

MADAME JOURDAIN, NICOLE.

NICOLE. — Ma foi, madame, la curiosité m'a coûté quelque chose : mais je crois qu'il y a quelque anguille sous roche; et ils parlent de quelque affaire où ils ne veulent pas que vous soyez.....

SCÈNE VIII.

CLÉONTE, MONSIEUR JOURDAIN, MADAME JOURDAIN, COVIELLE, NICOLE.

CLÉONTE. — Monsieur, je n'ai voulu prendre personne pour vous faire une demande que je médite il y a longtemps. Elle me touche assez pour m'en charger moi-même; et, sans autre détour, je vous dirai que l'honneur d'être votre gendre est une faveur glorieuse que je vous prie de m'accorder.

MONSIEUR JOURDAIN. — Avant que de vous rendre réponse, monsieur, je vous prie de me dire si vous êtes gentilhomme.

CLÉONTE. — Monsieur, la plupart des gens, sur cette question, n'hésitent pas beaucoup. On tranche le mot aisément. Ce nom ne fait aucun scrupule à prendre et l'usage aujourd'hui semble en autoriser le vol. Pour moi, je vous l'avoue, j'ai les sentimens sur cette matière un peu plus délicats. Je trouve que toute imposture est indigne d'un honnête homme, et qu'il y a de la lâcheté à déguiser ce que le ciel nous a fait naître, à se parer aux yeux du monde d'un titre dérobé, à se vouloir donner pour ce qu'on n'est pas. Je suis né de parens, sans doute, qui ont tenu des charges honorables; je me suis acquis, dans les armes, l'honneur de six ans de service, et je me trouve assez de bien pour tenir dans le monde un rang assez passable : mais, avec tout cela, je ne veux point me donner un nom, où d'autres, en ma place, croiroient pouvoir prétendre; et je vous dirai franchement que je ne suis point gentilhomme.

MONSIEUR JOURDAIN. — Touchez là, monsieur : ma fille n'est pas pour vous.

CLÉONTE. — Comment?

MONSIEUR JOURDAIN. — Vous n'êtes point gentilhomme : vous n'aurez pas ma fille.

MADAME JOURDAIN. — Que voulez-vous donc dire avec votre gentilhomme? Est-ce que nous sommes, nous autres, de la côte de saint Louis?

MONSIEUR JOURDAIN. — Taisez-vous, ma femme : je vous vois venir.

MADAME JOURDAIN. — Descendons-nous tous deux que de bonne bourgeoisie?

MONSIEUR JOURDAIN. — Voilà pas le coup de langue?

MADAME JOURDAIN. — Et votre père n'étoit-il pas marchand aussi bien que le mien?

MONSIEUR JOURDAIN. — Peste soit de la femme! Elle n'y a jamais manqué. Si votre père a été marchand, tant pis pour lui; mais, pour le mien, ce sont des malavisés qui disent cela. Tout ce que j'ai à vous dire, moi, c'est que je veux avoir un gendre gentilhomme.

MADAME JOURDAIN. — Il faut à votre fille un mari qui lui soit propre; et il vaut mieux, pour elle, un honnête homme riche, qu'un gentilhomme gueux et mal bâti.

NICOLE. — Cela est vrai. Nous avons le fils du gentilhomme de notre village, qui est le plus grand malitorne et le plus sot dadais que j'aie jamais vu.

MONSIEUR JOURDAIN, à Nicole. — Taisez-vous, impertinente. Vous vous fourrez toujours dans la conversation. J'ai du bien assez pour ma fille; je n'ai besoin que d'honneurs, et je la veux faire marquise.

MADAME JOURDAIN. — Marquise?

MONSIEUR JOURDAIN. — Oui, marquise.

MADAME JOURDAIN. — Hélas! Dieu m'en garde!

MONSIEUR JOURDAIN. — C'est une chose que j'ai résolue.

MADAME JOURDAIN. — C'est une chose, moi, où je ne consentirai point. Les alliances avec plus grand que soi sont sujettes toujours à de fâcheux inconvéniens. Je ne veux point qu'un gendre puisse à ma fille reprocher ses parens, et qu'elle ait des enfans qui aient honte de m'appeler leur grand'maman. S'il falloit qu'elle me vînt visiter en équipage de grand'dame, et qu'elle manquât, par mégarde, à saluer quelqu'un du quartier, on ne manqueroit pas aussitôt de dire cent sottises. « Voyez-vous, diroit-on, cette madame la marquise qui fait tant la glorieuse? C'est la fille de monsieur Jourdain, qui étoit trop heureuse, étant petite, de jouer à la madame avec nous. Elle n'a pas toujours été si relevée que la voilà; et ses deux grands-pères vendoient du drap auprès de la porte Saint-Innocent. Ils ont amassé du bien à leurs enfants, qu'ils payent maintenant peut-être bien cher en l'autre monde; et l'on ne devient guère si riche à être honnêtes gens. » Je ne veux point de tous ces caquets, et je veux un homme, en un mot, qui m'ait obligation de ma fille, et à qui je puisse dire : « Mettez-vous là, mon gendre, et dînez avec moi. »

MONSIEUR JOURDAIN. — Voilà bien les sentimens d'un petit esprit, de vouloir demeurer toujours dans la bassesse. Ne me répliquez pas davantage : ma fille sera marquise, en dépit de tout le monde; et, si vous me mettez en colère, je la ferai duchesse.

SCÈNE IX.

CLÉONTE, COVIELLE.

COVIELLE. — Vous avez fait de belles affaires avec vos beaux sentimens !

CLÉONTE. — Que veux-tu? J'ai un scrupule là-dessus que l'exemple ne sauroit vaincre.

COVIELLE. — Vous moquez-vous, de le prendre sérieusement avec un homme comme cela? Ne voyez-vous pas qu'il est fou? et vous coûtoit-il quelque chose de vous accommoder à ses chimères?

CLÉONTE. — Tu as raison; mais je ne croyois pas qu'il fallût faire ses preuves de noblesse pour être gendre de monsieur Jourdain.

COVIELLE, riant. — Ah! Ah! Ah!

CLÉONTE. — De quoi ris-tu?

COVIELLE. — D'une pensée qui me vient pour jouer notre homme, et vous faire obtenir ce que vous souhaitez.

CLÉONTE. — Comment?

COVIELLE. — L'idée est tout à fait plaisante.

CLÉONTE. — Quoi donc?

COVIELLE. — Il s'est fait depuis peu une certaine mascarade qui vient le mieux du monde ici, et que je prétends faire entrer dans une bourle[1] que je veux faire à notre ridicule. Tout cela sent un peu sa comédie; mais, avec lui, on peut hasarder toute chose, il n'y faut point chercher tant de façons, et il est homme à y jouer son rôle à merveille, à donner aisément dans toutes les fariboles qu'on s'avisera de lui dire. J'ai les acteurs, j'ai les habits tout prêts; laissez-moi faire seulement....

CLÉONTE. — Mais apprends-moi....

COVIELLE. — Je vais vous instruire de tout. Retirons-nous; le voilà qui revient.

---

[1] *Une bourle*, de l'italien *burla*, plaisanterie. De là vient aussi *burlesque*.

SCÈNE X.

MONSIEUR JOURDAIN, seul.

Que diable est-ce là? Ils n'ont rien que les grands seigneurs à me reprocher; et moi, je ne vois rien de si beau que de hanter les grands seigneurs; il n'y a qu'honneur et que civilité avec eux; et je voudrois qu'il m'eût coûté deux doigts de la main, et être né comte ou marquis.

SCÈNE XI.

MONSIEUR JOURDAIN, UN LAQUAIS.

LE LAQUAIS. — Monsieur, voici monsieur le comte, et une dame qu'il mène par la main.

MONSIEUR JOURDAIN. — Hé! mon Dieu! j'ai quelques ordres à donner. Dis-leur que je vais venir ici tout à l'heure.

SCÈNE XII.

DORIMÈNE, DORANTE, UN LAQUAIS.

LE LAQUAIS. — Monsieur dit comme cela qu'il va venir ici tout à l'heure.

DORANTE. — Voilà qui est bien.

SCÈNE XIII.

DORIMÈNE, DORANTE.

DORIMÈNE. — Je ne sais pas, Dorante; je fais encore ici une étrange démarche, de me laisser amener par vous dans une maison où je ne connois personne....

SCÈNE XIV.

MONSIEUR JOURDAIN, DORIMÈNE, DORANTE.

MONSIEUR JOURDAIN, après avoir fait deux revérences, se trouvant trop près de Dorimene. — Un peu plus loin, madame.

DORIMÈNE. — Comment?

MONSIEUR JOURDAIN. — Un pas, s'il vous plaît.

DORIMÈNE. — Quoi donc?

MONSIEUR JOURDAIN. — Reculez un peu pour la troisième.

DORANTE. — Madame, monsieur Jourdain sait son monde.

MONSIEUR JOURDAIN. — Madame, ce m'est une gloire bien grande, de me voir assez fortuné, pour être si heureux, que d'avoir le bonheur, que vous ayez eu la bonté de m'accorder la grâce, de me faire l'honneur de m'honorer de la faveur de votre présence; et, si j'avois aussi le mérite pour mériter un mérite comme le vôtre, et que le ciel.... envieux de mon bien.... m'eût accordé.... l'avantage de me voir digne.... des....

DORANTE. — Monsieur Jourdain, en voilà assez. Madame n'aime pas les grands complimens, et elle sait que vous êtes homme d'esprit. (Bas, à Dorimène.) C'est un bon bourgeois assez ridicule, comme vous voyez, dans toutes ses manières.

DORIMÈNE, bas, à Dorante. — Il n'est pas malaisé de s'en apercevoir.

DORANTE. — Madame, voilà le meilleur de mes amis.

MONSIEUR JOURDAIN. — C'est trop d'honneur que vous me faites.

DORANTE. — Galant homme tout à fait.

DORIMÈNE. — J'ai beaucoup d'estime pour lui.

MONSIEUR JOURDAIN. — Je n'ai rien fait encore, madame, pour mériter cette grâce.

SCÈNE XV.

MONSIEUR JOURDAIN, DORIMÈNE, DORANTE, UN LAQUAIS.

LE LAQUAIS, à M. Jourdain. — Tout est prêt, monsieur.

DORANTE. — Allons donc nous mettre à table ; et qu'on fasse venir les musiciens.

SCÈNE XVI.

ENTRÉE DE BALLET.

Six cuisiniers, qui ont préparé le festin, dansent ensemble, et font le troisième intermède ; après quoi, ils apportent une table couverte de plusieurs mets.

ACTE QUATRIÈME.

SCÈNE I.

DORIMÈNE, MONSIEUR JOURDAIN, DORANTE, TROIS MUSICIENS, UN LAQUAIS.

DORIMÈNE. — Comment ! Dorante, voilà un repas tout à fait magnifique !

MONSIEUR JOURDAIN. — Vous vous moquez, madame, et je voudrois qu'il fût plus digne de vous être offert.

(Dorimene, M. Jourdain, Dorante, et les trois musiciens se mettent à table.)

DORANTE. — Monsieur Jourdain a raison, madame, de parler de la sorte, et il m'oblige, de vous faire si bien les honneurs de chez lui. Je demeure d'accord avec lui que le repas n'est pas digne de vous. Comme c'est moi qui l'ai ordonné, et que je n'ai pas sur cette matière les lumières de nos amis, vous n'avez pas ici un repas fort savant, et vous y trouverez des incongruités de bonne chère, et des barbarismes de bon goût. Si Damis s'en étoit mêlé, tout seroit dans les règles; il y auroit partout de l'élégance et de l'érudition, et il ne manqueroit pas de vous exagérer lui-même toutes les pièces du repas qu'il vous donneroit, et de vous faire tomber d'accord de sa haute capacité dans la science des bons morceaux; de vous parler d'un pain de rive à biseau doré, relevé de croûte partout, croquant tendrement sous la dent; d'un vin à séve veloutée, armé d'un vert qui n'est point trop commandant; d'un carré de mouton gourmandé de persil; d'une longe de veau de rivière, longue comme cela, blanche, délicate, et qui, sous les dents, est une vraie pâte d'amandes; de perdrix relevées d'un fumet surprenant; et pour son opéra, d'une soupe à bouillon perlé soutenue d'un jeune gros dindon cantonné de pigeonneaux, et couronné d'oignons blancs mariés avec la chicorée. Mais, pour moi, je vous avoue mon ignorance; et, comme monsieur Jourdain a fort bien dit, je voudrois que le repas fût plus digne de vous être offert.

DORIMÈNE. — Je ne réponds à ce compliment, qu'en mangeant comme je fais.

DORANTE. — Allons! qu'on donne du vin à monsieur Jourdain et à ces messieurs, qui nous feront la grâce de nous chanter un air à boire.

DORIMÈNE. — C'est merveilleusement assaisonner la bonne chère que d'y mêler la musique, et je me vois ici admirablement régalée.

MONSIEUR JOURDAIN. — Madame, ce n'est pas....

DORANTE. — Monsieur Jourdain, prêtons silence à ces messieurs; ce qu'ils nous diront vaudra mieux que tout ce que nous pourrions dire.

MUSICIENS.

Buvons, chers amis, buvons.

Le temps qui fuit nous y convie :
　Profitons de la vie
　Autant que nous pouvons.

　Laissons raisonner les sots
Sur le vrai bonheur de la vie ;
　Notre philosophie
　Le met parmi les pots.

Les biens, le savoir et la gloire,
N'ôtent point les soucis fâcheux ;
　Et ce n'est qu'à bien boire
　Que l'on peut être heureux.

Sus, sus ; du vin partout : versez, garçon, versez,
Versez, versez toujours, tant qu'on vous dise : Assez.

DORIMÈNE. — Je ne crois pas qu'on puisse mieux chanter ; et cela est tout à fait beau.

SCÈNE II.

MADAME JOURDAIN, MONSIEUR JOURDAIN, DORIMÈNE, DORANTE, MUSICIENS, LAQUAIS.

MADAME JOURDAIN. — Ah ! ah ! je trouve ici bonne compagnie, et je vois bien qu'on ne m'y attendoit pas. C'est donc pour cette belle affaire-ci, monsieur mon mari, que vous avez eu tant d'empressement à m'envoyer dîner chez ma sœur ? Je viens de voir un théâtre là-bas, et je vois ici un banquet à faire noces. Voilà comme vous dépensez votre bien.

DORANTE. — Que voulez-vous dire, madame Jourdain ? et quelles fantaisies sont les vôtres, de vous en aller mettre en tête que votre mari dépense son bien, et que c'est lui qui donne ce régal ? Apprenez que c'est moi, je vous prie ; qu'il ne fait seulement que me prêter sa maison, et que vous devriez un peu mieux regarder aux choses que vous dites.

MONSIEUR JOURDAIN. — Oui, impertinente, c'est monsieur le comte qui donne tout ceci. Il me fait l'honneur de prendre ma maison, et de vouloir que je sois avec lui.

MADAME JOURDAIN. — Ce sont des chansons que cela; je sais ce que je sais.

DORANTE. — Prenez, madame Jourdain, prenez de meilleures lunettes.

MADAME JOURDAIN. — Je n'ai que faire de lunettes, monsieur, et je vois assez clair. Il y a longtemps que je sens les choses, et je ne suis pas une bête. Cela est fort vilain à vous, pour un grand seigneur, de prêter la main comme vous faites aux sottises de mon mari.

DORIMÈNE. — Que veut donc dire tout ceci? Allez, Dorante, vous vous moquez, de m'exposer aux sottes visions de cette extravagante.

DORANTE, suivant Dorimène qui sort. — Madame, holà! madame, où courez-vous?

MONSIEUR JOURDAIN. — Madame.... Monsieur le comte, faites-lui mes excuses, et tâchez de la ramener.

SCÈNE III.

MADAME JOURDAIN, MONSIEUR JOURDAIN, LAQUAIS.

MONSIEUR JOURDAIN. — Ah! impertinente que vous êtes, voilà de vos beaux faits! Vous me venez faire des affronts devant tout le monde; et vous chassez de chez moi des personnes de qualité!

MADAME JOURDAIN. — Je me moque de leur qualité.

MONSIEUR JOURDAIN. — Je ne sais qui me tient, maudite, que je ne vous fende la tête avec les pièces du repas que vous êtes venue troubler. (Les laquais emportent la table.)

MADAME JOURDAIN, sortant. — Je me moque de cela.

MONSIEUR JOURDAIN. — Vous faites bien d'éviter ma colère.

SCÈNE IV.

MONSIEUR JOURDAIN, seul.

Elle est arrivée là bien malheureusement. J'étois en humeur de dire de jolies choses, et jamais je ne m'étois senti tant d'esprit. Qu'est-ce que c'est que cela ?

SCÈNE V.

MONSIEUR JOURDAIN, COVIELLE, déguisé.

COVIELLE. — Monsieur, je ne sais pas si j'ai l'honneur d'être connu de vous.

MONSIEUR JOURDAIN. — Non, monsieur.

COVIELLE, étendant la main à un pied de terre. — Je vous ai vu que vous n'étiez pas plus grand que cela.

MONSIEUR JOURDAIN. — Moi ?

COVIELLE. — Oui. Vous étiez le plus bel enfant du monde, et toutes les dames vous prenoient dans leurs bras pour vous baiser.

MONSIEUR JOURDAIN. — Pour me baiser ?

COVIELLE. — Oui. J'étois grand ami de feu monsieur votre père.

MONSIEUR JOURDAIN. — De feu monsieur mon père ?

COVIELLE. — Oui. C'étoit un fort honnête gentilhomme.

MONSIEUR JOURDAIN. — Comment dites-vous ?

COVIELLE. — Je dis que c'étoit un fort honnête gentilhomme.

MONSIEUR JOURDAIN. — Mon père ?

COVIELLE. — Oui.

MONSIEUR JOURDAIN. — Vous l'avez fort connu ?

COVIELLE. — Assurément.

MONSIEUR JOURDAIN. — Et vous l'avez connu pour gentilhomme.

COVIELLE. — Sans doute.

MONSIEUR JOURDAIN. — Je ne sais donc pas comment le monde est fait!

COVIELLE. — Comment?

MONSIEUR JOURDAIN. — Il y a de sottes gens qui me veulent dire qu'il a été marchand.

COVIELLE. — Lui, marchand? C'est pure médisance, il ne l'a jamais été. Tout ce qu'il faisoit, c'est qu'il étoit fort obligeant, fort officieux, et, comme il se connoissoit fort bien en étoffes, il en alloit choisir de tous les côtés, les faisoit apporter chez lui, et en donnoit à ses amis pour de l'argent?

MONSIEUR JOURDAIN. — Je suis ravi de vous connoître, afin que vous rendiez ce témoignage-là, que mon père étoit gentilhomme.

COVIELLE. — Je le soutiendrai devant tout le monde.

MONSIEUR JOURDAIN. — Vous m'obligerez. Quel sujet vous amène?

COVIELLE. — Depuis avoir connu feu monsieur votre père, honnête gentilhomme, comme je vous ai dit, j'ai voyagé par tout le monde.

MONSIEUR JOURDAIN. — Par tout le monde?

COVIELLE. — Oui.

MONSIEUR JOURDAIN. — Je pense qu'il y a bien loin en ce pays-là.

COVIELLE. — Assurément. Je ne suis revenu de tous mes longs voyages que depuis quatre jours; et, par l'intérêt que je prends à tout ce qui vous touche, je viens vous annoncer la meilleure nouvelle du monde.

MONSIEUR JOURDAIN. — Quelle?

COVIELLE. — Vous savez que le fils du Grand-Turc est ici?

MONSIEUR JOURDAIN. — Moi? Non.

COVIELLE. — Comment! il a un train tout à fait magnifique; tout le monde le va voir, et il a été reçu en ce pays comme un seigneur d'importance.

MONSIEUR JOURDAIN. — Par ma foi, je ne savois pas cela.

COVIELLE. — Ce qu'il y a d'avantageux pour vous, c'est qu'il est amoureux de votre fille.

MONSIEUR JOURDAIN. — Le fils du Grand-Turc ?

COVIELLE. — Oui ; et il veut être votre gendre.

MONSIEUR JOURDAIN. — Mon gendre, le fils du Grand-Turc ?

COVIELLE. — Le fils du Grand-Turc votre gendre. Comme je le fus voir, et que j'entends parfaitement sa langue, il s'entretint avec moi ; et, après quelques autres discours, il me dit : « *Acciam croc soler onch alla moustaph gidelum amanahem varahini oussere carbulath*, » c'est-à-dire : « N'as-tu point vu une jeune personne, qui est la fille de monsieur Jourdain, gentilhomme parisien ? »

MONSIEUR JOURDAIN. — Le fils du Grand-Turc dit cela de moi ?

COVIELLE. — Oui. Enfin, pour achever mon ambassade, il vient vous demander votre fille en mariage ; et, pour avoir un beau-père qui soit digne de lui, il veut vous faire *mamamouchi*[1], qui est une certaine grande dignité de son pays.

MONSIEUR JOURDAIN. — *Mamamouchi ?*

COVIELLE. — Ouï, *mamamouchi* : c'est-à-dire, en notre langue, paladin. Paladin, ce sont de ces anciens.... Paladin, enfin. Il n'y a rien de plus noble que cela dans le monde ; et vous irez de pair avec les plus grands seigneurs de la terre.

MONSIEUR JOURDAIN. — Le fils du Grand-Turc m'honore beaucoup, et je vous prie de me mener chez lui, pour lui en faire mes remercîmens.

COVIELLE. — Comment ! le voilà qui va venir ici.

MONSIEUR JOURDAIN. — Il va venir ici ?

COVIELLE. — Oui ; et il amène toutes choses pour la cérémonie de votre dignité.

MONSIEUR JOURDAIN. — Voilà qui est bien prompt.

---

[1] Nom forgé par Molière.

SCÈNE VI.

CLÉONTE, en Turc; TROIS PAGES, portant la veste de Cléonte;
MONSIEUR JOURDAIN, COVIELLE.

CLÉONTE. — *Ambousahim oqui boraf, Jordina, Salamalequi.*

COVIELLE, à M. Jourdain. — C'est-à-dire « Monsieur Jourdain, votre cœur soit toute l'année comme un rosier fleuri. » Ce sont façons de parler obligeantes de ces pays-là.

MONSIEUR JOURDAIN. — Je suis très-humble serviteur de son altesse turque.

COVIELLE. — *Carigar camboto oustin moraf.*

CLÉONTE. — *Oustin yoc catamalequi basum base alla moran.*

COVIELLE. — Il dit : « Que le ciel vous donne la force des lions, et la prudence des serpens. »

MONSIEUR JOURDAIN. — Son altesse turque m'honore trop, et je lui souhaite toutes sortes de prospérités.

COVIELLE. — *Ossa binamen sadoc baballi oracaf ouram.*

CLÉONTE. — *Bel-men.*

COVIELLE. — Il dit que vous alliez vite avec lui vous préparer pour la cérémonie, afin de voir ensuite votre fille et de conclure le mariage.

MONSIEUR JOURDAIN. — Tant de choses en deux mots?

COVIELLE. — Oui. La langue turque est comme cela, elle dit beaucoup en peu de paroles. Allez vite où il souhaite.

SCÈNE VII.

COVIELLE, seul.

Ah! ah! ah! Ma foi, cela est tout à fait drôle. Quelle dupe! Quand il auroit appris son rôle par cœur, il ne pourroit pas le mieux jouer. Ah! ah!

SCÈNE VIII.

DORANTE, COVIELLE.

COVIELLE. — Je vous prie, monsieur, de nous vouloir aider céans dans une affaire qui s'y passe.

DORANTE. — Ah! ah! Covielle, qui t'auroit reconnu? Comme te voilà ajusté!

COVIELLE. — Vous voyez. Ah! ah!

DORANTE. — De quoi ris-tu?

COVIELLE. — D'une chose, monsieur, qui le mérite bien.

DORANTE. — Comment?

COVIELLE. — Je vous le donnerois en bien des fois, monsieur, à deviner le stratagème dont nous nous servons auprès de monsieur Jourdain, pour porter son esprit à donner sa fille à mon maître.

DORANTE. — Je ne devine point le stratagème; mais je devine qu'il ne manquera pas de faire son effet, puisque tu l'entreprends.

COVIELLE. — Je sais, monsieur, que la bête vous est connue.

DORANTE. — Apprends-moi ce que c'est.

COVIELLE. — Prenez la peine de vous tirer un peu plus loin, pour faire place à ce que j'aperçois venir. Vous pourrez voir une partie de l'histoire, tandis que je vous conterai le reste.

SCÈNE IX.

CÉRÉMONIE TURQUE.

LE MUPHTI, DERVIS, TURCS, assistants du muphti, chantans et dansans.

PREMIÈRE ENTRÉE DE BALLET.

Six Turcs entrent gravement deux à deux, au son des instrumens. Ils portent trois tapis qu'ils levent fort haut, après en avoir fait, en dansant, plusieurs figures. Les Turcs chantans passent par-dessous ces tapis, pour s'aller ranger aux deux côtés du théâtre. Le muphti, accompagné des dervis, ferme cette marche.

Alors les Turcs étendent des tapis par terre, et se mettent dessus à genoux. Le muphti et les dervis restent debout au milieu d'eux; et, pendant que le muphti invoque Mahomet, en faisant beaucoup de contorsions et de grimaces, sans proférer une seule parole, les Turcs assistans se prosternent jusqu'à terre, chantant Alli, *lèvent les bras au ciel, en chantant* Alla; *ce qu'ils continuent jusqu'à la fin de l'invocation, après laquelle ils se lèvent tous, chantant* Alla eckber [1], *et deux dervis vont chercher M. Jourdain.*

SCÈNE X.

LE MUPHTI, DERVIS, TURCS CHANTANS ET DANSANS; M. JOURDAIN, vêtu à la turque, la tête rasée, sans turban et sans sabre.

LE MUPHTI, à M. Jourdain.

Se ti sabir,
Ti respondir;
Se non sabir,
Tazir, tazir.
Mi star muphti,
Ti qui star si?
Non intendir;
Tazir, tazir [2].

(Deux dervis font retirer M. Jourdain.)

SCÈNE XI.

LE MUPHTI, DERVIS, TURCS CHANTANS ET DANSANS.

LE MUPHTI. — Dice, Turque, qui star quista? Anabatista? anabatista?

LES TURCS. — Ioc.

LE MUPHTI. — Zuinglista?

---

[1] *Alli* et *Alla* (*Allah*) signifient Dieu; *Alla eckber*, Dieu est grand.

[2] « Si tu sais, réponds; si tu ne sais pas, tais-toi.
« Je suis le muphti; toi, qui es-tu? Tu ne comprends pas? Tais-toi. »
Ces couplets sont en *langue franque*, mélange corrompu de toutes les langues du midi de l'Europe.

LES TURCS. — Ioc.
LE MUPHTI. — Coffita?
LES TURCS. — Ioc.
LE MUPHTI. — Hussita? Morista? Fronista?
LES TURCS. — Ioc, ioc, ioc.
LE MUPHTI. — Ioc, ioc, ioc. Star pagana?
LES TURCS. — Ioc.
LE MUPHTI. — Luterana?
LES TURCS. — Ioc.
LE MUPHTI. — Puritana?
LES TURCS. — Ioc.
LE MUPHTI. — Bramina? Moffina? Zurina?
LES TURCS. — Ioc, ioc, ioc.
LE MUPHTI. — Ioc, ioc, ioc. Mahametana? Mahametana?
LES TURCS. — Hi Valla. Hi Valla.
LE MUPHTI. — Como chamara? Como chamara?
LES TURCS. — Giourdina, Giourdina.
LE MUPHTI, sautant. — Giourdina, Giourdina?
LES TURCS. — Giourdina, Giourdina[1].

LE MUPHTI.

Mahameta, per Giourdina,
Mi pregar sera e matina.
Voler far un paladina
De Giourdina, de Giourdina;
Dar turbanta, e dar scarrina,
Con galera, e brigantina,
Per deffender Palestina.
Mahameta, per Giourdina,

---

[1] « *Le Muphti* : Dis, Turc, quel est celui-ci? Est-il anabaptiste? — *Les Turcs* : non. — Zwinglien? — Non. — Cophte? — Non. — Hussite, more, phroniste (ou contemplatif)? — Non, non, non. — Non, non, non. — Est-il païen? — Non. — Luthérien? — Non. — Puritain? — Non. — Bramine? (Les noms de *Moffina* et de *Zurina* paraissent avoir été forgés par Molière.) — Non, non, non. — Non, non, non. — Mahométan? — Oui, par Dieu! — Comment s'appelle-t-il? — Jourdain. — Jourdain? — Jourdain. »

Mi pregar sera e matina.
(Aux Turcs.)
Star bon Turca Giourdina?

LES TURCS. — Hi Valla. Hi Valla¹.

LE MUPHTI, chantant et dansant. — Ha la ba, ba la chou, ba la ba, ba la da.

LES TURCS. — Ha la ba, ba la chou, ba la ba, ba la da.

SCÈNE XII.

TURCS CHANTANS ET DANSANS.

DEUXIÈME ENTRÉE DE BALLET.

SCÈNE XIII.

LE MUPHTI, DERVIS, M. JOURDAIN, TURCS CHANTANS ET DANSANS.

Le muphti revient coiffé avec son turban de cérémonie qui est d'une grosseur démesurée, et garni de bougies allumées à quatre ou cinq rangs; il est accompagné de deux dervis qui portent l'Alcoran, et qui ont des bonnets pointus, garnis de bougies allumées.

Les deux autres dervis amènent M. Jourdain, et le font mettre à genoux, les mains par terre; de façon que son dos, sur lequel est mis l'Alcoran, sert de pupitre au muphti, qui fait une seconde invocation burlesque, fronçant le sourcil, frappant de temps en temps sur l'Alcoran, et tournant les feuillets avec précipitation; après quoi, en levant les bras au ciel, le muphti crie à haute voix : Hou².

Pendant cette seconde invocation, les Turcs assistans, s'inclinant et se relevant alternativement, chantent aussi Hou, Hou, Hou.

MONSIEUR JOURDAIN, après qu'on lui a ôté l'Alcoran de dessus le dos. — Ouf.

---

[1] « *Le Muphti* : Pour Jourdain, je prierai Mahomet soir et matin. Je veux faire de Jourdain un paladin. Je lui donnerai turban et sabre, avec galère et brigantin, pour défendre la Palestine. Pour Jourdain, je prierai Mahomet soir et matin. (*Aux Turcs.*) Est-il bon Turc, ce Jourdain? — *Les Turcs :* Oui, par Dieu ! »

[2] *Hou*, Lui ; un des noms que les Turcs donnent à Dieu.

LE MUPHTI, à M. Jourdain.

Ti non star furba[1]?

LES TURCS.

No, no, no

LE MUPHTI.

Non star forfanta?

LES TURCS.

No, no, no.

LE MUPHTI, aux Turcs.

Donar turbanta.

LES TURCS.

Ti non star furba?
No, no, no.
Non star forfanta?
No, no, no.
Donar turbanta.

TROISIÈME ENTRÉE DE BALLET.

Les Turcs dansans mettent le turban sur la tête de M. Jourdain au son des instrumens.

LE MUPHTI, donnant le sabre à M. Jourdain.

Ti star nobile, non star fabbola.
Pigliar schiabbola[2].

LES TURCS, mettant le sabre à la main.

Ti star nobile, non star fabbola.
Pigliar schiabbola.

QUATRIÈME ENTRÉE DE BALLET.

Les Turcs dansans donnent en cadence plusieurs coups de sabre à M. Jourdain.

[1] « *Le Muphti* : Tu n'es pas un fourbe? — *Les Turcs* : Non, non, non. — *Le Muphti* : Tu n'es pas un imposteur? — Non, non, non. — Donnez le turban. — *Les Turcs* : Tu n'es pas un fourbe, etc. »

[2] « Tu es noble, ce n'est point une fable. Prends ce sabre. »

LE BOURGEOIS GENTILHOMME.   153

LE MUPHTI.

Dara, dara
Bastonnara

LES TURCS.

Dara, dara
Bastonnara[1].

CINQUIÈME ENTRÉE DE BALLET.

Les Turcs dansans donnent à M. Jourdain des coups de bâton en cadence.

LE MUPHTI.

Non tener honta,
Questa star l'ultima affronta.

LES TURCS.

Non tener honta,
Questa star l'ultima affronta[2].

Le muphti commence une troisième invocation. Les dervis le soutiennent par-dessous les bras avec respect; apres quoi, les Turcs chantans et dansans, sautant autour du muphti, se retirent avec lui, et emmènent M. Jourdain.

ACTE CINQUIÈME.

SCÈNE I.

MONSIEUR JOURDAIN, MADAME JOURDAIN.

MADAME JOURDAIN. — Ah! mon Dieu, miséricorde! Qu'est-ce que c'est donc que cela? Quelle figure! Est-ce un momon[3] que

---

[1] « Donnez, donnez la bastonnade. »
[2] « N'aie point de honte; voilà le dernier affront. »
[3] Danses et jeux; de *Momus*, dieu de la gaîté.

vous allez porter, et est-il temps d'aller en masque? Parlez donc, qu'est-ce que c'est que ceci? Qui vous a fagoté comme cela?

MONSIEUR JOURDAIN. — Voyez l'impertinente, de parler de la sorte à un *mamamouchi*.

MADAME JOURDAIN. — Comment donc?

MONSIEUR JOURDAIN. — Oui, il me faut porter du respect maintenant, et l'on vient de me faire *mamamouchi*.

MADAME JOURDAIN. — Que voulez-vous dire, avec votre *mamamouchi*?

MONSIEUR JOURDAIN. — *Mamamouchi*, vous dis-je. Je suis *mamamouchi*.

MADAME JOURDAIN. — Quelle bête est-ce là?

MONSIEUR JOURDAIN. — *Mamamouchi*, c'est-à-dire en notre langue, paladin.

MADAME JOURDAIN. — Baladin! Êtes-vous en âge de danser des ballets?

MONSIEUR JOURDAIN. — Quelle ignorante! Je dis paladin : c'est une dignité dont on vient de me faire la cérémonie.

MADAME JOURDAIN. — Quelle cérémonie donc?

MONSIEUR JOURDAIN. — *Mahameta per Jordina.*

MADAME JOURDAIN. — Qu'est-ce que cela veut dire?

MONSIEUR JOURDAIN. — *Jordina*, c'est-à-dire Jourdain.

MADAME JOURDAIN. — Hé bien! quoi, Jourdain?

MONSIEUR JOURDAIN. — *Voler far un paladina de Jordina.*

MADAME JOURDAIN. — Comment?

MONSIEUR JOURDAIN. — *Dar turbanta con galera.*

MADAME JOURDAIN. — Qu'est-ce à dire, cela?

MONSIEUR JOURDAIN. — *Per deffender Palestina.*

MADAME JOURDAIN. — Que voulez-vous donc dire?

MONSIEUR JOURDAIN. — *Dara, dara bastonnara.*

MADAME JOURDAIN. — Qu'est-ce donc que ce jargon-là?

MONSIEUR JOURDAIN. — *Non tener honta, questa star l'ultima affronta.*

MADAME JOURDAIN. — Qu'est-ce que c'est donc que tout cela

MONSIEUR JOURDAIN, chantant et dansant. — *Hou la ba, ba la chou, ba la ba, ba la da.* (Il tombe par terre.)

MADAME JOURDAIN. — Hélas! mon Dieu, mon mari est devenu fou.

MONSIEUR JOURDAIN, se relevant et s'en allant. — Paix, insolente. Portez respect à monsieur le *mamamouchi*.

MADAME JOURDAIN, seule. — Où est-ce donc qu'il a perdu l'esprit? Courons l'empêcher de sortir. (Apercevant Dorimène et Dorante.) Ah! ah! voici justement le reste de notre écu! Je ne vois que chagrin de tous les côtés.

SCÈNE II.

DORANTE, DORIMÈNE.

DORANTE. — Oui, madame, vous verrez la plus plaisante chose qu'on puisse voir, et je ne crois pas que, dans tout le monde, il soit possible de trouver encore un homme aussi fou que celui-là. Et puis, madame, il faut tâcher de servir Cléonte, et d'appuyer toute sa mascarade. C'est un fort galant homme, et qui mérite que l'on s'intéresse pour lui.

DORIMÈNE. — J'en fais beaucoup de cas, et il est digne d'une bonne fortune.

DORANTE. — Outre cela, nous avons ici, madame, un ballet qui nous revient, que nous ne devons pas laisser perdre; et il faut bien voir si mon idée pourra réussir.

SCÈNE III.

MONSIEUR JOURDAIN, DORIMÈNE, DORANTE.

DORANTE. — Monsieur, nous venons rendre hommage, madame et moi, à votre nouvelle dignité, et nous réjouir avec vous du mariage que vous faites de votre fille avec le fils du Grand-Turc.

MONSIEUR JOURDAIN, après avoir fait les révérences à la turque — Mon sieur, je vous souhaite la force des serpens, et la prudence des lions.

DORIMÈNE. — J'ai été bien aise d'être des premières, monsieur, à venir vous féliciter du haut degré de gloire où vous êtes monté.

MONSIEUR JOURDAIN. — Madame, je vous souhaite toute l'année votre rosier fleuri. Je vous suis infiniment obligé de prendre part aux honneurs qui m'arrivent; et j'ai beaucoup de joie de vous voir revenue ici pour vous faire les très-humbles excuses de l'extravagance de ma femme.

DORIMÈNE. — Cela n'est rien; j'excuse en elle un pareil mouvement.

DORANTE. — Vous voyez, madame, que monsieur Jourdain n'est pas de ces gens que les prospérités aveuglent, et qu'il sait, dans sa gloire, connoître encore ses amis.

DORIMÈNE. — C'est la marque d'une âme tout à fait généreuse.

DORANTE. — Où est donc son altesse turque? Nous voudrions bien, comme vos amis, lui rendre nos devoirs.

MONSIEUR JOURDAIN. — Le voilà qui vient; et j'ai envoyé quérir ma fille pour lui donner la main.

SCÈNE IV.

M. JOURDAIN, DORIMÈNE, DORANTE, CLÉONTE, habillé en Turc.

DORANTE, à Cléonte. — Monsieur, nous venons faire la révérence à votre altesse, comme amis de monsieur votre beau-père, et l'assurer avec respect de nos très-humbles services.

MONSIEUR JOURDAIN. — Où est le truchement, pour lui dire qui vous êtes, et lui faire entendre ce que vous dites? Vous verrez qu'il vous répondra; et il parle turc à merveille. Holà! où diantre est-il allé? (A Cléonte.) *Strouf, strif, strof, straf.* Monsieur est un *grande segnore, grande segnore, grande segnore*; et madame une *granda dama, granda dama.* (Voyant qu'il ne se fait point entendre.) Ah! (A Cléonte, montrant Dorante.) Monsieur, lui *mamamouchi* françois, et madame *mamamouchi* françoise. Je ne puis pas parler plus clairement. Bon! voici l'interprète.

SCÈNE V.

MONSIEUR JOURDAIN, DORIMÈNE, DORANTE, CLÉONTE,
habillé en Turc, COVIELLE, déguisé.

MONSIEUR JOURDAIN. — Où allez-vous donc? Nous ne saurions rien dire sans vous. (Montrant Cléonte.) Dites-lui un peu que monsieur et madame sont des personnes de grande qualité, qui lui viennent faire la révérence, comme mes amis, et l'assurer de leurs services. (A Dorimène et à Dorante.) Vous allez voir comme il va répondre.

COVIELLE. — *Alabala crociam acci boram alabamen.*

CLÉONTE. — *Catalequi tubal ourin soter amalouchan.*

MONSIEUR JOURDAIN, à Dorimène et à Dorante. — Voyez-vous?

COVIELLE. — Il dit que la pluie des prospérités arrose en tout temps le jardin de votre famille.

MONSIEUR JOURDAIN. — Je vous l'avois bien dit, qu'il parle turc!

DORANTE. — Cela est admirable!

SCÈNE VI.

LUCILE, CLÉONTE, M. JOURDAIN, DORIMÈNE, DORANTE, COVIELLE.

MONSIEUR JOURDAIN. — Venez, ma fille; approchez-vous, et venez donner votre main à monsieur, qui vous fait l'honneur de vous demander en mariage.

LUCILE. — Comment! mon père, comme vous voilà fait? Est-ce une comédie que vous jouez?

MONSIEUR JOURDAIN. — Non, non : ce n'est pas une comédie; c'est une affaire fort sérieuse, et la plus pleine d'honneur pour vous qui se peut souhaiter. (Montrant Cléonte.) Voilà le mari que je vous donne.

LUCILE. — A moi, mon père?

MONSIEUR JOURDAIN. — Oui, à vous. Allons, touchez-lui dans la main, et rendez grâces au ciel de votre bonheur.

LUCILE. — Je ne veux point me marier.

MONSIEUR JOURDAIN. — Je le veux, moi, qui suis votre père.

LUCILE. — Il est vrai que vous êtes mon père : je vous dois entière obéissance, et c'est à vous à disposer de moi selon vos volontés.

MONSIEUR JOURDAIN. — Ah! je suis ravi de vous voir si promptement revenue dans votre devoir, et voilà qui me plaît d'avoir une fille obéissante.

SCÈNE VII.

MADAME JOURDAIN, CLÉONTE, MONSIEUR JOURDAIN, LUCILE, DORANTE, DORIMÈNE, COVIELLE.

MADAME JOURDAIN. — Comment donc? Qu'est-ce que c'est que ceci? On dit que vous voulez donner votre fille en mariage à un carême-prenant?

MONSIEUR JOURDAIN. — Voulez-vous vous taire, impertinente? Vous venez toujours mêler vos extravagances à toutes choses, et il n'y a pas moyen de vous apprendre à être raisonnable.

MADAME JOURDAIN. — C'est vous qu'il n'y a pas moyen de rendre sage, et vous allez de folie en folie. Quel est votre dessein, et que voulez-vous faire avec cet assemblage?

MONSIEUR JOURDAIN. — Je veux marier notre fille avec le fils du Grand-Turc.

MADAME JOURDAIN. — Avec le fils du Grand-Turc?

MONSIEUR JOURDAIN, montrant Covielle. — Oui, faites-lui faire vos complimens par le truchement que voilà.

MADAME JOURDAIN. — Je n'ai que faire du truchement, et je lui dirai bien moi-même, à son nez, qu'il n'aura point ma fille.

MONSIEUR JOURDAIN. — Voulez-vous vous taire, encore une fois?

DORANTE. — Comment? madame Jourdain, vous vous opposez à un honneur comme celui-là? Vous refusez son altesse turque pour gendre?

MADAME JOURDAIN. — Mon Dieu! monsieur, mêlez-vous de vos affaires.

DORIMÈNE. — C'est une grande gloire qui n'est pas à rejeter.

MADAME JOURDAIN. — Madame, je vous prie aussi de ne vous point embarrasser de ce qui ne vous touche pas.

DORANTE. — C'est l'amitié que nous avons pour vous qui nous fait intéresser dans vos avantages.

MADAME JOURDAIN. — Je me passerai bien de votre amitié.

DORANTE. — Voilà votre fille qui consent aux volontés de son père.

MADAME JOURDAIN. — Ma fille consent à épouser un Turc?

DORANTE. — Sans doute.

MADAME JOURDAIN. — Je l'étranglerois de mes mains, si elle avoit fait un coup comme celui-là.

MONSIEUR JOURDAIN. — Voilà bien du caquet! Je vous dis que ce mariage-là se fera.

MADAME JOURDAIN. — Je vous dis, moi, qu'il ne se fera point.

MONSIEUR JOURDAIN. — Ah! que de bruit!

LUCILE. — Ma mère!

MADAME JOURDAIN. — Allez. Vous êtes une coquine.

MONSIEUR JOURDAIN, à madame Jourdain. — Quoi! vous la querellez de ce qu'elle m'obéit?

MADAME JOURDAIN. — Oui! Elle est à moi aussi bien qu'à vous.

COVIELLE, à madame Jourdain. — Madame!

MADAME JOURDAIN. — Que me voulez-vous conter, vous?

COVIELLE. — Un mot.

MADAME JOURDAIN. — Je n'ai que faire de votre mot.

COVIELLE, à M. Jourdain. — Monsieur, si elle veut écouter une parole en particulier, je vous promets de la faire consentir à ce que vous voulez.

MADAME JOURDAIN. — Je n'y consentirai point.

COVIELLE. — Écoutez-moi seulement.

MADAME JOURDAIN. — Non.

MONSIEUR JOURDAIN, à madame Jourdain. — Écoutez-le.

MADAME JOURDAIN. — Non : je ne veux pas l'écouter.

MONSIEUR JOURDAIN. — Il vous dira.....

MADAME JOURDAIN. — Je ne veux point qu'il me dise rien.

MONSIEUR JOURDAIN. — Voilà une grande obstination de femme! Cela vous fera-t-il mal de l'entendre?

COVIELLE. — Ne faites que m'écouter; vous ferez après ce qu'il vous plaira.

MADAME JOURDAIN. — Hé bien! quoi?

COVIELLE, bas à madame Jourdain. — Il y a une heure, madame, que nous vous faisons signe. Ne voyez-vous pas bien que tout ceci n'est fait que pour nous ajuster aux visions de votre mari, que nous l'abusons sous ce déguisement, et que c'est Cléonte lui-même qui est le fils du Grand-Turc?

MADAME JOURDAIN, bas, à Covielle. — Ah! ah!

COVIELLE, bas, à madame Jourdain. — Et moi, Covielle, qui suis le truchement.

MADAME JOURDAIN, bas, à Covielle. — Ah! comme cela, je me rends.

COVIELLE, bas, à madame Jourdain. — Ne faites pas semblant de rien.

MADAME JOURDAIN, haut. — Oui. Voilà qui est fait; je consens au mariage.

MONSIEUR JOURDAIN. — Ah! voilà tout le monde raisonnable. (A madame Jourdain.) Vous ne vouliez pas l'écouter. Je savois bien qu'il vous expliqueroit ce que c'est que le fils du Grand-Turc.

MADAME JOURDAIN. — Il me l'a expliqué comme il faut, et j'en suis satisfaite. Envoyons quérir un notaire.

DORANTE. — Tandis qu'il viendra et qu'il dressera les contrats, voyons notre ballet, et donnons-en le divertissement à son altesse turque.

MONSIEUR JOURDAIN. — C'est fort bien avisé. Allons prendre nos places.

COVIELLE. — Si l'on peut en voir un plus fou, je l'irai dire à Rome.

(*La comédie finit par un petit ballet qui avoit été préparé.*)

PREMIÈRE ENTRÉE.

(*Un homme vient donner des livres du ballet, qui d'abord est fatigué par une multitude de gens de provinces différentes, qui crient en musique pour en avoir, et par trois importuns qu'il trouve toujours sur ses pas.*)

DIALOGUE DES GENS QUI EN MUSIQUE DEMANDENT DES LIVRES.

TOUS.

A moi, monsieur, à moi, de grâce, à moi, monsieur :
Un livre, s'il vous plaît, à votre serviteur.

HOMME DU BEL AIR.

Monsieur, distinguez-nous parmi les gens qui crient.
Quelques livres ici ; les dames vous en prient.

AUTRE HOMME DU BEL AIR.

Holà, monsieur! monsieur, ayez la charité
D'en jeter de notre côté.

FEMME DU BEL AIR.

Mon Dieu, qu'aux personnes bien faites
On sait peu rendre honneur céans!

GASCON.

Ah! l'homme aux libres, qu'on m'en vaille.
J'ai déjà lé poumon usé.
Bous boyez qué chacun mé raille,
Et jé suis escandalisé
Dé boir ès mains de la canaille
Ce qui m'est par bous refusé.

AUTRE GASCON.

Hé! cadédis, monseu, boyez qui l'on pùt être.
Un libret, jé bous prie, au varon d'Asbarat.
Jé pensé, mordi, qué lé fat
N'a pas l'honneur dé mé connoître.

LE SUISSE.

Montsir le donner de papieir,
Que vuel dir sti façon de fifre?
Moi l'écorchair tout mon gosieir
 A crieir,
Sans que je pouvre afoir ein lifre.
Pardi, mon foi, montsir, je pense fous l'être ifre.

VIEUX BOURGEOIS BABILLARD.

De tout ceci, franc et net,
 Je suis mal satisfait;
Et cela sans doute est laid,
 Que notre fille
Si bien faite et si gentille,
 N'ait pas à son souhait
 Un livre de ballet,
 Pour lire le sujet
Du divertissement qu'on fait;
Et que toute notre famille
 Si proprement s'habille
Pour être placée au sommet
 De la salle, où l'on met
 Les gens de l'entriguet!
 De tout ceci, franc et net,
 Je suis mal satisfait;
 Et cela sans doute est laid.

VIEILLE BOURGEOISE BABILLARDE.

Il est vrai que c'est une honte;
Le sang au visage me monte;
Et ce jeteur de vers, qui manque au capital,
 L'entend fort mal :
 C'est un brutal,
 Un vrai cheval,
 Franc animal.

HOMMES ET FEMMES DU BEL AIR.

Ah! quel bruit!
    Quel fracas!
        Quel chaos!
            Quel mélange!
Quelle confusion!
    Quelle cohue étrange!
Quel désordre!
    Quel embarras!
On y sèche.
    L'on n'y tient pas.

GASCON.

Bentré! jé suis à vout.

AUTRE GASCON.

J'enragé, Diou mé damne.

LE SUISSE.

Ah! que l'y faire saif dans sti sâl de cians!

GASCON.

Jé murs.

AUTRE GASCON.

Jé perds la tramontane.

LE SUISSE.

Mon foi, moi, le foudrois être hors de dedans.

VIEUX BOURGEOIS BABILLARD.

Allons, ma mie,
Suivez mes pas,
Je vous en prie,
Et ne me quittez pas.
On fait de nous trop peu de cas,
    Et je suis las
    De ce tracas.
    Tout ce fracas,
    Cet embarras,
Me pèse par trop sur les bras.

S'il me prend jamais envie
De retourner de ma vie
A ballet ni comédie,
Je veux bien qu'on m'estropie.
Allons, ma mie,
Suivez mes pas,
Je vous en prie,
Et ne me quittez pas;
On fait de nous trop peu de cas.

VIEILLE BOURGEOISE BABILLARDE.

Allons, mon mignon, mon fils,
Regagnons notre logis;
Et sortons de ce taudis,
Où l'on ne peut être assis.
Ils seront bien ébaubis
Quand ils nous verront partis.
Trop de confusion règne dans cette salle,
Et j'aimerois mieux être au milieu de la halle.
Si jamais je reviens à semblable régale,
Je veux bien recevoir des soufflets plus de six.
Allons, mon mignon, mon fils,
Regagnons notre logis;
Et sortons de ce taudis,
Où l'on ne peut être assis.

TOUS.

A moi, monsieur, à moi, de grâce, à moi, monsieur :
Un livre, s'il vous plaît, à votre serviteur.

DEUXIÈME ENTRÉE. — *Les trois importuns dansent.*

FIN DU BOURGEOIS GENTILHOMME.

LES

FEMMES SAVANTES

COMÉDIE

1672

PERSONNAGES.

CHRYSALE, bon bourgeois.
PHILAMINTE, femme de Chrysale.
ARMANDE,
HENRIETTE, } filles de Chrysale et de Philaminte.
ARISTE, frère de Chrysale.
BÉLISE, sœur de Chrysale.
CLITANDRE.
TRISSOTIN, bel esprit.
VADIUS, savant.
MARTINE, servante de cuisine.
LÉPINE, laquais.
JULIEN, valet de Vadius.
UN NOTAIRE.

La scène est à Paris, dans la maison de Chrysale.

LES FEMMES SAVANTES.

PREMIER FRAGMENT.

CHRYSALE, MARTINE.

MARTINE.

Me voilà bien chanceuse ! Hélas ! l'on dit bien vrai,
Qui veut noyer son chien, l'accuse de la rage ;
Et service d'autrui n'est pas un héritage.

CHRYSALE.

Qu'est-ce donc ? Qu'avez-vous, Martine ?

MARTINE.

Ce que j'ai ?

CHRYSALE.

Oui.

MARTINE.

J'ai que l'on me donne aujourd'hui mon congé,
Monsieur.

CHRYSALE.

Votre congé ?

MARTINE.

Oui. Madame me chasse.

CHRYSALE.

Je n'entends pas cela. Comment ?

MARTINE.

On me menace,
Si je ne sors d'ici, de me bailler cent coups.

CHRYSALE.

Non, vous demeurerez; je suis content de vous.
Ma femme bien souvent a la tête un peu chaude;
Et je ne veux pas, moi...

PHILAMINTE, BÉLISE, CHRYSALE, MARTINE.

PHILAMINTE, apercevant Martine.

Quoi! je vous vois, maraude?
Vite, sortez, friponne; allons, quittez ces lieux,
Et ne vous présentez jamais devant mes yeux.

CHRYSALE.

Tout doux.

PHILAMINTE.

Non, c'en est fait.

CHRYSALE.

Hé!

PHILAMINTE.

Je veux qu'elle sorte.

CHRYSALE.

Mais qu'a-t-elle commis, pour vouloir de la sorte...?

PHILAMINTE.

Quoi! vous la soutenez?

CHRYSALE.

En aucune façon.

PHILAMINTE.

Prenez-vous son parti contre moi?

CHRYSALE.

Mon Dieu! non;
Je ne fais seulement que demander son crime.

PHILAMINTE.

Suis-je pour la chasser sans cause légitime?

CHRYSALE.

Je ne dis pas cela; mais il faut de nos gens....

PHILAMINTE.

Non; elle sortira, vous dis-je, de céans.

CHRYSALE.

Hé bien! oui. Vous dit-on quelque chose là contre?

PHILAMINTE.

Je ne veux point d'obstacle aux désirs que je montre.

CHRYSALE.

D'accord.

PHILAMINTE.

Et vous devez, en raisonnable époux.
Être pour moi contre elle et prendre mon courroux.

CHRYSALE.

(Se tournant vers Martine.)

Aussi fais-je. Oui, ma femme avec raison vous chasse,
Coquine, et votre crime est indigne de grâce.

MARTINE.

Qu'est-ce donc que j'ai fait?

CHRYSALE, bas.

Ma foi, je ne sais pas.

PHILAMINTE.

Elle est d'humeur encore à n'en faire aucun cas!

CHRYSALE.

A-t-elle, pour donner matière à votre haine,
Cassé quelque miroir ou quelque porcelaine?

PHILAMINTE.

Voudrois-je la chasser? et vous figurez-vous
Que, pour si peu de chose, on se mette en courroux?

CHRYSALE.

(A Martine.)   (A Philaminte.)
Qu'est-ce à dire? L'affaire est donc considérable

PHILAMINTE.

Sans doute. Me voit-on femme déraisonnable?

CHRYSALE.

Est-ce qu'elle a laissé, d'un esprit négligent,
Dérober quelque aiguière ou quelque plat d'argent?

PHILAMINTE.

Cela ne seroit rien.

CHRYSALE, à Martine.

Oh! oh! peste, la belle!
(A Philaminte.)
Quoi! l'avez-vous surprise à n'être pas fidèle?

PHILAMINTE.

C'est pis que tout cela.

CHRYSALE.

Pis que tout cela!

PHILAMINTE.

Pis.

CHRYSALE.

(A Martine.)   (A Philaminte.)
Comment! diantre, friponne! Euh! a-t-elle commis?...

PHILAMINTE.

Elle a, d'une insolence à nulle autre pareille,
Après trente leçons, insulté mon oreille
Par l'impropriété d'un mot sauvage et bas,
Qu'en termes décisifs condamne Vaugelas.

CHRYSALE.

Est-ce là.....

PHILAMINTE.

Quoi! toujours, malgré nos remontrances,
Heurter le fondement de toutes les sciences,

La grammaire, qui sait régenter jusqu'aux rois,
Et les fait, la main haute, obéir à ses lois?

CHRYSALE.

Du plus grand des forfaits je la croyois coupable.

PHILAMINTE.

Quoi! vous ne trouvez pas ce crime impardonnable?

CHRYSALE.

Si fait.

PHILAMINTE.

Je voudrois bien que vous l'excusassiez!

CHRYSALE.

Je n'ai garde.

BÉLISE.

Il est vrai que ce sont des pitiés.
Toute construction est par elle détruite;
Et des lois du langage on l'a cent fois instruite.

MARTINE.

Tout ce que vous prêchez est, je crois, bel et bon,
Mais je ne saurois, moi, parler votre jargon.

PHILAMINTE.

L'impudente! appeler un jargon le langage
Fondé sur la raison et sur le bel usage!

MARTINE.

Quand on se fait entendre, on parle toujours bien,
Et tous vos biaux dictons ne servent pas de rien.

PHILAMINTE.

Hé bien! ne voilà pas encore de son style?
Ne servent pas de rien!

BÉLISE.

O cervelle indocile!
Faut-il qu'avec les soins qu'on prend incessamment,
On ne te puisse apprendre à parler congrûment?

De *pas* mis avec *rien* tu fais la récidive ;
Et c'est, comme on t'a dit, trop d'une négative.

MARTINE.

Mon Dieu ! je n'avons pas étugué comme vous,
Et je parlons tout droit comme on parle cheux nous.

PHILAMINTE.

Ah ! peut-on y tenir ?

BÉLISE.

Quel solécisme horrible !

PHILAMINTE.

En voilà pour tuer une oreille sensible.

BÉLISE.

Ton esprit, je l'avoue, est bien matériel !
Je n'est qu'un singulier, *avons* est pluriel.
Veux-tu toute ta vie offenser la grammaire ?

MARTINE.

Qui parle d'offenser grand'mère ni grand'père ?

PHILAMINTE.

O ciel !

BÉLISE.

Grammaire est prise à contre-sens par toi,
Et je t'ai déjà dit d'où vient ce mot.

MARTINE.

Ma foi !
Qu'il vienne de Chaillot, d'Auteuil ou de Pontoise,
Cela ne me fait rien.

BÉLISE.

Quelle âme villageoise !
La grammaire, du verbe et du nominatif,
Comme de l'adjectif avec le substantif,
Nous enseigne les lois.

MARTINE.

J'ai, madame, à vous dire
Que je ne connois point ces gens-là.

PHILAMINTE.

Quel martyre !

BÉLISE.

Ce sont les noms des mots ; et l'on doit regarder
En quoi c'est qu'il les faut faire ensemble accorder.

MARTINE.

Qu'ils s'accordent entre eux, ou se gourment, qu'importe ?

PHILAMINTE à Bélise.

Hé ! mon Dieu ! finissez un discours de la sorte.
(A Chrysale.)
Vous ne voulez pas, vous, me la faire sortir ?

CHRYSALE.

(A part.)
Si fait. A son caprice il me faut consentir.
Va, ne l'irrite point ; retire-toi, Martine.

PHILAMINTE.

Comment ! vous avez peur d'offenser la coquine ?
Vous lui parlez d'un ton tout à fait obligeant !

CHRYSALE.

(D'un ton ferme.) (D'un ton plus doux.)
Moi ? point. Allons, sortez ! Va-t'en, ma pauvre enfant.

PHILAMINTE, CHRYSALE, BÉLISE.

CHRYSALE.

Vous êtes satisfaite, et la voilà partie ;
Mais je n'approuve point une telle sortie :
C'est une fille propre aux choses qu'elle fait,
Et vous me la chassez pour un maigre sujet.

PHILAMINTE.

Vous voulez que toujours je l'aie à mon service,
Pour mettre incessamment mon oreille au supplice,
Pour rompre toute loi d'usage et de raison
Par un barbare amas de vices d'oraison,
De mots estropiés, cousus, par intervalles,
De proverbes traînés dans les ruisseaux des halles?

BÉLISE.

Il est vrai que l'on sue à souffrir ses discours;
Elle y met Vaugelas en pièces tous les jours;
Et les moindres défauts de ce grossier génie,
Sont ou le pléonasme, ou la cacophonie.

CHRYSALE.

Qu'importe qu'elle manque aux lois de Vaugelas,
Pourvu qu'à la cuisine elle ne manque pas?
J'aime bien mieux, pour moi, qu'en épluchant ses herbes
Elle accommode mal les noms avec les verbes
Et redise cent fois un bas ou méchant mot,
Que de brûler ma viande ou saler trop mon pot.
Je vis de bonne soupe, et non de beau langage.
Vaugelas n'apprend point à bien faire un potage;
Et Malherbe et Balzac, si savants en bons mots,
En cuisine, peut-être, auroient été des sots.

PHILAMINTE.

Que ce discours grossier terriblement assomme!
Et quelle indignité, pour ce qui s'appelle homme,
D'être baissé sans cesse aux soins matériels,
Au lieu de se hausser vers les spirituels!
Le corps, cette guenille, est-il d'une importance,
D'un prix à mériter seulement qu'on y pense?
Et ne devons-nous pas laisser cela bien loin?

CHRYSALE.

Oui, mon corps est moi-même, et j'en veux prendre soin.
Guenille, si l'on veut; ma guenille m'est chère.

BÉLISE.

Le corps avec l'esprit fait figure, mon frère;
Mais, si vous en croyez tout le monde savant,
L'esprit doit sur le corps prendre le pas devant;
Et notre plus grand soin, notre première instance,
Doit être à le nourrir du suc de la science.

CHRYSALE.

Ma foi, si vous songez à nourrir votre esprit,
C'est de viande bien creuse, à ce que chacun dit;
Et vous n'avez nul soin, nulle sollicitude,
Pour.....

PHILAMINTE.

Ah! *sollicitude* à mon oreille est rude;
Il pue étrangement son ancienneté.

BÉLISE.

Il est vrai que le mot est bien collet monté.

CHRYSALE.

Voulez-vous que je dise? il faut qu'enfin j'éclate,
Que je lève le masque, et décharge ma rate.
De folles on vous traite, et j'ai fort sur le cœur...

PHILAMINTE.

Comment donc?

CHRYSALE, à Bélise.

C'est à vous que je parle, ma sœur.
Le moindre solécisme en parlant vous irrite;
Mais vous en faites, vous, d'étranges en conduite.
Vos livres éternels ne me contentent pas;
Et, hors un gros Plutarque à mettre mes rabats,
Vous devriez brûler tout ce meuble inutile,
Et laisser la science aux docteurs de la ville;
M'ôter, pour faire bien, du grenier de céans,
Cette longue lunette à faire peur aux gens,
Et cent brimborions dont l'aspect importune;

Ne point aller chercher ce qu'on fait dans la lune,
Et vous mêler un peu de ce qu'on fait chez vous,
Où nous voyons aller tout sens dessus dessous.
Il n'est pas bien honnête, et pour beaucoup de causes,
Qu'une femme étudie et sache tant de choses.
Former aux bonnes mœurs l'esprit de ses enfans,
Faire aller son ménage, avoir l'œil sur ses gens,
Et régler la dépense avec économie,
Doit être son étude et sa philosophie.
Nos pères, sur ce point, étoient gens bien sensés,
Qui disoient qu'une femme en sait toujours assez,
Quand la capacité de son esprit se hausse
A connoître un pourpoint d'avec un haut-de-chausse.
Les leurs ne lisoient point, mais elles vivoient bien;
Leurs ménages étoient tout leur docte entretien;
Et leurs livres, un dé, du fil et des aiguilles,
Dont elles travailloient au trousseau de leurs filles.
Les femmes d'à présent sont bien loin de ces mœurs;
Elles veulent écrire et devenir auteurs.
Nulle science n'est pour elles trop profonde,
Et céans, beaucoup plus qu'en aucun lieu du monde :
Les secrets les plus hauts s'y laissent concevoir,
Et l'on sait tout chez moi, hors ce qu'il faut savoir.
On y sait comment vont lune, étoile polaire,
Vénus, Saturne et Mars, dont je n'ai point affaire;
Et, dans ce vain savoir, qu'on va chercher si loin,
On ne sait comme va mon pot, dont j'ai besoin.
Mes gens à la science aspirent pour vous plaire,
Et tous ne font rien moins que ce qu'ils ont à faire.
Raisonner est l'emploi de toute ma maison,
Et le raisonnement en bannit la raison.
L'un me brûle mon rôt, en lisant quelque histoire;
L'autre rêve à des vers, quand je demande à boire :
Enfin, je vois par eux votre exemple suivi,
Et j'ai des serviteurs, et ne suis point servi.

Une pauvre servante au moins m'était restée,
Qui de ce mauvais air n'était point infectée,
Et voilà qu'on la chasse avec un grand fracas,
A cause qu'elle manque à parler Vaugelas.
Je vous le dis, ma sœur, tout ce train-là me blesse,
Car c'est, comme j'ai dit, à vous que je m'adresse.
Je n'aime point céans tous vos gens à latin,
Et principalement ce monsieur Trissotin ;
C'est lui qui, dans des vers, vous a tympanisées :
Tous les propos qu'il tient sont des billevesées.
On cherche ce qu'il dit après qu'il a parlé,
Et je lui crois, pour moi, le timbre un peu fêlé.

PHILAMINTE.

Quelle bassesse, ô ciel! et d'âme et de langage !

BÉLISE.

Est-il de petits corps un plus lourd assemblage,
Un esprit composé d'atomes plus bourgeois[1] ?
Et de ce même sang se peut-il que je sois?
Je me veux mal de mort d'être de votre race,
Et, de confusion, j'abandonne la place.

PHILAMINTE, CHRYSALE.

PHILAMINTE.

Avez-vous à lâcher encore quelque trait?

CHRYSALE.

Moi? Non. Ne parlons plus de querelle ; c'est fait.
Discourons d'autre affaire. A votre fille aînée
On voit quelque dégoût pour les nœuds d'hyménée ;
C'est une philosophe enfin, je n'en dis rien ;

---

[1] Allusion aux systèmes philosophiques de ce moment sur la composition des êtres et la formation du monde. (N. E.)

Elle est bien gouvernée, et vous faites fort bien :
Mais de tout autre humeur se trouve sa cadette
Et je crois qu'il est bon de pourvoir Henriette,
De choisir un mari.....

PHILAMINTE.

C'est à quoi j'ai songé,
Et je veux vous ouvrir l'intention que j'ai.
Ce monsieur Trissotin, dont on nous fait un crime,
Et qui n'a pas l'honneur d'être dans votre estime,
Est celui que je prends pour l'époux qu'il lui faut;
Et je sais mieux que vous juger de ce qu'il vaut.
La contestation est ici superflue,
Et de tout point chez moi l'affaire est résolue.
Au moins ne dites mot du choix de cet époux ;
Je veux à votre fille en parler avant vous.
J'ai des raisons à faire approuver ma conduite,
Et je connoîtrai bien si vous l'aurez instruite.

ARISTE, CHRYSALE.

ARISTE.

Hé bien! la femme sort, mon frère, et je vois bien
Que vous venez d'avoir ensemble un entretien.

CHRYSALE.

Oui.

ARISTE.

Quel est le succès? Aurons-nous Henriette?
A-t-elle consenti? l'affaire est-elle faite?

CHRYSALE.

Pas tout à fait encor.

ARISTE.

Refuse-t-elle ?

CHRYSALE.

Non.

ARISTE.

Est-ce qu'elle balance ?

CHRYSALE.

En aucune façon.

ARISTE.

Quoi donc ?

CHRYSALE.

C'est que pour gendre elle m'offre un autre homme.

ARISTE.

Un autre homme pour gendre !

CHRYSALE.

Un autre.

ARISTE.

Qui se nomme.

CHRYSALE.

Monsieur Trissotin.

ARISTE.

Quoi ! ce monsieur Trissotin !...

CHRYSALE.

Oui, qui parle toujours de vers et de latin.

ARISTE.

Vous l'avez accepté ?

CHRYSALE.

Moi, point : à Dieu ne plaise !

ARISTE.

Qu'avez-vous répondu ?

CHRYSALE.

Rien ; et je suis bien aise
De n'avoir point parlé, pour ne m'engager pas.

ARISTE.

La raison est fort belle, et c'est faire un grand pas.
Avez-vous su du moins lui proposer Clitandre ?

CHRYSALE.

Non ; car, comme j'ai vu qu'on parloit d'autre gendre.
J'ai cru qu'il étoit mieux de ne m'avancer point.

ARISTE.

Certes, votre prudence est rare au dernier point.
N'avez-vous point de honte, avec votre mollesse?
Et se peut-il qu'un homme ait assez de foiblesse
Pour laisser à sa femme un pouvoir absolu,
Et n'oser attaquer ce qu'elle a résolu?

CHRYSALE.

Mon Dieu! vous en parlez, mon frère, bien à l'aise,
Et vous ne savez pas comme le bruit me pèse.
J'aime fort le repos, la paix et la douceur,
Et ma femme est terrible avecque son humeur.
Du nom de philosophe elle fait grand mystère :
Mais elle n'en est pas pour cela moins colère :
Et sa morale, faite à mépriser le bien,
Sur l'aigreur de sa bile opère comme rien.
Pour peu que l'on s'oppose à ce que veut sa tête,
On en a pour huit jours d'effroyable tempête.
Elle me fait trembler dès qu'elle prend son ton ;
Je ne sais où me mettre, et c'est un vrai dragon ;
Et cependant, avec toute sa diablerie,
Il faut que je l'appelle et mon cœur et ma mie.

ARISTE.

Allez, c'est se moquer. Votre femme, entre nous,
Est, par vos lâchetés, souveraine sur vous.
Son pouvoir n'est fondé que sur votre foiblesse;
C'est de vous qu'elle prend le titre de maîtresse;
Vous-même à ses hauteurs vous vous abandonnez,
Et vous faites mener en bête par le nez.
Quoi! vous ne pouvez pas, voyant comme on nous nomme,
Vous résoudre une fois à vouloir être un homme,

A faire condescendre une femme à vos vœux,
Et prendre assez de cœur pour dire un Je le veux !
Vous laisserez, sans honte, immoler votre fille
Aux folles visions qui tiennent la famille,
Et de tout votre bien revêtir un nigaud,
Pour six mots de latin qu'il leur fait sonner haut ;
Un pédant qu'à tout coup votre femme apostrophe
Du nom de bel esprit et de grand philosophe,
D'homme qu'en vers galans jamais on n'égala,
Et qui n'est, comme on sait, rien moins que tout cela !
Allez, encore un coup, c'est une moquerie,
Et votre lâcheté mérite qu'on en rie.

CHRYSALE.

Oui, vous avez raison, et je vois que j'ai tort.
Allons, il faut enfin montrer un cœur plus fort,
Mon frère.

ARISTE.

  C'est bien dit.

CHRYSALE.

    C'est une chose infâme
Que d'être si soumis au pouvoir d'une femme.

ARISTE.

Fort bien.

CHRYSALE.

  De ma douceur elle a trop profité.

ARISTE.

Il est vrai.

CHRYSALE.

  Trop joui de ma facilité.

ARISTE.

Sans doute.

CHRYSALE.

  Et je lui veux faire aujourd'hui connoître
Que ma fille est ma fille, et que j'en suis le maître,
Pour lui prendre un mari qui soit selon mes vœux.

ARISTE.

Vous voilà raisonnable, et comme je vous veux.

CHRYSALE.

Vous êtes pour Clitandre, et savez sa demeure;
Faites-le-moi venir, mon frère, tout à l'heure.

ARISTE.

J'y cours tout de ce pas.

CHRYSALE.

C'est souffrir trop longtemps,
Et je m'en vais être homme à la barbe des gens.

DEUXIÈME FRAGMENT.

PHILAMINTE, ARMANDE, BÉLISE, TRISSOTIN, LÉPINE.

PHILAMINTE.

Ah! mettons-nous ici pour écouter à l'aise
Ces vers que mot à mot il est besoin qu'on pèse.

ARMANDE.

Je brûle de les voir.

BÉLISE.

Et l'on s'en meurt chez nous.

PHILAMINTE, à Trissotin.

Ce sont charmes pour moi, que ce qui part de vous.

ARMANDE.

Ce m'est une douceur à nulle autre pareille.

BÉLISE.

Ce sont repas friands qu'on donne à mon oreille.

PHILAMINTE.

Ne faites point languir de si pressans désirs.

ARMANDE.

Dépêchez.

BÉLISE.

Faites tôt, et hâtez nos plaisirs.

PHILAMINTE.

A notre impatience offrez votre épigramme.

TRISSOTIN, à Philaminte.

Hélas! c'est un enfant tout nouveau-né, madame;
Son sort assurément a lieu de vous toucher,
Et c'est dans votre cœur que j'en viens d'accoucher.

PHILAMINTE.

Pour me le rendre cher, il suffit de son père.

TRISSOTIN.

Votre approbation lui peut servir de mère.

BÉLISE.

Qu'il a d'esprit!

HENRIETTE, PHILAMINTE, BÉLISE, ARMANDE,
TRISSOTIN, LÉPINE.

PHILAMINTE, à Henriette, qui veut se retirer.

Holà! pourquoi donc fuyez-vous?

HENRIETTE.

C'est de peur de troubler un entretien si doux.

PHILAMINTE.

Approchez, et venez, de toutes vos oreilles,
Prendre part au plaisir d'entendre des merveilles.

HENRIETTE.

Je sais peu les beautés de tout ce qu'on écrit,
Et ce n'est pas mon fait que les choses d'esprit.

PHILAMINTE.

Il n'importe : aussi bien ai-je à vous dire ensuite
Un secret dont il faut que vous soyez instruite.

TRISSOTIN, à Henriette.

Les sciences n'ont rien qui vous puisse enflammer,
Et vous ne vous piquez que de savoir charmer.

HENRIETTE.

Aussi peu l'un que l'autre, et je n'ai nulle envie...

BÉLISE.

Ah! songeons à l'enfant nouveau-né, je vous prie.

PHILAMINTE, à Lépine.

Allons, petit garçon, vite de quoi s'asseoir.
(Lepine se laisse tomber.)
Voyez l'impertinent! Est-ce que l'on doit choir,
Après avoir appris l'équilibre des choses?

BÉLISE.

De ta chute, ignorant, ne vois-tu pas les causes,
Et qu'elle vient d'avoir, du point fixe, écarté
Ce que nous appelons centre de gravité?

LÉPINE.

Je m'en suis aperçu, madame, étant par terre.

PHILAMINTE, à Lepine, qui sort.

Le lourdaud!

TRISSOTIN.

Bien lui prend de n'être pas de verre.

ARMANDE.

Ah! de l'esprit partout!

BÉLISE.

Cela ne tarit pas.
(Ils s'asseyent.)

PHILAMINTE.

Servez-nous promptement votre aimable repas.

TRISSOTIN.

Pour cette grande faim qu'à mes yeux on expose,
Un plat seul de huit vers me semble peu de chose;
Et je pense qu'ici je ne ferai pas mal
De joindre à l'épigramme, ou bien au madrigal,
Le ragoût d'un sonnet qui, chez une princesse,
A passé pour avoir quelque délicatesse.
Il est de sel attique assaisonné partout,
Et vous le trouverez, je crois d'assez bon goût.

ARMANDE.

Ah! je n'en doute point.

PHILAMINTE.

Donnons vite audience.

BÉLISE, *interrompant Trissotin chaque fois qu'il se dispose à lire.*

Je sens d'aise mon cœur tressaillir par avance.
J'aime la poésie avec entêtement,
Et surtout quand les vers sont tournés galamment.

PHILAMINTE.

Si nous parlons toujours, il ne pourra rien dire.

TRISSOTIN.

So....

BÉLISE, *à Henriette.*

Silence, ma nièce.

ARMANDE.

Ah! laissez-le donc lire

TRISSOTIN.

SONNET A LA PRINCESSE URANIE SUR SA FIÈVRE[1].

Votre prudence est endormie,
De traiter magnifiquement,
Et de loger superbement
Votre plus cruelle ennemie.

BÉLISE.

Ah! le joli début!

ARMANDE.

Qu'il a le tour galant!

PHILAMINTE.

Lui seul des vers aisés possède le talent.

ARMANDE.

A *prudence endormie* il faut rendre les armes.

BÉLISE.

Loger son ennemie est pour moi plein de charmes.

PHILAMINTE.

J'aime *superbement* et *magnifiquement;*
Ces deux adverbes joints font admirablement!

BÉLISE.

Prêtons l'oreille au reste.

TRISSOTIN.

Votre prudence est endormie,
De traiter magnifiquement,
Et de loger superbement
Votre plus cruelle ennemie.

ARMANDE.

Prudence endormie!

---

[1] Ce sonnet, est tiré des *OEuvres galantes en prose et en vers* de M. Cotin, Étienne Loyson, Paris, 1663. Il a pour titre: « *Sonnet à Mademoiselle de Longueville, à présent duchesse de Nemours, sur sa fièvre quarte.* »

BÉLISE.

Loger son ennemie !

PHILAMINTE.

Superbement et *magnifiquement !*

TRISSOTIN.

Faites-la sortir, quoi qu'on die,
De votre riche appartement,
Où cette ingrate insolemment
Attaque votre belle vie.

BÉLISE.

Ah ! tout doux ! laissez-moi, de grâce, respirer.

ARMANDE.

Donnez-nous, s'il vous plaît, le loisir d'admirer.

PHILAMINTE.

On se sent, à ces vers, jusques au fond de l'âme,
Couler je ne sais quoi qui fait que l'on se pâme.

ARMANDE.

Faites-la sortir, quoi qu'on die,
De votre riche appartement.

Que *riche appartement* est là joliment dit !
Et que la métaphore est mise avec esprit !

PHILAMINTE.

Faites-la sortir, quoi qu'on die.

Ah ! que ce *quoi qu'on die* est d'un goût admirable !
C'est, à mon sentiment, un endroit impayable.

ARMANDE.

De *quoi qu'on die* aussi mon cœur est amoureux.

BÉLISE.

Je suis de votre avis, *quoi qu'on die* est heureux.

ARMANDE.

Je voudrois l'avoir fait.

BÉLISE.

Il vaut toute une pièce.

PHILAMINTE.

Mais en comprend-on bien, comme moi, la finesse?

ARMANDE ET BÉLISE.

Oh! oh!

PHILAMINTE.

Faites-la sortir, quoi qu'on die.

Que de la fièvre on prenne ici les intérêts,
N'ayez aucun égard, moquez-vous des caquets.

Faites-la sortir, quoi qu'on die;
Quoi qu'on die, quoi qu'on die.

Ce *quoi qu'on die* en dit beaucoup plus qu'il ne semble;
Je ne sais pas, pour moi, si chacun me ressemble;
Mais j'entends là-dessous un million de mots.

BÉLISE.

Il est vrai qu'il dit plus de choses qu'il n'est gros.

PHILAMINTE, à Trissotin.

Mais, quand vous avez fait ce charmant *quoi qu'on die*,
Avez-vous compris, vous, toute son énergie?
Songiez-vous bien vous-même à tout ce qu'il nous dit,
Et pensiez-vous alors y mettre tant d'esprit?

TRISSOTIN.

Hai! hai!

ARMANDE.

J'ai fort aussi l'*ingrate* dans la tête;
Cette ingrate de fièvre, injuste, malhonnête,
Qui traite mal les gens qui la logent chez eux.

PHILAMINTE.

Enfin, les quatrains sont admirables tous deux.
Venons-en promptement aux tiercets, je vous prie.

ARMANDE.

Ah! s'il vous plaît, encore une fois *quoi qu'on die*.

TRISSOTIN,

Faites-la sortir, quoi qu'on die,

PHILAMINTE, ARMANDE ET BÉLISE.

Quoi qu'on die !

TRISSOTIN.

De votre riche appartement,

PHILAMINTE, ARMANDE ET BÉLISE.

Riche appartement !

TRISSOTIN.

Où cette ingrate insolemment

PHILAMINTE, ARMANDE ET BÉLISE.

Cette *ingrate* de fièvre !

TRISSOTIN.

Attaque votre belle vie.

PHILAMINTE.

Votre belle vie !

ARMANDE ET BÉLISE.

Ah !

TRISSOTIN.

Quoi ? sans respecter votre rang,
Elle se prend à votre sang,

PHILAMINTE, ARMANDE ET BÉLISE.

Ah !

TRISSOTIN.

Et nuit et jour vous fait outrage !
Si vous la conduisez aux bains,
Sans la marchander davantage,
Noyez-la de vos propres mains.

PHILAMINTE.

On n'en peut plus.

BÉLISE.

On pâme.

ARMANDE.
On se meurt de plaisir.

PHILAMINTE.
De mille doux frissons vous vous sentez saisir.

ARMANDE.
Si vous la conduisez aux bains,

BÉLISE.
Sans la marchander davantage,

PHILAMINTE.
Noyez-la de vos propres mains.
De vos propres mains, là, noyez-la dans les bains.

ARMANDE.
Chaque pas dans vos vers rencontre un trait charmant.

BÉLISE.
Partout on s'y promène avec ravissement.

PHILAMINTE.
On n'y sauroit marcher que sur de belles choses.

ARMANDE.
Ce sont petits chemins tout parsemés de roses.

TRISSOTIN.
Le sonnet donc vous semble.....

PHILAMINTE.
Admirable, nouveau;
Et personne jamais n'a rien fait de si beau.

BÉLISE, à Henriette.
Quoi! sans émotion pendant cette lecture!
Vous faites là, ma nièce, une étrange figure!

HENRIETTE.
Chacun fait ici-bas la figure qu'il peut,
Ma tante; et bel esprit, il ne l'est pas qui veut.

TRISSOTIN.

Peut-être que mes vers importunent madame.

HENRIETTE.

Point. Je n'écoute pas.

ARMANDE.

Ah! voyons l'épigramme.

PHILAMINTE.

Je ne sais, du moment que je vous ai connu,
Si, sur votre sujet, j'eus l'esprit prévenu,
Mais j'admire partout vos vers et votre prose.

TRISSOTIN, à Philaminte.

Si vous vouliez de vous nous montrer quelque chose,
A notre tour aussi nous pourrions admirer.

PHILAMINTE.

Je n'ai rien fait en vers ; mais j'ai lieu d'espérer
Que je pourrai bientôt vous montrer, en amie,
Huit chapitres du plan de notre académie.
Platon s'est au projet simplement arrêté
Quand de sa République il a fait le traité ;
Mais à l'effet entier je veux pousser l'idée
Que j'ai sur le papier en prose accommodée.
Car enfin, je me sens un étrange dépit
Du tort que l'on nous fait du côté de l'esprit;
Et je veux nous venger, toutes tant que nous sommes,
De cette indigne classe où nous rangent les hommes,
De borner nos talents à des futilités,
Et nous fermer la porte aux sublimes clartés.

ARMANDE.

C'est faire à notre sexe une trop grande offense
De n'étendre l'effort de notre intelligence
Qu'à juger d'une jupe, et de l'air d'un manteau,
Ou des beautés d'un point, ou d'un brocart nouveau.

BÉLISE.

Il faut se relever de ce honteux partage,
Et mettre hautement notre esprit hors de page.

TRISSOTIN.

Pour les dames on sait mon respect en tous lieux;
Et, si je rends hommage aux brillans de leurs yeux,
De leur esprit aussi j'honore les lumières.

PHILAMINTE.

Le sexe aussi vous rend justice en ces matières;
Mais nous voulons montrer à de certains esprits
Dont l'orgueilleux savoir nous traite avec mépris,
Que de science aussi les femmes sont meublées;
Qu'on peut faire, comme eux, de doctes assemblées,
Conduites en cela par des ordres meilleurs;
Qu'on y veut réunir ce qu'on sépare ailleurs,
Mêler le beau langage et les hautes sciences,
Découvrir la nature en mille expériences;
Et, sur les questions qu'on pourra proposer
Faire entrer chaque secte, et n'en point épouser.

TRISSOTIN.

Je m'attache pour l'ordre au péripatétisme.

PHILAMINTE.

Pour les abstractions, j'aime le platonisme.

ARMANDE.

Epicure me plaît, et ses dogmes sont forts.

BÉLISE.

Je m'accommode assez, pour moi, des petits corps;
Mais le vide à souffrir me semble difficile,
Et je goûte bien mieux la matière subtile.

TRISSOTIN.

Descartes, pour l'aimant, donne fort dans mon sens.

ARMANDE.

J'aime ses tourbillons.

PHILAMINTE.

Moi, ses mondes tombans.

ARMANDE.

Il me tarde de voir notre assemblée ouverte,
Et de nous signaler par quelque découverte.

TRISSOTIN.

On en attend beaucoup de vos vives clartés,
Et pour vous la nature a peu d'obscurités.

PHILAMINTE.

Pour moi, sans me flatter, j'en ai déjà fait une,
Et j'ai vu clairement des hommes dans la lune.

BÉLISE.

Je n'ai point encor vu d'hommes, comme je crois,
Mais j'ai vu des clochers tout comme je vous vois.

ARMANDE.

Nous approfondirons, ainsi que la physique,
Grammaire, histoire, vers, morale et politique.

PHILAMINTE.

La morale a des traits dont mon cœur est épris,
Et c'étoit autrefois l'amour des grands esprits;
Mais aux stoïciens je donne l'avantage,
Et je ne trouve rien de si beau que leur sage.

ARMANDE.

Pour la langue, on verra dans peu nos règlemens,
Et nous y prétendons faire des remuemens.
Par une antipathie, ou juste, ou naturelle,
Nous avons pris chacune une haine mortelle
Pour un nombre de mots, soit ou verbes, ou noms,
Que mutuellement nous nous abandonnons :
Contre eux nous préparons de mortelles sentences,
Et nous devons ouvrir nos doctes conférences
Par les proscriptions de tous ces mots divers,
Dont nous voulons purger et la prose et les vers.

PHILAMINTE.

Mais le plus beau projet de notre académie,
Une entreprise noble, et dont je suis ravie,
Un dessein plein de gloire, et qui sera vanté
Chez tous les beaux esprits de la postérité,
C'est le retranchement de ces syllabes sales,
Qui, dans les plus beaux mots, produisent des scandales,
Ces jouets éternels des sots de tous les temps;
Ces fades lieux communs de nos méchans plaisans;
Ces sources d'un amas d'équivoques infâmes,
Dont on vient faire insulte à la pudeur des femmes.

TRISSOTIN.

Voilà certainement d'admirables projets!

BÉLISE.

Vous verrez nos statuts quand ils seront tous faits.

TRISSOTIN.

Ils ne sauroient manquer d'être tous beaux et sages.

ARMANDE.

Nous serons, par nos lois, les juges des ouvrages;
Par nos lois, prose et vers, tout nous sera soumis :
Nul n'aura de l'esprit, hors nous et nos amis.
Nous chercherons partout à trouver à redire,
Et ne verrons que nous qui sachent bien écrire.

PHILAMINTE, BÉLISE, ARMANDE, HENRIETTE,
TRISSOTIN, LÉPINE.

LÉPINE, à Trissotin.

Monsieur, un homme est là, qui veut parler à vous;
Il est vêtu de noir, et parle d'un ton doux.

(Ils se lèvent.)

TRISSOTIN

C'est cet ami savant qui m'a fait tant d'instance
De lui donner l'honneur de votre connoissance.

PHILAMINTE.

Pour le faire venir vous avez tout crédit.

(Trissotin va au-devant de Vadius.)

PHILAMINTE, BÉLISE, ARMANDE, HENRIETTE.

PHILAMINTE, à Armande et à Bélise.

Faisons bien les honneurs au moins de notre esprit.
(A Henriette qui veut sortir.)
Holà ! Je vous ai dit, en paroles bien claires,
Que j'ai besoin de vous.

HENRIETTE.

Mais pour quelles affaires?

PHILAMINTE.

Venez; on va dans peu vous les faire savoir.

TRISSOTIN, VADIUS, PHILAMINTE, BÉLISE, ARMANDE, HENRIETTE.

TRISSOTIN, présentant Vadius.

Voici l'homme qui meurt du désir de vous voir;
En vous le produisant, je ne crains point le blâme
D'avoir admis chez vous un profane, madame;
Il peut tenir son coin parmi de beaux esprits.

PHILAMINTE.

La main qui le présente en dit assez le prix.

TRISSOTIN.

Il a des vieux auteurs la pleine intelligence,
Et sait du grec, madame, autant qu'homme de France.

PHILAMINTE, à Bélise.

Du grec, ô ciel ! du grec ! Il sait du grec, ma sœur !

BÉLISE, à Armande.

Ah ! ma nièce, du grec !

ARMANDE.

Du grec! quelle douceur!

VADIUS.

Je crains d'être fâcheux, par l'ardeur qui m'engage
A vous rendre aujourd'hui, madame, mon hommage;
Et j'aurai pu troubler quelque docte entretien.

PHILAMINTE.

Monsieur, avec du grec on ne peut gâter rien.

TRISSOTIN.

Au reste, il fait merveille en vers ainsi qu'en prose.
Et pourroit, s'il vouloit, vous montrer quelque chose.

VADIUS.

Le défaut des auteurs, dans leurs productions,
C'est d'en tyranniser les conversations;
D'être au Palais, au Cours, aux ruelles, aux tables,
De leurs vers fatigans lecteurs infatigables.
Pour moi, je ne vois rien de plus sot, à mon sens,
Qu'un auteur qui partout va gueuser des encens,
Qui, des premiers venus saisissant les oreilles,
En fait le plus souvent les martyrs de ses veilles.
On ne m'a jamais vu ce fol entêtement;
Et d'un Grec, là-dessus, je suis le sentiment.

TRISSOTIN.

Vos vers ont des beautés que n'ont point tous les autres.

VADIUS.

Les Grâces et Vénus règnent dans tous les vôtres.

TRISSOTIN.

Vous avez le tour libre, et le beau choix des mots.

VADIUS.

On voit partout chez vous l'*ithos* et le *pathos*.

TRISSOTIN.

Nous avons vu de vous des églogues d'un style
Qui passe en doux attraits Théocrite et Virgile.

VADIUS.

Vos odes ont un air noble, galant et doux,
Qui laisse de bien loin votre Horace après vous.

TRISSOTIN.

Aux ballades surtout vous êtes admirable.

VADIUS.

Et dans les bouts-rimés je vous trouve adorable.

TRISSOTIN.

Si la France pouvoit connoître votre prix,

VADIUS.

Si le siècle rendoit justice aux beaux esprits,

TRISSOTIN.

En carrosse doré vous iriez par les rues.

VADIUS.

On verroit le public vous dresser des statues.
(A Trissotin.)
Hom! C'est une ballade, et je veux que tout net
Vous m'en.....

TRISSOTIN, à Vadius.

Avez-vous vu certain petit sonnet
Sur la fièvre qui tient la princesse Uranie?

VADIUS.

Oui; hier il me fut lu dans une compagnie.

TRISSOTIN.

Vous en savez l'auteur?

VADIUS.

Non; mais je sais fort bien
Qu'à ne le point flatter, son sonnet ne vaut rien.

TRISSOTIN.

Beaucoup de gens pourtant le trouvent admirable.

VADIUS.

Cela n'empêche pas qu'il ne soit misérable;
Et, si vous l'avez vu, vous serez de mon goût.

TRISSOTIN.

Je sais que là-dessus je n'en suis point du tout,
Et que d'un tel sonnet peu de gens sont capables.

VADIUS.

Me préserve le ciel d'en faire de semblables!

TRISSOTIN.

Je soutiens qu'on ne peut en faire de meilleur;
Et ma grande raison, c'est que j'en suis l'auteur.

VADIUS.

Vous?

TRISSOTIN.

Moi.

VADIUS.

Je ne sais donc comment se fit l'affaire.

TRISSOTIN.

C'est qu'on fut malheureux de ne pouvoir vous plaire.

VADIUS.

Il faut qu'en écoutant j'aie eu l'esprit distrait,
Ou bien que le lecteur m'ait gâté le sonnet.
Mais laissons ce discours, et voyons ma ballade.

TRISSOTIN.

La ballade, à mon goût, est une chose fade :
Ce n'en est plus la mode; elle sent son vieux temps.

VADIUS.

La ballade pourtant charme beaucoup de gens.

TRISSOTIN.

Cela n'empêche pas qu'elle ne me déplaise.

VADIUS.

Elle n'en reste pas pour cela plus mauvaise.

TRISSOTIN.

Elle a pour les pédans de merveilleux appas.

VADIUS.

Cependant nous voyons qu'elle ne vous plaît pas.

TRISSOTIN.

Vous donnez sottement vos qualités aux autres.

(Ils se lèvent tous.)

VADIUS.

Fort impertinemment vous me jetez les vôtres.

TRISSOTIN.

Allez, petit grimaud, barbouilleur de papier.

VADIUS.

Allez, rimeur de balle[1], opprobre du métier.

TRISSOTIN.

Allez, fripier d'écrits, impudent plagiaire.

VADIUS.

Allez, cuistre.

PHILAMINTE.

Eh! messieurs, que prétendez-vous faire?

TRISSOTIN, à Vadius.

Va, va restituer tous les honteux larcins
Que réclament sur toi les Grecs et les Latins.

VADIUS.

Va, va-t'en faire amende honorable au Parnasse,
D'avoir fait à tes vers estropier Horace.

TRISSOTIN.

Souviens-toi de ton livre, et de son peu de bruit.

VADIUS.

Et toi, de ton libraire à l'hôpital réduit.

TRISSOTIN.

Ma gloire est établie; en vain tu la déchires.

---

[1] Rimeur sans prix, sans talent, comme on disait *marchandise de balle*.

VADIUS.

Oui, oui, je te renvoie à l'auteur des *Satires*.

TRISSOTIN.

Je t'y renvoie aussi.

VADIUS.

J'ai le contentement
Qu'on voit qu'il m'a traité plus honorablement.
Il me donne en passant une atteinte légère
Parmi plusieurs auteurs qu'au Palais on révère;
Mais jamais dans ses vers il ne te laisse en paix,
Et l'on t'y voit partout être en butte à ses traits.

TRISSOTIN.

C'est par là que j'y tiens un rang plus honorable.
Il te met dans la foule ainsi qu'un misérable;
Il croit que c'est assez d'un coup pour t'accabler,
Et ne t'a jamais fait l'honneur de redoubler.
Mais il m'attaque à part comme un noble adversaire
Sur qui tout son effort lui semble nécessaire;
Et ses coups, contre moi redoublés en tous lieux,
Montrent qu'il ne se croit jamais victorieux.

VADIUS.

Ma plume t'apprendra quel homme je puis être.

TRISSOTIN.

Et la mienne saura te faire voir ton maître.

VADIUS.

Je te défie en vers, prose, grec et latin.

TRISSOTIN.

Eh bien! nous nous verrons seul à seul chez Barbin[1].

---

[1] Libraire fameux.

TROISIÈME FRAGMENT.

TRISSOTIN, PHILAMINTE, ARMANDE, CLITANDRE.

TRISSOTIN, à Philaminte.

Je viens vous annoncer une grande nouvelle.
Nous l'avons en dormant, madame, échappé belle.
Un monde près de nous a passé tout du long,
Est chu tout au travers de notre tourbillon;
Et, s'il eût en chemin rencontré notre terre,
Elle eût été brisée en morceaux comme verre.

PHILAMINTE.

Remettons ce discours pour une autre saison;
Monsieur n'y trouveroit ni rime ni raison;
Il fait profession de chérir l'ignorance,
Et de haïr, surtout, l'esprit et la science.

CLITANDRE.

Cette vérité veut quelque adoucissement.
Je m'explique, madame; et je hais seulement
La science et l'esprit qui gâtent les personnes.
Ce sont choses, de soi, qui sont belles et bonnes;
Mais j'aimerois mieux être au rang des ignorans,
Que de me voir savant comme certaines gens.

TRISSOTIN.

Pour moi, je ne tiens pas, quelque effet qu'on suppose,
Que la science soit pour gâter quelque chose.

CLITANDRE.

Et c'est mon sentiment qu'en faits comme en propos,
La science est sujette à faire de grands sots.

TRISSOTIN.

Le paradoxe est fort.

CLITANDRE.

Sans être fort habile,
La preuve m'en seroit, je pense, assez facile.
Si les raisons manquoient, je suis sûr qu'en tout cas
Les exemples fameux ne me manqueroient pas.

TRISSOTIN.

Vous en pourriez citer qui ne concluroient guère.

CLITANDRE.

Je n'irois pas bien loin pour trouver mon affaire.

TRISSOTIN.

Pour moi, je ne vois pas ces exemples fameux.

CLITANDRE.

Moi, je les vois si bien, qu'ils me crèvent les yeux.

TRISSOTIN.

J'ai cru jusques ici que c'étoit l'ignorance
Qui faisoit les grands sots, et non pas la science.

CLITANDRE.

Vous avez cru fort mal, et je vous suis garant
Qu'un sot savant est sot plus qu'un sot ignorant.

TRISSOTIN.

Le sentiment commun est contre vos maximes,
Puisque ignorant et sot sont termes synonymes.

CLITANDRE.

Si vous le voulez prendre aux usages du mot,
L'alliance est plus grande entre pédant et sot.

TRISSOTIN.

La sottise, dans l'un, se fait voir toute pure.

CLITANDRE.

Et l'étude, dans l'autre, ajoute à la nature.

TRISSOTIN.

Le savoir garde en soi son mérite éminent.

CLITANDRE.

Le savoir, dans un fat, devient impertinent.

TRISSOTIN.

Il faut que l'ignorance ait pour vous de grands charmes,
Puisque pour elle ainsi vous prenez tant les armes.

CLITANDRE.

Si pour moi l'ignorance a des charmes bien grands,
C'est depuis qu'à mes yeux s'offrent certains savants.

TRISSOTIN.

Ces certains savants-là peuvent, à les connoître,
Valoir certaines gens que nous voyons paroître.

CLITANDRE.

Oui, si l'on s'en rapporte à ces certains savants;
Mais on n'en convient pas chez ces certaines gens.

PHILAMINTE, à Clitandre.

Il me semble, monsieur....

CLITANDRE.

Hé ! madame, de grâce;
Monsieur est assez fort, sans qu'à son aide on passe :
Je n'ai déjà que trop d'un si rude assaillant;
Et, si je me défends, ce n'est qu'en reculant.

ARMANDE.

Mais l'offensante aigreur de chaque repartie
Dont vous....

CLITANDRE.

Autre second? Je quitte la partie.

PHILAMINTE.

On souffre aux entretiens ces sortes de combats,
Pourvu qu'à la personne on ne s'attaque pas.

CLITANDRE.

Hé ! mon Dieu ! tout cela n'a rien dont il s'offense.
Il entend raillerie autant qu'homme de France ;
Et de bien d'autres traits il s'est senti piquer,
Sans que jamais sa gloire ait fait que s'en móquer.

TRISSOTIN.

Je ne m'étonne pas, au combat que j'essuie,
De voir prendre à monsieur la thèse qu'il appuie ;
Il est fort enfoncé dans la cour, c'est tout dit :
La cour, comme l'on sait, ne tient pas pour l'esprit ;
Elle a quelque intérêt d'appuyer l'ignorance,
Et c'est en courtisan qu'il en prend la défense.

CLITANDRE.

Vous en voulez beaucoup à cette pauvre cour,
Et son malheur est grand de voir que, chaque jour,
Vous autres, beaux esprits, vous déclamiez contre elle ;
Que de tous vos chagrins vous lui fassiez querelle ;
Et, sur son méchant goût lui faisant son procès,
N'accusiez que lui seul de vos méchants succès.
Permettez-moi, monsieur Trissotin, de vous dire,
Avec tout le respect que votre nom m'inspire,
Que vous feriez fort bien, vos confrères et vous,
De parler de la cour d'un ton un peu plus doux :
Qu'à le bien prendre, au fond, elle n'est pas si bête
Que, vous autres, messieurs, vous vous mettez en tête ;
Qu'elle a du sens commun pour se connoître à tout,
Que chez elle on se peut former quelque bon goût,
Et que l'esprit du monde y vaut, sans flatterie,
Tout le savoir obscur de la pédanterie.

TRISSOTIN.

De son bon goût, monsieur, nous voyons des effets.

CLITANDRE.

Où voyez-vous, monsieur, qu'elle l'ait si mauvais ?

TRISSOTIN.

Ce que je vois, monsieur? C'est que pour la science,
Rasius et Baldus font honneur à la France;
Et que tout leur mérite, exposé fort au jour,
N'attire point les yeux et les dons de la cour.

CLITANDRE.

Je vois votre chagrin, et que, par modestie,
Vous ne vous mettez point, monsieur, de la partie;
Et, pour ne vous point mettre aussi dans le propos,
Que font-ils pour l'État, vos habiles héros?
Qu'est-ce que leurs écrits lui rendent de service,
Pour accuser la cour d'une horrible injustice,
Et se plaindre en tous lieux que sur leurs doctes noms
Elle manque à verser la faveur de ses dons?
Leur savoir à la France est beaucoup nécessaire,
Et des livres qu'ils font la cour a bien affaire!
Il semble à trois gredins, dans leur petit cerveau,
Que pour être imprimés et reliés en veau,
Les voilà dans l'Etat d'importantes personnes;
Qu'avec leur plume ils font les destins des couronnes;
Qu'au moindre petit bruit de leurs productions,
Ils doivent voir chez eux voler les pensions;
Que sur eux l'univers a la vue attachée,
Que partout de leur nom la gloire est épanchée;
Et qu'en science ils sont des prodiges fameux,
Pour savoir ce qu'ont dit les autres avant eux,
Pour avoir eu trente ans des yeux et des oreilles,
Pour avoir employé neuf ou dix mille veilles
A se bien barbouiller de grec et de latin,
Et se charger l'esprit d'un ténébreux butin
De tous les vieux fatras qui traînent dans les livres.
Gens qui de leur savoir paroissent toujours ivres;
Riches, pour tout mérite, en babil importun;
Inhabiles à tout, vides de sens commun,

Et pleins d'un ridicule et d'une impertinence
A décrier partout l'esprit et la science

PHILAMINTE.

Votre chaleur est grande ; et cet emportement
De la nature en vous marque le mouvement.
C'est le nom de rival, qui dans votre âme excite....

TRISSOTIN, PHILAMINTE, CLITANDRE, ARMANDE, JULIEN.

JULIEN.

Le savant qui tantôt vous a rendu visite,
Et de qui j'ai l'honneur de me voir le valet,
Madame, vous exhorte à lire ce billet.

PHILAMINTE.

Quelque important que soit ce qu'on veut que je lise,
Apprenez, mon ami, que c'est une sottise
De se venir jeter au travers d'un discours ;
Et qu'aux gens d'un logis il faut avoir recours,
Afin de s'introduire en valet qui sait vivre.

JULIEN.

Je noterai cela, madame, dans mon livre.

PHILAMINTE, lisant.

« *Trissotin s'est vanté, madame, qu'il épouseroit votre fille. Je vous donne avis que sa philosophie n'en veut qu'à vos richesses, et que vous ferez bien de ne point conclure ce mariage, que vous n'ayez vu le poëme que je compose contre lui. En attendant cette peinture, où je prétends vous le dépeindre de toutes ses couleurs, je vous envoie Horace, Virgile, Térence et Catulle, où vous verrez notés en marge tous les endroits qu'il a pillés.* »

Voilà, sur cet hymen que je me suis promis,
Un mérite attaqué de beaucoup d'ennemis ;

Et ce déchaînement aujourd'hui me convie
A faire une action qui confonde l'envie;
Qui lui fasse sentir que l'effort qu'elle fait,
De ce qu'elle veut rompre, aura pressé l'effet.
(A Julien.)
Reportez tout cela sur l'heure à votre maître,
Et lui dites qu'afin de lui faire connoître
Quel grand état je fais de ses nobles avis,
Et comme je les crois dignes d'être suivis,
(Montrant Trissotin.)
Dès ce soir, à monsieur je marierai ma fille.

QUATRIÈME FRAGMENT.

PHILAMINTE, BÉLISE, ARMANDE, TRISSOTIN, UN NOTAIRE,
CHRYSALE, CLITANDRE, HENRIETTE, MARTINE.

PHILAMINTE, au notaire.

Vous ne sauriez changer votre style sauvage,
Et nous faire un contrat qui soit en beau langage?

LE NOTAIRE.

Notre style est très-bon, et je serois un sot,
Madame, de vouloir y changer un seul mot.

BÉLISE.

Ah! quelle barbarie au milieu de la France!
Mais au moins, en faveur, monsieur, de la science,
Veuillez, au lieu d'écus, de livres et de francs,
Nous exprimer la dot en mines et talens;
Et dater par les mots d'ides et de calendes

LE NOTAIRE.

Moi? Si j'allois, madame, accorder vos demandes,
Je me ferois siffler de tous mes compagnons.

PHILAMINTE.

De cette barbarie en vain nous nous plaignons.
Allons, monsieur, prenez la table pour écrire.
(Apercevant Martine.)
Ah! ah! cette impudente ose encor se produire!
Pourquoi donc, s'il vous plaît, la ramener chez moi?

CHRYSALE.

Tantôt avec loisir on vous dira pourquoi :
Nous avons maintenant autre chose à conclure.

LE NOTAIRE.

Procédons au contrat. Où donc est la future?

PHILAMINTE.

Celle que je marie est la cadette.

LE NOTAIRE.

Bon.

CHRYSALE, montrant Henriette.

Oui, la voilà, monsieur : Henriette est son nom.

LE NOTAIRE.

Fort bien. Et le futur?

PHILAMINTE, montrant Trissotin.

L'époux que je lui donne
Est monsieur.

CHRYSALE, montrant Clitandre.

Et celui, moi, qu'en propre personne
Je prétends qu'elle épouse, est monsieur.

LE NOTAIRE.

Deux époux!
C'est trop pour la coutume.

PHILAMINTE, au notaire.

Où vous arrêtez-vous?
Mettez, mettez, monsieur, Trissotin pour mon gendre.

CHRYSALE.

Pour mon gendre mettez, mettez, monsieur, Clitandre.

LE NOTAIRE.

Mettez-vous donc d'accord, et, d'un jugement mûr,
Voyez à convenir entre vous du futur.

PHILAMINTE.

Suivez, suivez, monsieur, le choix où je m'arrête.

CHRYSALE.

Faites, faites, monsieur, les choses à ma tête.

LE NOTAIRE.

Dites-moi donc à qui j'obéirai des deux.

PHILAMINTE, à Chrysale.

Quoi donc? Vous combattrez les choses que je veux!

CHRYSALE.

Je ne saurois souffrir qu'on ne cherche ma fille
Que pour l'amour du bien qu'on voit dans ma famille.

PHILAMINTE.

Vraiment, à votre bien on songe bien ici,
Et c'est là, pour un sage, un fort digne souci!

CHRYSALE.

Enfin, pour son époux, j'ai fait choix de Clitandre.

PHILAMINTE.

(Montrant Trissotin.)

Et moi, pour son époux, voici qui je veux prendre.
Mon choix sera suivi, c'est un point résolu.

CHRYSALE.

Ouais! Vous le prenez là d'un ton bien absolu.

MARTINE.

Ce n'est point à la femme à prescrire, et je sommes
Pour céder le dessus en toute chose aux hommes.

CHRYSALE.

C'est bien dit.

MARTINE.

Mon congé cent fois me fût-il hoc,
La poule ne doit point chanter devant le coq.

CHRYSALE.

Sans doute.

MARTINE.

Et nous voyons que d'un homme on se gausse,
Quand sa femme chez lui, porte le haut-de-chausse.

CHRYSALE.

Il est vrai.

MARTINE.

Si j'avois un mari, je le dis,
Je voudrois qu'il se fît le maître du logis.

CHRYSALE.

C'est parler comme il faut.

MARTINE.

Monsieur est raisonnable,
De vouloir pour sa fille un mari convenable.

CHRYSALE.

Oui.

MARTINE.

Ne voulant savoir le grais ni le latin,
Elle n'a pas besoin de monsieur Trissotin.

CHRYSALE.

Fort bien.

PHILAMINTE.

Il faut souffrir qu'elle jase à son aise.

MARTINE.

Les savans ne sont bons que pour prêcher en chaise ;
Et, pour mon mari, moi, mille fois je l'ai dit,
Je ne voudrois jamais prendre un homme d'esprit.
L'esprit n'est point du tout ce qu'il faut en ménage.
Les livres cadrent mal avec le mariage.

PHILAMINTE, à Chrysale.

Est-ce fait? et, sans trouble, ai-je assez écouté
Votre digne interprète?

CHRYSALE.

Elle a dit vérité.

PHILAMINTE.

Et moi, pour trancher court toute cette dispute,
Il faut qu'absolument mon désir s'exécute.
(Montrant Trissotin.)
Henriette et monsieur seront joints de ce pas.
Je l'ai dit, je le veux : ne me répliquez pas ;
Et, si votre parole à Clitandre est donnée,
Offrez-lui le parti d'épouser son aînée.

CHRYSALE.

Voilà dans cette affaire un accommodement.
(A Henriette et à Clitandre.)
Voyez ; y donnez-vous votre consentement?

ARISTE, CHRYSALE, PHILAMINTE, BÉLISE, HENRIETTE, ARMANDE,
TRISSOTIN, UN NOTAIRE, CLITANDRE, MARTINE.

ARISTE.

J'ai regret de troubler un mystère joyeux
Par le chagrin qu'il faut que j'apporte en ces lieux.
Ces deux lettres me font porteur de deux nouvelles
Dont j'ai senti pour vous les atteintes cruelles ;
(A Philaminte.)

L'une, pour vous, me vient de votre procureur,
(A Chrysale.)
L'autre, pour vous, me vient de Lyon.

PHILAMINTE.

Quel malheur,
Digne de nous troubler, pourroit-on nous écrire?

ARISTE.

Cette lettre en contient un que vous pouvez lire.

PHILAMINTE.

« *Madame, j'ai prié monsieur votre frère de vous rendre cette lettre, qui vous dira ce que je n'ai osé vous aller dire. La grande négligence que vous avez pour vos affaires a été cause que le clerc de votre rapporteur ne m'a point averti, et vous avez perdu absolument votre procès que vous deviez gagner.* »

CHRYSALE, à Philaminte.

Votre procès perdu !

PHILAMINTE, à Chrysale.

Vous vous troublez beaucoup !
Mon cœur n'est point du tout ébranlé de ce coup.
Faites, faites paroître une âme moins commune
A braver, comme moi, les traits de la fortune.

« *Le peu de soin que vous avez vous coûte quarante mille écus; et c'est à payer cette somme, avec les dépens, que vous êtes condamnée par arrêt de la cour.* »

Condamnée? Ah! ce mot est choquant, et n'est fait
Que pour les criminels.

ARISTE.

Il a tort, en effet;
Et vous vous êtes là justement récriée.
Il devoit avoir mis que vous êtes priée,

Par arrêt de la cour, de payer au plus tôt
Quarante mille écus, et les dépens qu'il faut.

PHILAMINTE.

Voyons l'autre.

CHRYSALE.

« *Monsieur, l'amitié qui me lie à monsieur votre frère me fait prendre intérêt à tout ce qui vous touche. Je sais que vous avez mis votre bien entre les mains d'Argante et de Damon, et je vous donne avis qu'en même jour ils ont fait tous deux banqueroute.* »

O ciel! tout à la fois perdre ainsi tout son bien!

PHILAMINTE, à Chrysale.

Ah! quel honteux transport! Fi! tout cela n'est rien :
Il n'est pour le vrai sage aucun revers funeste;
Et, perdant toute chose, à soi-même il se reste.
Achevons notre affaire, et quittez votre ennui.
(Montrant Trissotin.)
Son bien nous peut suffire et pour nous et pour lui.

TRISSOTIN.

Non, madame : cessez de presser cette affaire.
Je vois qu'à cet hymen tout le monde est contraire;
Et mon dessein n'est point de contraindre les gens.

PHILAMINTE.

Cette réflexion vous vient en peu de temps;
Elle suit de bien près, monsieur, notre disgrâce.

TRISSOTIN.

De tant de résistance à la fin je me lasse.
J'aime mieux renoncer à tout cet embarras,
Et ne veux point d'un cœur qui ne se donne pas.

PHILAMINTE.

Je vois, je vois de vous, non pas pour votre gloire,
Ce que jusques ici j'ai refusé de croire.

TRISSOTIN.

Vous pouvez voir de moi tout ce que vous voudrez,
Et je regarde peu comment vous le prendrez :
Mais je ne suis pas homme à souffrir l'infamie
Des refus offensans qu'il faut qu'ici j'essuie.
Je vaux bien que de moi l'on fasse plus de cas ;
Et je baise les mains à qui ne me veut pas.

FIN DES FEMMES SAVANTES.

LE
MALADE IMAGINAIRE

COMÉDIE-BALLET

1673

PERSONNAGES.

Argan, malade imaginaire. Il est vêtu en malade : de gros bas, des mules, un haut-de-chausses étroit, une camisole rouge avec quelque galon ou dentelle ; un mouchoir de cou à vieux passemens, négligemment attaché ; un bonnet de nuit avec la coiffe à dentelle [1].

Béline, seconde femme d'Argan.

Angélique, fille d'Argan.

Béralde, frère d'Argan. En habit de cavalier modeste.

M. Purgon, médecin d'Argan. Vêtu de noir et en habit ordinaire de médecin.

M. Fleurant, apothicaire. Il est aussi vêtu de noir ou de gris brun, avec une courte serviette devant soi, et une seringue à la main. Il est sans chapeau.

M. de Bonnefoi, notaire.

Toinette, servante.

La scène est à Paris.

---

[1] Ces indications de costume sont données par l'édition de Georges Backer, Bruxelles, 1694.

LE

MALADE IMAGINAIRE.

PROLOGUE.

Après les glorieuses fatigues et les exploits victorieux de notre auguste monarque, il est bien juste que tous ceux qui se mêlent d'écrire, travaillent ou à ses louanges, ou à son divertissement. C'est ce qu'ici l'on a voulu faire; et ce Prologue est un essai des louanges de ce grand prince, qui donne entrée à la comédie du *Malade imaginaire*, dont le projet a été fait pour le délasser de ses nobles travaux.

Le théâtre représente un lieu champêtre, et néanmoins fort agréable.

ÉGLOGUE EN MUSIQUE ET EN DANSE.

SCÈNE I.

FLORE; DEUX ZÉPHYRS, dansans.

FLORE.

Quittez, quittez vos troupeaux;
Venez, bergers, venez bergères;
Accourez, accourez sous ces tendres ormeaux :
Je viens vous annoncer des nouvelles bien chères,

Et réjouir tous ces hameaux.
Quittez, quittez vos troupeaux ;
Venez, bergers, venez, bergères ;
Accourez, accourez sous ces tendres ormeaux.

FLORE ; DEUX ZÉPHYRS, dansans ; CLIMÈNE, DAPHNÉ, TIRCIS, DORILAS ; BERGERS et BERGÈRES de la suite de Tircis et de Dorilas, chantans et dansans.

PREMIÈRE ENTRÉE DE BALLET.

Toute la troupe des bergers et des bergères va se placer en cadence autour de Flore.

CLIMÈNE.

Quelle nouvelle parmi nous,
Déesse, doit jeter tant de réjouissance ?

DAPHNÉ.

Nous brûlons d'apprendre de vous
Cette nouvelle d'importance.

DORILAS.

D'ardeur nous en soupirons tous.

CLIMÈNE, DAPHNÉ, TIRCIS, DORILAS.

Nous en mourons d'impatience.

FLORE.

La voici ; silence, silence !
Vos vœux sont exaucés, LOUIS est de retour :
Et vous voyez finir vos mortelles alarmes.
Par ses vastes exploits son bras voit tout soumis :
Il quitte les armes,
Faute d'ennemis.

CHŒUR.

Ah ! quelle douce nouvelle !
Qu'elle est grande ! qu'elle est belle !

Que de plaisirs! que de ris, que de jeux!
Que de succès heureux !
Et que le ciel a bien rempli nos vœux!
Ah! quelle douce nouvelle!
Qu'elle est grande! qu'elle est belle!

DEUXIÈME ENTRÉE DE BALLET.

*Tous les bergers et bergères expriment, par des danses,
les transports de leur joie.*

FLORE.

De vos flûtes bocagères
Réveillez les plus beaux sons;
LOUIS offre à vos chansons
La plus belle des matières.
Après cent combats
Où cueille son bras
Une ample victoire,
Formez, entre vous,
Cent combats plus doux,
Pour chanter sa gloire.

CHŒUR.

Formons, entre nous,
Cent combats plus doux,
Pour chanter sa gloire.

(*Les violons jouent un air pour animer les deux bergers au combat,
tandis que Flore, comme juge, va se placer au pied d'un bel arbre
qui est au milieu du théâtre, avec deux Zéphyrs, et que le reste,
comme spectateurs, va occuper les deux côtés de la scène.*)

TIRCIS.

Quand la neige fondue enfle un torrent fameux,
Contre l'effort soudain de ses flots écumeux
Il n'est rien d'assez solide;
Digues, châteaux, villes et bois,

Hommes et troupeaux à la fois,
Tout cède au courant qui le guide :
Tel, et plus fier et plus rapide,
Marche LOUIS dans ses exploits.

TROISIÈME ENTRÉE DE BALLET.

Les bergers et bergères du côté de Tircis dansent autour de lui, sur une ritournelle, pour exprimer leurs applaudissemens.

DORILAS.

Le foudre menaçant qui perce avec fureur
L'affreuse obscurité de la nue enflammée,
Fait, d'épouvante et d'horreur,
Trembler le plus ferme cœur;
Mais, à la tête d'une armée,
LOUIS jette plus de terreur.

QUATRIÈME ENTRÉE DE BALLET.

Les bergers et bergères du côté de Dorilas font de même que les autres.

TIRCIS.

Des fabuleux exploits que la Grèce a chantés,
Par un brillant amas de belles vérités
Nous voyons la gloire effacée;
Et tous ces fameux demi-dieux
Que vante l'histoire passée,
Ne sont point, à notre pensée,
Ce que LOUIS est à nos yeux.

CINQUIÈME ENTRÉE DE BALLET.

Les bergers et bergères du côté de Tircis font encore la même chose.

DORILAS.

LOUIS fait à nos temps, par ses faits inouïs,
Croire tous les beaux faits que nous chante l'histoire

Des siècles évanouis;
Mais nos neveux, dans leur gloire,
N'auront rien qui fasse croire
Tous les beaux faits de LOUIS.

SIXIÈME ENTRÉE DE BALLET.

Les bergers et bergères du côté de Dorilas font encore de même.

SEPTIÈME ENTRÉE DE BALLET.

Les bergers et bergères du côté de Tircis et de celui de Dorilas se mêlent et dansent ensemble.

SCÈNE IV.

FLORE, PAN; DEUX ZÉPHYRS, dansans; CLIMÈNE, DAPHNÉ, TIRCIS, DORILAS; FAUNES, dansans; BERGERS ET BERGÈRES, chantans et dansans.

PAN.

Laissez, laissez, bergers, ce dessein téméraire;
Hé! que voulez-vous faire?
Chanter sur vos chalumeaux
Ce qu'Apollon sur sa lyre,
Avec ses chants les plus beaux,
N'entreprendroit pas de dire?
C'est donner trop d'essor au feu qui vous inspire;
C'est monter vers les cieux sur des ailes de cire.
Pour tomber dans le fond des eaux.
Pour chanter de LOUIS l'intrépide courage,
Il n'est point d'assez docte voix,
Point de mots assez grands pour en tracer l'image;
Le silence est le langage
Qui doit louer ses exploits.
Consacrez d'autres soins à sa pleine victoire;
Vos louanges n'ont rien qui flatte ses désirs:
Laissez, laissez là sa gloire;
Ne songez qu'à ses plaisirs.

CHŒUR.

Laissons, laissons là sa gloire;
Ne songeons qu'à ses plaisirs.

FLORE, à Tircis et à Dorilas.

Bien que, pour étaler ses vertus immortelles,
La force manque à vos esprits,
Ne laissez pas tous deux de recevoir le prix.
Dans les choses grandes et belles,
Il suffit d'avoir entrepris.

HUITIÈME ENTRÉE DE BALLET.

Les deux Zéphyrs dansent avec deux couronnes de fleurs à la main, qu'ils viennent donner ensuite aux deux bergers.

CLIMÈNE ET DAPHNÉ.

Dans les choses grandes et belles,
Il suffit d'avoir entrepris.

TIRCIS ET DORILAS.

Ah! que d'un doux succès notre audace est suivie!

FLORE ET PAN.

Ce qu'on fait pour LOUIS, on ne le perd jamais.

CLIMÈNE, DAPHNE, TIRCIS, DORILAS.

Au soin de ses plaisirs donnons-nous désormais.

FLORE ET PAN.

Heureux, heureux qui peut lui consacrer sa vie!

CHŒUR.

Joignons tous dans ces bois
Nos flûtes et nos voix :
Ce jour nous y convie,
Et faisons aux échos redire mille fois :
LOUIS est le plus grand des rois;
Heureux, heureux qui peut lui consacrer sa vie!

NEUVIÈME ENTRÉE DE BALLET.

Faunes, bergers et bergères, tous se mêlent, et il se fait entre eux des jeux de danse, après quoi ils se vont préparer pour la comédie.

Le théâtre change, et représente une chambre.

ACTE PREMIER.

SCÈNE I.

ARGAN, assis, une table devant lui comptant avec des jetons les parties de son apothicaire.

Trois et deux font cinq, et cinq font dix, et dix font vingt; trois et deux font cinq. « Plus, du vingt-quatrième, un petit clystère insinuatif, préparatif, et remollient, pour amollir, humecter et rafraîchir les entrailles de monsieur. » Ce qui me plaît de monsieur Fleurant, mon apothicaire, c'est que ses parties sont toujours fort civiles. « Les entrailles de monsieur, trente sols. » Oui; mais, monsieur Fleurant, ce n'est pas tout que d'être civil; il faut être aussi raisonnable, et ne pas écorcher les malades. Trente sols un lavement! Je suis votre serviteur, je vous l'ai déjà dit; vous ne me les avez mis dans les autres parties qu'à vingt sols; et vingt sols en langage d'apothicaire, c'est-à-dire, dix sols; les voilà, dix sols. « Plus, dudit jour, un bon clystère détersif, composé avec catholicon double, rhubarbe, miel rosat, et autres, suivant l'ordonnance, pour balayer, laver et nettoyer le bas-ventre de monsieur, trente sols. » Avec votre permission, dix sols. « Plus, dudit jour, le soir, un julep hépathique, soporatif et somnifère, composé pour faire dormir monsieur, trente-cinq sols. » Je ne me plains pas de celui-là; car il me fit bien dormir. Dix, quinze, seize et dix-sept sols six derniers. « Plus, du vingt-cinquième, une bonne médecine purgative et corroborative, composée de casse récente avec séné levantin, et autres, suivant l'ordonnance de monsieur Purgon, pour expulser et évacuer la bile de monsieur, quatre livres. » Ah! monsieur Fleurant, c'est se moquer : il faut vivre avec les malades. Monsieur Purgon ne vous a pas ordonné de mettre quatre francs. Mettez, mettez trois livres, s'il vous plaît. Vingt et trente sols. « Plus, dudit jour, une potion anodine et astringente, pour faire reposer monsieur, trente sols. » Bon, dix et quinze sols. « Plus, du vingt-sixième, un clystère carminatif, pour chasser les vents de monsieur, trente sols. » Dix sols, monsieur Fleurant. « Plus, le clystère de monsieur, réitéré le soir, comme dessus, trente sols. » Monsieur Fleurant, dix sols. « Plus, du vingt-septième, une bonne médecine, composée pour hâter d'aller, et chasser dehors les mauvaises humeurs de monsieur, trois livres. » Bon, vingt et trente sols; je suis bien aise que vous soyez raisonnable. « Plus, du vingt-huitième, une prise de petit-lait clarifié et édulcoré, pour adoucir, lénifier, tempérer, et rafraîchir le sang de monsieur, vingt sols. » Bon, dix sols. « Plus, une potion cordiale et préservative, composée avec douze grains de bézoard, sirop de limon et grenades, et autres, suivant l'ordonnance, cinq livres. » Ah! monsieur Fleurant, tout doux, s'il vous plaît; si vous en usez comme cela, on ne voudra plus être malade : contentez-vous de quatre francs; vingt et quarante sols. Trois et deux font cinq, et cinq font dix, et dix font vingt. Soixante et trois livres quatre sols six derniers. Si bien donc que, de ce mois, j'ai pris une, deux, trois, quatre, cinq, six, sept et huit médecines; et un, deux, trois, quatre, cinq, six, sept, huit, neuf, dix, onze et douze lavemens, et l'autre mois, il y avoit douze médecines, et vingt lavemens. Je ne m'étonne pas si je ne me porte pas si bien ce mois-ci que l'autre. Je le dirai à monsieur Purgon, afin qu'il mette ordre à cela. Allons, qu'on m'ôte tout ceci. (Voyant que personne ne vient, et qu'il n'y a aucun de ses gens dans sa chambre.) Il n'y a personne. J'ai beau dire : on me laisse toujours seul; il n'y a pas moyen de les arrêter ici. (Après avoir sonné une sonnette qui est sur sa table.) Ils n'entendent point, et ma sonnette ne fait pas assez de bruit. Drelin, drelin, drelin. Point d'affaire. Drelin, drelin, drelin. Ils sont sourds.... Toinette. Drelin, drelin, drelin. Tout comme si je ne sonnois point. Chienne! coquine! Drelin, drelin, drelin. J'enrage! (Il ne sonne plus, mais il crie.) Drelin, drelin, drelin. Carogne, à tous les diables! Est-il possible qu'on laisse comme cela un pauvre malade tout seul? Drelin, drelin, drelin. Voilà qui est pitoyable! Drelin, drelin, drelin. Ah! mon Dieu! Ils me laisseront ici mourir. Drelin, drelin, drelin.

SCÈNE II.

ARGAN, TOINETTE.

TOINETTE, en entrant.

On y va.

ARGAN.

Ah! chienne! ah! carogne!

TOINETTE, faisant semblant de s'être cogné la tête.

Diantre soit fait de votre impatience! Vous pressez si fort les personnes, que je me suis donné un grand coup de la tête contre la carne d'un volet.

ARGAN, en colère.

Ah! traîtresse!...

TOINETTE, interrompant Argan.

Ah!

ARGAN.

Il y a...

TOINETTE.

Ah!

ARGAN.

Il y a une heure.....

TOINETTE.

Ah!

ARGAN.

Tu m'as laissé...

TOINETTE.

Ah!

ARGAN.

Tais-toi donc, coquine, que je te querelle.

TOINETTE.

Çamon, ma foi, j'en suis d'avis, après ce que je me suis fait.

ARGAN.

Tu m'as fait égosiller, carogne!

TOINETTE.

Et vous m'avez fait, vous, casser la tête : l'un vaut bien l'autre. Quitte à quitte, si vous voulez.

ARGAN.

Quoi! coquine...

TOINETTE.

Si vous querellez, je pleurerai.

ARGAN.

Me laisser, traîtresse...

TOINETTE, interrompant encore Argan.

Ah!

ARGAN.

Chienne, tu veux...

TOINETTE.

Ah!

ARGAN.

Quoi! il faudra encore que je n'aie pas le plaisir de la quereller?

TOINETTE.

Querellez tout votre soùl : je le veux bien.

ARGAN.

Tu m'en empêches, chienne, en m'interrompant à tous coups.

TOINETTE.

Si vous avez le plaisir de quereller, il faut bien que, de mon côté, j'aie le plaisir de pleurer : chacun le sien, ce n'est pas trop. Ah !

ARGAN.

Allons, il faut en passer par là. Ote-moi ceci, coquine, ôte-moi ceci. (Après s'être levé.) Mon lavement d'aujourd'hui a-t-il bien opéré ?

TOINETTE.

Votre lavement ?

ARGAN.

Oui. Ai-je bien fait de la bile ?

TOINETTE.

Ma foi ! je ne me mêle point de ces affaires-là ; c'est à monsieur Fleurant à y mettre le nez, puisqu'il en a le profit.

ARGAN.

Qu'on ait soin de me tenir un bouillon prêt, pour l'autre que je dois tantôt prendre.

TOINETTE.

Ce monsieur Fleurant-là et ce monsieur Purgon s'égayent bien sur votre corps ; ils ont en vous une bonne vache à lait, et je voudrois bien leur demander quel mal vous avez, pour vous faire tant de remèdes.

ARGAN.

Taisez-vous, ignorante ; ce n'est pas à vous à contrôler les ordonnances de la médecine.

SCÈNE III.

BÉLINE, ARGAN.

ARGAN.

Ah! ma femme, approchez.

BÉLINE.

Qu'avez-vous, mon pauvre mari?

ARGAN.

Venez-vous-en ici à mon secours.

BÉLINE.

Qu'est-ce que c'est donc qu'il y a, mon petit fils?

ARGAN.

Ma mie!

BÉLINE.

Mon ami!

ARGAN.

On vient de me mettre en colère.

BÉLINE.

Hélas! pauvre petit mari! Comment donc, mon ami?

ARGAN.

Votre coquine de Toinette est devenue plus insolente que jamais.

BÉLINE.

Ne vous passionnez donc point.

ARGAN.

Elle m'a fait enrager, ma mie.

BÉLINE.

Doucement, mon fils.

ARGAN.

Elle a contrecarré, une heure durant, les choses que je veux faire.

BÉLINE.

Là, là, tout doux.

ARGAN.

Et a eu l'effronterie de me dire que je ne suis point malade.

BÉLINE.

C'est une impertinente.

ARGAN.

Vous savez, mon cœur, ce qui en est.

BÉLINE.

Oui, mon cœur, elle a tort.

ARGAN.

M'amour, cette coquine-là me fera mourir.

BÉLINE.

Hé là! hé là!

ARGAN.

Elle est cause de toute la bile que je fais.

BÉLINE.

Ne vous fâchez point tant.

ARGAN.

Et il y a je ne sais combien que je vous dis de me la chasser.

BÉLINE.

Mon Dieu! mon fils, il n'y a point de serviteurs et de servantes qui n'aient leurs défauts. On est contraint parfois de souffrir leurs mauvaises qualités, à cause des bonnes. Celle-ci est adroite, soigneuse, diligente, et surtout fidèle; et vous savez qu'il faut maintenant de grandes précautions pour les gens que l'on prend. Holà! Toinette!

SCÈNE IV.

ARGAN, BÉLINE, TOINETTE.

TOINETTE.

Madame.

BÉLINE.

Pourquoi donc est-ce que vous mettez mon mari en colère?

TOINETTE, d'un ton doucereux.

Moi, madame? Hélas! je ne sais pas ce que vous me voulez dire, et je ne songe qu'à complaire à monsieur en toutes choses.

ARGAN.

Ah! m'amour, vous la croyez? C'est une scélérate; elle m'a dit cent insolences.

BÉLINE.

Hé bien! je vous crois, mon ami. Là, remettez-vous. Écoutez, Toinette : si vous fâchez jamais mon mari, je vous mettrai dehors. Çà, donnez-moi son manteau fourré et des oreillers, que je l'accommode dans sa chaise. Vous voilà je ne sais comment. Enfoncez bien votre bonnet jusque sur vos oreilles : il n'y a rien qui enrhume tant que de prendre l'air par les oreilles.

ARGAN.

Ah! ma mie, que je vous suis obligé de tous les soins que vous prenez de moi!

BÉLINE, accommodant les oreillers qu'elle met autour d'Argan.

Levez-vous, que je mette ceci sous vous. Mettons celui-ci pour vous appuyer, et celui-là de l'autre côté. Mettons celui-ci derrière votre dos, et cet autre-là pour soutenir votre tête.

TOINETTE, lui mettant rudement un oreiller sur la tête.

Et celui-ci pour vous garder du serein.

ARGAN, se levant en colère, et jetant les oreillers à Toinette, qui s'enfuit.

Ah! coquine, tu veux m'étouffer.

SCÈNE V.

ARGAN, BÉLINE.

BÉLINE.

Hé là, hé là! Qu'est-ce que c'est donc?

ARGAN, se jetant dans sa chaise.

Ah, ah, ah! Je n'en puis plus.

BÉLINE.

Pourquoi vous emporter ainsi? Elle a cru bien faire.

ARGAN.

Vous ne connoissez pas, m'amour, la malice de la pendarde. Ah! elle m'a mis tout hors de moi; et il faudra plus de huit médecines et de douze lavemens pour réparer tout ceci.

BÉLINE.

Là, là, mon petit ami, apaisez-vous un peu.

ARGAN.

Ma mie, vous êtes toute ma consolation.

BÉLINE.

Pauvre petit fils!

ARGAN.

Pour tâcher de reconnoître l'amour que vous me portez, je veux, mon cœur, comme je vous ai dit, faire mon testament.

BÉLINE.

Ah! mon ami, ne parlons point de cela, je vous prie : je ne saurois souffrir cette pensée; et le seul mot de testament me fait tressaillir de douleur.

ARGAN.

Je vous avois dit de parler pour cela à votre notaire.

BÉLINE.

Le voilà là dedans, que j'ai amené avec moi.

ARGAN.

Faites-le donc entrer, m'amour.

BÉLINE.

Hélas! mon ami, quand on aime bien un mari, on n'est guère en état de songer à tout cela.

SCÈNE VI.

M. DE BONNEFOI, BÉLINE, ARGAN.

ARGAN.

Approchez, monsieur de Bonnefoi, approchez. Prenez un siége, s'il vous plaît. Ma femme m'a dit, monsieur, que vous étiez fort honnête homme, et tout à fait de ses amis; et je l'ai chargée de vous parler pour un testament que je veux faire.

BÉLINE.

Hélas! je ne suis point capable de parler de ces choses-là.

MONSIEUR DE BONNEFOI.

Elle m'a, monsieur, expliqué vos intentions, et le dessein où vous êtes pour elle; et j'ai à vous dire là-dessus que vous ne sauriez rien donner à votre femme par votre testament.

ARGAN.

Mais pourquoi?

MONSIEUR DE BONNEFOI.

La coutume y résiste. Si vous étiez en pays de droit écrit, cela se pourroit faire; mais, à Paris, et dans les pays coutumiers, au moins dans la plupart, c'est ce qui ne se peut, et la disposition seroit nulle[1]. Tout l'avantage qu'homme et femme conjoints par mariage se peuvent faire l'un à l'autre, c'est un don mutuel entre-vifs; encore faut-il qu'il n'y ait enfans, soit des deux conjoints, ou de l'un d'eux, lors du décès du premier mourant.

ARGAN.

Voilà une coutume bien impertinente, qu'un mari ne puisse rien laisser à une femme dont il est aimé tendrement, et qui prend de lui tant de soin! J'aurois envie de consulter mon avocat, pour voir comment je pourrois faire.

MONSIEUR DE BONNEFOI.

Ce n'est point à des avocats qu'il faut aller; car ils sont d'ordinaire sévères là-dessus, et s'imaginent que c'est un grand crime que de disposer en fraude de la loi : ce sont gens de difficultés, et qui sont ignorans des détours de la conscience. Il y a d'autres personnes à consulter, qui sont bien plus accommodantes, qui ont des expédiens pour passer doucement par-dessus la loi, et rendre juste ce qui n'est pas permis; qui savent aplanir les difficultés d'une affaire, et trouver des moyens d'éluder la coutume par quelque avantage indirect. Sans cela, où en serions-nous tous les jours? Il faut de la facilité dans les choses; autrement nous ne ferions rien et je ne donnerois pas un sol de notre métier.

ARGAN.

Ma femme m'avoit bien dit, monsieur, que vous étiez fort habile et fort honnête homme. Comment puis-je faire, s'il vous plaît, pour lui donner mon bien et en frustrer mes enfans?

MONSIEUR DE BONNEFOI.

Comment vous pouvez faire? Vous pouvez choisir douce-

---

[1] Avant la Révolution, la législation en France variait suivant les provinces. Dans le Midi, on suivait le droit romain, ou droit écrit. Différentes coutumes régissaient les autres provinces. (N. E.)

ment un ami intime de votre femme, auquel vous donnerez en bonne forme, par votre testament, tout ce que vous pouvez ; et cet ami ensuite lui rendra tout. Vous pouvez encore contracter un grand nombre d'obligations non suspectes au profit de divers créanciers qui prêteront leur nom à votre femme, et entre les mains de laquelle ils mettront leur déclaration que ce qu'ils en ont fait n'a été que pour lui faire plaisir. Vous pouvez aussi, pendant que vous êtes en vie, mettre en ses mains de l'argent comptant, ou des billets que vous pourrez avoir payables au porteur.

BÉLINE.

Mon Dieu! Il ne faut point vous tourmenter de tout cela. S'il vient faute de vous, mon fils, je ne veux plus rester au monde.

ARGAN.

Ma mie!

BÉLINE.

Oui, mon ami, si je suis assez malheureuse pour vous perdre.....

ARGAN.

Ma chère femme!

BÉLINE.

La vie ne me sera plus de rien.

ARGAN.

M'amour!

BÉLINE.

Et je suivrai vos pas, pour vous faire connoître la tendresse que j'ai pour vous.

ARGAN.

Ma mie, vous me fendez le cœur! Consolez-vous, je vous en prie.

MONSIEUR DE BONNEFOI, à Béline.

Ces larmes sont hors de saison ; et les choses n'en sont point encore là.

ARGAN.

Il faut faire mon testament, m'amour, de la façon que monsieur dit; mais, par précaution, je veux vous mettre entre les mains vingt mille francs en or, que j'ai dans le lambris de mon alcôve, et deux billets payables au porteur, qui me sont dus, l'un par monsieur Damon, et l'autre par monsieur Gérante.

BÉLINE.

Non, non, je ne veux point de tout cela. Ah!..... Combien dites-vous qu'il y a dans votre alcôve?

ARGAN.

Vingt mille francs, m'amour.

BÉLINE.

Ne me parlez point de bien je vous prie. Ah!..... De combien sont les deux billets?

ARGAN.

Ils sont, ma mie, l'un de quatre mille francs, et l'autre de six.

BÉLINE.

Tous les biens du monde, mon ami, ne me sont rien au prix de vous.

MONSIEUR DE BONNEFOI, à Argan.

Voulez-vous que nous procédions au testament?

ARGAN.

Oui, monsieur; mais nous serons mieux dans mon petit cabinet. M'amour, conduisez-moi, je vous prie.

BÉLINE.

Allons, mon pauvre petit fils.

SCÈNE VII.

ANGÉLIQUE, TOINETTE.

TOINETTE.

Les voilà avec un notaire, et j'ai ouï parler de testament. Votre belle-mère ne s'endort point; et c'est sans doute quelque conspiration contre vos intérêts, où elle pousse votre père.

ANGÉLIQUE.

Tu vois, Toinette, les desseins violens que l'on fait sur lui. Ne m'abandonne point, je te prie, dans l'extrémité où je suis.

TOINETTE.

Moi, vous abandonner! J'aimerois mieux mourir. Votre belle-mère a beau me faire sa confidente, et me vouloir jeter dans ses intérêts, je n'ai jamais pu avoir d'inclination pour elle; et j'ai toujours été de votre parti. Laissez-moi faire, j'emploierai toute chose pour vous servir; mais, pour vous servir avec plus d'effet, je veux changer de batterie, couvrir le zèle que j'ai pour vous, et feindre d'entrer dans les sentimens de votre père et de votre belle-mère.

ANGÉLIQUE.

Tâche, je t'en conjure.....

TOINETTE.

Je n'ai personne à employer à cet office, que le vieux Polichinelle. Pour aujourd'hui, il est trop tard; mais demain, de grand matin, je l'enverrai quérir, et il sera ravi de.....

SCÈNE VIII.

BÉLINE, dans la maison, ANGÉLIQUE, TOINETTE.

BÉLINE.

Toinette!

TOINETTE, à Angelique.

Voilà qu'on m'appelle. Bonsoir. Reposez-vous sur moi.

PREMIER INTERMÈDE.

Le théâtre change et représente une ville.

Polichinelle chante dans la nuit. Il est interrompu d'abord par les violons contre lesquels il se met en colère, et ensuite par le guet composé de musiciens et de danseurs.

SCÈNE I.

POLICHINELLE; VIOLONS, derrière le théâtre.

LES VIOLONS commencent un air.

POLICHINELLE.

Quelle impertinente harmonie vient interrompre ici ma voix !

LES VIOLONS continuant à jouer.

POLICHINELLE.

Paix là ! taisez-vous, violons.

LES VIOLONS, de même.

POLICHINELLE.

Taisez-vous, vous dis-je. C'est moi qui veux chanter.

LES VIOLONS.

POLICHINELLE.

Paix donc !

LES VIOLONS.

POLICHINELLE.

Ouais !

LES VIOLONS.

POLICHINELLE.

Ahi!

LES VIOLONS.

POLICHINELLE.

Est-ce pour rire?

LES VIOLONS.

POLICHINELLE.

Ah! que de bruit!

LES VIOLONS.

POLICHINELLE.

Le diable vous emporte!

LES VIOLONS.

POLICHINELLE.

J'enrage!

LES VIOLONS.

POLICHINELLE.

Vous ne vous tairez pas? Ah! Dieu soit loué!

LES VIOLONS.

POLICHINELLE.

Encore?

LES VIOLONS.

POLICHINELLE.

Peste des violons!

LES VIOLONS.

POLICHINELLE.

La sotte musique que voilà!

LES VIOLONS.

POLICHINELLE, chantant pour se moquer des violons

La, la, la, la, la, la.

LES VIOLONS.

POLICHINELLE, de même.

La, la, la, la, la, la.

LES VIOLONS.

POLICHINELLE, de même.

La, la, la, la, la, la.

LES VIOLONS.

POLICHINELLE, de même.

La, la, la, la, la, la.

LES VIOLONS.

POLICHINELLE

Par ma foi, cela me divertit. Poursuivez, messieurs les violons; vous me ferez plaisir. (N'entendant plus rien.) Allons donc, continuez, je vous en prie.

SCÈNE II.

POLICHINELLE, seul.

Voilà le moyen de les faire taire. La musique est accoutumée à ne point faire ce qu'on veut. Or sus, à nous. Avant que de chanter, il faut que je prélude un peu, et joue quelque pièce, afin de mieux prendre mon ton. (Il prend son luth, dont il fait semblant de jouer, en imitant avec les lèvres et la langue le son de cet instrument.) Plan, plan, plan, plin, plin, plin. Voilà un temps fâcheux pour mettre un luth d'accord. Plin, plin, plin. Plin, tan, plan. Plin, plan. Les cordes ne tiennent point par ce temps-là. Plin, plan. J'entends du bruit. Mettons mon luth contre la porte.

SCÈNE III.

POLICHINELLE; ARCHERS, passant dans la rue, et accourant au bruit qu'ils entendent.

UN ARCHER, chantant.

Qui va là? qui va là?

POLICHINELLE, bas.

Qui diable est-ce là? Est-ce que c'est la mode de parler en musique?

L'ARCHER.

Qui va là? qui va là? qui va là?

POLICHINELLE, épouvanté.

Moi, moi, moi.

L'ARCHER.

Qui va là? qui va là? vous dis-je.

POLICHINELLE.

Moi, moi, vous dis-je.

L'ARCHER.

Et qui toi? et qui toi?

POLICHINELLE.

Moi, moi, moi, moi, moi, moi.

L'ARCHER.

Dis ton nom, dis ton nom, sans davantage attendre.

POLICHINELLE, feignant d'être bien hardi.

Mon nom est, Va te faire pendre.

L'ARCHER.

Ici, camarades, ici.
Saisissons l'insolent qui nous répond ainsi.

PREMIÈRE ENTRÉE DE BALLET.

Tout le guet vient qui cherche Polichinelle dans la nuit.

VIOLONS ET DANSEURS.

POLICHINELLE.

Qui va là?

VIOLONS ET DANSEURS.

POLICHINELLE.

Qui sont les coquins que j'entends?

VIOLONS ET DANSEURS.

POLICHINELLE.

Euh?

LE MALADE IMAGINAIRE.   241

VIOLONS ET DANSEURS.

POLICHINELLE.

Holà ! mes laquais, mes gens.

VIOLONS ET DANSEURS.

POLICHINELLE

Par la mort !

VIOLONS ET DANSEURS.

POLICHINELLE.

Par le sang !

VIOLONS ET DANSEURS.

POLICHINELLE.

J'en jetterai par terre.

VIOLONS ET DANSEURS.

POLICHINELLE.

Champagne, Poitevin, Picard, Basque, Breton[1] !

VIOLONS ET DANSEURS.

POLICHINELLE.

Donnez-moi mon mousqueton.....

VIOLONS ET DANSEURS.

POLICHINELLE, faisant semblant de tirer un coup de pistolet.

Poue.   (Ils tombent tous et s'enfuient.)

SCÈNE IV.

POLICHINELLE, seul.

Ah, ah, ah, ah ! comme je leur ai donné l'épouvante ! Voilà de sottes gens, d'avoir peur de moi, qui ai peur des autres. Ma foi, il n'est que de jouer d'adresse en ce monde. Si je n'a-

---

[1] Noms fréquemment usités alors pour les laquais.

vois tranché du grand seigneur, et n'avois fait le brave, ils n'auroient pas manqué de me happer. Ah, ah, ah !

(Les archers se rapprochent, et ayant entendu ce qu'il disoit, ils le saisissent au collet.)

SCÈNE V.

POLICHINELLE; ARCHERS, chantans.

LES ARCHERS, saisissant Polichinelle.

Nous le tenons. A nous, camarades, à nous;
Dépêchez : de la lumière.

(Tout le guet vient avec des lanternes.)

SCÈNE VI.

POLICHINELLE; ARCHERS, chantans et dansans.

ARCHERS.

Ah ! traître ! ah ! fripon ! c'est donc vous ?
Faquin, maraud, pendard, impudent, téméraire,
Insolent, effronté, coquin, filou, voleur,
Vous osez nous faire peur ?

POLICHINELLE.

Messieurs, c'est que j'étois ivre.

ARCHERS.

Non, non, non; point de raison :
Il faut vous apprendre à vivre.
En prison, vite, en prison.

POLICHINELLE.

Messieurs, je ne suis point voleur.

ARCHERS.

En prison.

POLICHINELLE.

Je suis un bourgeois de la ville.

ARCHERS.

En prison.

POLICHINELLE.

Qu'ai-je fait?

ARCHERS.

En prison, vite, en prison.

POLICHINELLE.

Messieurs, laissez-moi aller.

ARCHERS.

Non.

POLICHINELLE.

Je vous prie.

ARCHERS.

Non.

POLICHINELLE.

Hé !

ARCHERS.

Non.

POLICHINELLE.

De grâce!

ARCHERS.

Non, non.

POLICHINELLE.

Messieurs!

ARCHERS.

Non, non, non.

POLICHINELLE.

S'il vous plaît.

ARCHERS.

Non, non.

POLICHINELLE.

Par charité!

ARCHERS.

Non, non.

POLICHINELLE.

Au nom du ciel!

ARCHERS.

Non, non.

POLICHINELLE.

Miséricorde!

ARCHERS

Non, non, non; point de raison :
Il faut vous apprendre à vivre.
En prison, vite, en prison.

POLICHINELLE.

Hé! n'est-il rien, messieurs, qui soit capable d'attendrir vos âmes?

ARCHERS.

Il est aisé de nous toucher,
Et nous sommes humains plus qu'on ne sauroit croire;
Donnez-nous seulement six pistoles pour boire,
Nous allons vous lâcher.

POLICHINELLE.

Hélas! messieurs, je vous assure que je n'ai pas un sou sur moi.

ARCHERS.

Au défaut de six pistoles,
Choisissez donc, sans façon,
D'avoir trente croquignoles,
Ou douze coups de bâton.

POLICHINELLE.

Si c'est une nécessité, et qu'il faille en passer par là, je choisis les croquignoles.

ARCHERS.

Allons, préparez-vous,
Et comptez bien les coups.

DEUXIÈME ENTRÉE DE BALLET.

Les archers danseurs lui donnent des croquignoles en cadence.

POLICHINELLE, pendant qu'on lui donne des croquignoles.

Un et deux, trois et quatre, cinq et six, sept et huit, neuf et dix, onze et douze et treize, et quatorze et quinze.

ARCHERS.

Ah! ah! vous en voulez passer!
Allons, c'est à recommencer.

POLICHINELLE.

Ah! messieurs, ma pauvre tête n'en peut plus, et vous venez de me la rendre comme une pomme cuite. J'aime mieux encore les coups de bâton que de recommencer.

ARCHERS.

Soit. Puisque le bâton est pour vous plus charmant,
Vous aurez contentement.

TROISIÈME ENTRÉE DE BALLET.

Les archers danseurs lui donnent des coups de bâton en cadence.

POLICHINELLE, comptant les coups de bâton.

Un, deux, trois, quatre, cinq, six. Ah, ah, ah! je n'y saurois plus résister. Tenez, messieurs, voilà six pistoles que je vous donne.

ARCHERS.

Ah! l'honnête homme! Ah! l'âme noble et belle!
Adieu, seigneur; adieu, seigneur Polichinelle.

POLICHINELLE.

Messieurs, je vous donne le bonsoir.

ARCHERS.

Adieu, seigneur; adieu, seigneur Polichinelle.

POLICHINELLE.

Votre serviteur.

ARCHERS.

Adieu, seigneur; adieu, seigneur Polichinelle.

POLICHINELLE.

Très-humble valet.

ARCHERS.

Adieu, seigneur; adieu, seigneur Polichinelle.

POLICHINELLE.

Jusqu'au revoir.

QUATRIÈME ENTRÉE DE BALLET.

Ils dansent tous en réjouissance de l'argent qu'ils ont reçu.

ACTE DEUXIÈME.

Le théâtre représente la chambre d'Argan.

SCÈNE I.

BÉRALDE, ARGAN, TOINETTE.

BÉRALDE.

Hé bien! mon frère, qu'en dites-vous? Cela ne vaut-il pas bien une prise de casse?

TOINETTE.

Hom! de bonne casse est bonne!

BÉRALDE.

Oh çà ! voulez-vous que nous parlions un peu ensemble?

ARGAN.

Un peu de patience, mon frère : je vais revenir.

TOINETTE.

Tenez, monsieur, vous ne songez pas que vous ne saurie marcher sans bâton.

ARGAN.

Tu as raison.

SCÈNE II.
BÉRALDE, TOINETTE.

TOINETTE.

N'abandonnez pas, s'il vous plaît, les intérêts de votre nièce.

BÉRALDE.

J'emploierai toutes choses pour lui obtenir ce qu'elle souhaite.

TOINETTE.

J'avois songé en moi-même que c'auroit été une bonne affaire, de pouvoir introduire ici un médecin à notre poste pour le dégoûter de son monsieur Purgon, et lui décrier sa conduite; mais, comme nous n'avons personne en main pour cela, j'ai résolu de jouer un tour de ma tête.

BÉRALDE.

Comment ?

TOINETTE.

C'est une imagination burlesque. Cela sera peut-être plus heureux que sage. Laissez-moi faire. Agissez de votre côté. Voici notre homme.

SCÈNE III.

ARGAN, BÉRALDE.

BÉRALDE.

Vous voulez bien, mon frère, que je vous demande, avant toute chose, de ne vous point échauffer l'esprit dans notre conversation?

ARGAN.

Voilà qui est fait.

BÉRALDE.

De répondre, sans nulle aigreur, aux choses que je pourrai vous dire?

ARGAN.

Oui.

BÉRALDE.

Et de raisonner ensemble sur les affaires dont nous avons à parler, avec un esprit détaché de toute passion?

ARGAN.

Mon Dieu! oui. Voilà bien du préambule!

BÉRALDE.

Est-il possible que vous serez toujours embéguiné de vos apothicaires et de vos médecins, et que vous vouliez être malade en dépit des gens et de la nature!

ARGAN.

Comment l'entendez-vous, mon frère?

BÉRALDE.

J'entends, mon frère, que je ne vois point d'homme qui soit moins malade que vous, et que je ne demanderois point une meilleure constitution que la vôtre. Une grande marque que vous vous portez bien, et que vous avez un corps parfaitement bien composé, c'est qu'avec tous les soins que vous avez pris, vous n'avez pu parvenir encore à gâter la bonté de votre tempérament, et que vous n'êtes point crevé de toutes les médecines qu'on vous a fait prendre.

ARGAN.

Mais savez-vous, mon frère, que c'est cela qui me conserve; et que M. Purgon dit que je succomberois, s'il étoit seulement trois jours sans prendre soin de moi?

BÉRALDE.

Si vous n'y prenez garde, il prendra tant soin de vous, qu'il vous enverra en l'autre monde.

ARGAN.

Mais raisonnons un peu, mon frère. Vous ne croyez donc point à la médecine?

BÉRALDE.

Non, mon frère; et je ne vois pas que, pour mon salut, il soit nécessaire d'y croire.

ARGAN.

Quoi! vous ne tenez pas véritable une chose établie par tout le monde, et que tous les siècles ont révérée?

BÉRALDE.

Bien loin de la tenir véritable, je la trouve, entre nous, une des plus grandes folies qui soient parmi les hommes; et, à regarder les choses en philosophe, je ne vois point de plus plaisante momerie, je ne vois rien de plus ridicule, qu'un homme qui se veut mêler d'en guérir un autre.

ARGAN.

Pourquoi ne voulez-vous pas, mon frère, qu'un homme en puisse guérir un autre?

BÉRALDE.

Par la raison, mon frère, que les ressorts de notre machine sont des mystères, jusqu'ici, où les hommes ne voient goutte; et que la nature nous a mis au-devant des yeux des voiles trop épais pour y connoître quelque chose.

ARGAN.

Les médecins ne savent donc rien, à votre compte?

BÉRALDE.

Si fait, mon frère. Ils savent la plupart de fort belles humanités, savent parler en beau latin; savent nommer en grec toutes les maladies, les définir et les diviser; mais pour ce qui est de les guérir, c'est ce qu'ils ne savent point du tout.

ARGAN.

Mais toujours faut-il demeurer d'accord que, sur cette matière, les médecins en savent plus que les autres.

BÉRALDE.

Ils savent, mon frère, ce que je vous ai dit, qui ne guérit pas de grand'chose; et toute l'excellence de leur art consiste en un pompeux galimatias, en un spécieux babil, qui vous donne des mots pour des raisons, et des promesses pour des effets.

ARGAN.

Mais enfin, mon frère, il y a des gens aussi sages et aussi habiles que vous; et nous voyons que, dans la maladie, tout le monde a recours aux médecins.

BÉRALDE.

C'est une marque de la foiblesse humaine, et non pas de la vérité de leur art.

ARGAN.

Mais il faut bien que les médecins croient leur art véritable, puisqu'ils s'en servent pour eux-mêmes.

BERALDE.

C'est qu'il y en a parmi eux qui sont eux-mêmes dans l'erreur populaire dont ils profitent, et d'autres qui en profitent sans y être. Votre monsieur Purgon, par exemple, n'y sait point de finesse; c'est un homme tout médecin, depuis la tête jusqu'aux pieds; un homme qui croit à ses règles plus qu'à toutes les démonstrations des mathématiques, et qui croiroit du crime à les vouloir examiner; qui ne voit rien d'obscur dans la médecine, rien de douteux, rien de difficile; et qui, avec une impétuosité de prévention, une roideur de confiance, une brutalité de sens commun et de raison, donne au travers des purgations et des saignées, et ne balance aucune chose. Il ne lui faut point vouloir de mal de tout ce qu'il pourra vous faire; c'est de la meilleure foi du monde qu'il vous expédiera : et il ne fera, en vous tuant, que ce qu'il a fait à sa femme et à ses enfans, et ce qu'en un besoin, il feroit à lui-même.

ARGAN.

C'est que vous avez, mon frère, une dent de lait contre lui. Mais, enfin, venons au fait. Que faire donc quand on est malade?

BÉRALDE.

Rien, mon frère.

ARGAN.

Rien?

BÉRALDE.

Rien. Il ne faut que demeurer en repos. La nature d'elle-même, quand nous la laissons faire, se tire doucement du désordre où elle est tombée. C'est notre inquiétude, c'est notre impatience qui gâte tout; et presque tous les hommes meurent de leurs remèdes, et non pas de leurs maladies.

ARGAN.

Mais il faut demeurer d'accord, mon frère, qu'on peut aider cette nature par de certaines choses.

BÉRALDE.

Mon Dieu! mon frère, ce sont de pures idées dont nous aimons à nous repaître; et de tout temps, il s'est glissé parmi les hommes de belles imaginations que nous venons à croire, parce qu'elles nous flattent et qu'il seroit à souhaiter qu'elles fussent véritables. Lorsqu'un médecin vous parle d'aider, de secourir, de soulager la nature, de lui ôter ce qui lui nuit, et lui donner ce qui lui manque, de la rétablir, et de la remettre dans une pleine facilité de ses fonctions; lorsqu'il vous parle de rectifier le sang, de tempérer les entrailles et le cerveau, de dégonfler la rate, de raccommoder la poitrine, de réparer le foie, de fortifier le cœur, de rétablir et conserver la chaleur naturelle, et d'avoir des secrets pour étendre la vie à de longues années, il vous dit justement le roman de la médecine. Mais, quand vous en venez à la vérité et à l'expérience, vous ne trouvez rien de tout cela; et il en est comme de ces beaux songes, qui ne vous laissent au réveil que le déplaisir de les avoir crus.

ARGAN.

C'est-à-dire que toute la science du monde est renfermée dans votre tête; et vous voulez en savoir plus que tous les grands médecins de notre siècle.

BÉRALDE.

Dans les discours et dans les choses, ce sont deux sortes de personnes que vos grands médecins. Entendez-les parler, les plus habiles gens du monde; voyez-les faire, les plus ignorans de tous les hommes.

ARGAN.

Ouais! vous êtes un grand docteur, à ce que je vois; et je voudrois bien qu'il y eût ici quelqu'un de ces messieurs, pour rembarrer vos raisonnemens, et rabaisser votre caquet.

BERALDE.

Moi, mon frère, je ne prends point à tâche de combattre la médecine; et chacun, à ses périls et fortune, peut croire tout ce qu'il lui plaît. Ce que j'en dis n'est qu'entre nous; et j'aurois souhaité de pouvoir un peu vous tirer de l'erreur où vous êtes; et, pour vous divertir, vous mener voir, sur ce chapitre, quelqu'une des comédies de Molière.

ARGAN.

C'est un bon impertinent que votre Molière, avec ses comédies! et je le trouve bien plaisant, d'aller jouer d'honnêtes gens comme les médecins!

BÉRALDE.

Ce ne sont point les médecins qu'il joue, mais le ridicule de la médecine.

ARGAN.

C'est bien à lui affaire, de se mêler de contrôler la médecine! Voilà un bon nigaud, un bon impertinent, de se moquer des consultations et des ordonnances, de s'attaquer au corps des médecins, et d'aller mettre sur son théâtre des personnes vénérables comme ces messieurs-là!

BÉRALDE.

Que voulez-vous qu'il y mette, que les diverses professions des hommes? On y met bien tous les jours les princes et les rois, qui sont d'aussi bonne maison que les médecins.

ARGAN.

Par la mort non de diable, si j'étois que des médecins, je me vengerois de son impertinence; et, quand il sera malade, je le laisserois mourir sans secours. Il auroit beau faire et beau dire, je ne lui ordonnerois pas la moindre petite saignée, le moindre petit lavement; et je lui dirois : Crève, crève; cela t'apprendra une autre fois à te jouer de la Faculté.

BÉRALDE.

Vous voilà bien en colère contre lui.

ARGAN.

Oui. C'est un malavisé; et, si les médecins sont sages, ils feront ce que je dis.

BÉRALDE.

Il sera encore plus sage que vos médecins; car il ne leur demandera point de secours.

ARGAN.

Tant pis pour lui, s'il n'a point recours aux remèdes.

BÉRALDE.

Il a ses raisons pour n'en point vouloir, et il soutient que cela n'est permis qu'aux gens vigoureux et robustes, et qui ont des forces de reste pour porter les remèdes avec la maladie; mais que, pour lui, il n'a justement de la force que pour porter son mal.

ARGAN.

Les sottes raisons que voilà! Tenez, mon frère, ne parlons point de cet homme-là davantage; car cela m'échauffe la bile, et vous me donneriez mon mal.

SCÈNE IV.

M. FLEURANT, une seringue à la main; ARGAN, BÉRALDE.

ARGAN.

Ah! mon frère, avec votre permission.

BÉRALDE.

Comment? que voulez-vous faire?

ARGAN.

Prendre ce petit lavement-là; ce sera bientôt fait.

BÉRALDE.

Vous vous moquez. Est-ce que vous ne sauriez être un moment sans lavement ou sans médecine? Remettez cela à une autre fois, et demeurez un peu en repos.

ARGAN.

Monsieur Fleurant, à ce soir, ou à demain au matin.

MONSIEUR FLEURANT, à Beralde.

De quoi vous mêlez-vous, de vous opposer aux ordonnances de la médecine, et d'empêcher monsieur de prendre mon clystère? Vous êtes bien plaisant d'avoir cette hardiesse-là!

BÉRALDE.

Allez, monsieur; on voit bien que vous n'avez pas accoutumé de parler à des visages.

MONSIEUR FLEURANT.

On ne doit point ainsi se jouer des remèdes, et me faire perdre mon temps. Je ne suis venu ici que sur une bonne ordonnance, et je vais dire à monsieur Purgon comme on m'a empêché d'exécuter ses ordres, et de faire ma fonction. Vous verrez, vous verrez....

SCÈNE V.

ARGAN, BÉRALDE.

ARGAN.

Mon frère, vous serez cause ici de quelque malheur.

BÉRALDE.

Le grand malheur de ne pas prendre un lavement que monsieur Purgon a ordonné! Encore un coup, mon frère, est-il possible qu'il n'y ait pas moyen de vous guérir de la maladie des médecins, et que vous vouliez être toute votre vie enseveli dans leurs remèdes?

ARGAN.

Mon Dieu! mon frère, vous en parlez comme un homme qui se porte bien; mais, si vous étiez à ma place, vous changeriez bien de langage. Il est aisé de parler contre la médecine, quand on est en pleine santé.

BÉRALDE.

Mais quel mal avez-vous?

ARGAN.

Vous me feriez enrager. Je voudrais que vous l'eussiez, mon mal, pour voir si vous jaseriez tant. Ah! voici monsieur Purgon.

SCÈNE VI.

M. PURGON, ARGAN, BÉRALDE, TOINETTE.

MONSIEUR PURGON.

Je viens d'apprendre là-bas à la porte, de jolies nouvelles; qu'on se moque ici de mes ordonnances, et qu'on a fait refus de prendre le remède que j'avois prescrit.

ARGAN.

Monsieur, ce n'est pas....

MONSIEUR PURGON.

Voilà une hardiesse bien grande, une étrange rébellion d'un malade contre son médecin.

TOINETTE

Cela est épouvantable.

MONSIEUR PURGON.

Un clystère que j'avois pris plaisir à composer moi-même;

ARGAN.

Ce n'est pas moi....

MONSIEUR PURGON.

Inventé et formé dans toutes les règles de l'art;

TOINETTE.

Il a tort.

MONSIEUR PURGON.

Et qui devoit faire dans les entrailles un effet merveilleux.

ARGAN.

Mon frère?

MONSIEUR PURGON.

Le renvoyer avec mépris!

ARGAN, montrant Béralde.

C'est lui....

MONSIEUR PURGON.

C'est une action exorbitante,

TOINETTE.

Cela est vrai.

MONSIEUR PURGON.

Un attentat énorme contre la médecine,

ARGAN, montrant Béralde.

Il est cause....

MONSIEUR PURGON.

Un crime de lèse-faculté, qui ne se peut assez punir.

TOINETTE.

Vous avez raison.

MONSIEUR PURGON.

Je vous déclare que je romps commerce avec vous;

ARGAN.

C'est mon frère....

MONSIEUR PURGON.

Que je ne veux plus d'alliance avec vous;

TOINETTE.

Vous ferez bien.

MONSIEUR PURGON.

Et que, pour finir toute liaison avec vous.....

ARGAN.

C'est mon frère qui a fait tout le mal.

MONSIEUR PURGON.

Mépriser mon clystère!

ARGAN.

Faites-le venir; je m'en vais le prendre.

MONSIEUR PURGON.

Je vous aurois tiré d'affaire avant qu'il fût peu.

TOINETTE.

Il ne le mérite pas.

MONSIEUR PURGON.

J'allois nettoyer votre corps, et en évacuer entièrement les mauvaises humeurs.

ARGAN.

Ah! mon frère!

MONSIEUR PURGON.

Et je ne voulois plus qu'une douzaine de médecines pour vider le fond du sac.

TOINETTE.

Il est indigne de vos soins.

MONSIEUR PURGON.

Mais, puisque vous n'avez pas voulu guérir par mes mains,

ARGAN.

Ce n'est pas ma faute.

MONSIEUR PURGON.

Puisque vous vous êtes soustrait de l'obéissance que l'on doit à son médecin,

TOINETTE.

Cela crie vengeance.

MONSIEUR PURGON.

Puisque vous vous êtes déclaré rebelle aux remèdes que je vous ordonnois....

ARGAN.

Hé! point du tout.

MONSIEUR PURGON.

J'ai à vous dire que je vous abandonne à votre mauvaise constitution, à l'intempérie de vos entrailles, à la corruption de votre sang, à l'âcreté de votre bile, et à la féculence de vos humeurs.

TOINETTE.

C'est fort bien fait.

ARGAN.

Mon Dieu !

MONSIEUR PURGON.

Et je veux qu'avant qu'il soit quatre jours vous deveniez dans un état incurable ;

ARGAN.

Ah ! miséricorde !

MONSIEUR PURGON.

Que vous tombiez dans la bradipepsie,

ARGAN.

Monsieur Purgon !

MONSIEUR PURGON.

De la bradipepsie dans la dispepsie,

ARGAN.

Monsieur Purgon !

MONSIEUR PURGON.

De la dispepsie dans l'apepsie,

ARGAN.

Monsieur Purgon !

MONSIEUR PURGON.

De l'apepsie dans la lienterie....

ARGAN.

Monsieur Purgon !

MONSIEUR PURGON.

De la lienterie dans la dyssenterie....

ARGAN.

Monsieur Purgon !

MONSIEUR PURGON.

De la dyssenterie dans l'hydropisie....

ARGAN.

Monsieur Purgon !

MONSIEUR PURGON.

Et de l'hydropisie dans la privation de la vie, où vous aura conduit votre folie.

SCÈNE VII.
ARGAN, BÉRALDE.

ARGAN.

Ah! mon dieu! je suis mort. Mon frère, vous m'avez perdu.

BÉRALDE.

Quoi? qu'y a-t-il?

ARGAN.

Je n'en puis plus. Je sens déjà que la médecine se venge.

BÉRALDE.

Ma foi, mon frère, vous êtes fou; et je ne voudrois pas, pour beaucoup de choses, qu'on vous vît faire ce que vous faites. Tâtez-vous un peu, je vous prie, revenez à vous-même, et ne donnez point tant à votre imagination.

ARGAN.

Vous voyez, mon frère, les étranges maladies dont il m'a menacé.

BÉRALDE.

Le simple homme que vous êtes!

ARGAN.

Il dit que je deviendrai incurable avant qu'il soit quatre jours.

BÉRALDE.

Et ce qu'il dit, que fait-il à la chose? Est-ce un oracle qui a parlé? Il semble, à vous entendre, que monsieur Purgon tienne dans ses mains le filet de vos jours, et que, d'autorité suprême, il vous l'allonge et le raccourcisse comme il lui plaît. Songez que les principes de votre vie sont en vous-même, et que le courroux de monsieur Purgon est aussi peu capable de vous faire mourir, que ses remèdes de vous faire vivre. Voici une aventure, si vous voulez, à vous défaire des médecins; ou, si vous êtes né à ne pouvoir vous en passer, il est aisé d'en avoir un autre, avec lequel, mon frère, vous puissiez courir un peu moins de risque.

ARGAN.

Ah! mon frère, il sait tout mon tempérament, et la manière dont il faut me gouverner.

BÉRALDE.

Il faut vous avouer que vous êtes un homme d'une grande prévention, et que vous voyez les choses avec d'étranges yeux.

SCÈNE VIII.

ARGAN, BÉRALDE, TOINETTE.

TOINETTE, à Argan.

Monsieur, voilà un médecin qui demande à vous voir.

ARGAN.

Et quel médecin?

TOINETTE.

Un médecin de la médecine.

ARGAN.

Je te demande qui il est?

TOINETTE.

Je ne le connois pas, mais il me ressemble comme deux gouttes d'eau.

ARGAN.

Fais-le venir.

SCÈNE IX.

ARGAN, BÉRALDE.

BÉRALDE.

Vous êtes servi à souhait. Un médecin vous quitte ; un autre se présente.

ARGAN.

J'ai bien peur que vous ne soyez cause de quelque malheur.

BÉRALDE.

Encore! Vous en revenez toujours là.

ARGAN.

Voyez-vous, j'ai sur le cœur toutes ces maladies-là, que je ne connois point, ces.....

SCÈNE X.

ARGAN, BÉRALDE ; TOINETTE, en médecin.

TOINETTE.

Monsieur, agréez que je vienne vous rendre visite, et vous offrir mes petits services pour toutes les saignées et purgations dont vous aurez besoin.

ARGAN.

Monsieur, je vous suis fort obligé. (A Béralde.) Par ma foi, voilà Toinette elle-même.

TOINETTE.

Monsieur, je vous prie de m'excuser : j'ai oublié de donner une commission à mon valet ; je reviens tout à l'heure.

SCÈNE XI.

ARGAN, BÉRALDE.

ARGAN.

Hé? ne diriez-vous pas que c'est effectivement Toinette?

BÉRALDE.

Il est vrai que la ressemblance est tout à fait grande : mais ce n'est pas la première fois qu'on a vu de ces sortes de choses; et les histoires ne sont pleines que de ces jeux de la nature.

ARGAN.

Pour moi, j'en suis surpris; et.....

SCÈNE XII.

ARGAN, BÉRALDE, TOINETTE.

TOINETTE.

Que voulez-vous, monsieur?

ARGAN.

Comment?

TOINETTE.

Ne m'avez-vous pas appelée?

ARGAN.

Moi? Non.

TOINETTE.

Il faut donc que les oreilles m'aient corné.

ARGAN.

Demeure un peu ici pour voir comme ce médecin te ressemble.

TOINETTE.

Oui, vraiment! J'ai affaire là-bas; et je l'ai assez vu.

SCÈNE XIII.

ARGAN, BÉRALDE.

ARGAN.

Si je ne les voyais tous deux, je croirois que ce n'est qu'un.

BÉRALDE.

J'ai lu des choses surprenantes de ces sortes de ressemblances, et nous en avons vu, de notre temps, où tout le monde s'est trompé.

ARGAN.

Pour moi, j'aurois été trompé à celle-là, et j'aurois juré que c'est la même personne.

SCÈNE XIV.

ARGAN, BÉRALDE; TOINETTE, en médecin.

TOINETTE.

Monsieur, je vous demande pardon de tout mon cœur.

ARGAN, bas, à Béralde.

Cela est admirable.

TOINETTE.

Vous ne trouverez pas mauvais, s'il vous plaît, la curiosité que j'ai eue de voir un illustre malade comme vous êtes; et votre réputation, qui s'étend partout, peut excuser la liberté que j'ai prise.

ARGAN.

Monsieur, je suis votre serviteur.

TOINETTE.

Je vois, monsieur, que vous me regardez fixement. Quel âge croyez-vous bien que j'aie?

ARGAN.

Je crois que tout au plus vous pouvez avoir vingt-six ou vingt-sept ans.

TOINETTE.

Ah, ah, ah, ah, ah! J'en ai quatre-vingt-dix.

ARGAN.

Quatre-vingt-dix!

TOINETTE.

Oui. Vous voyez un effet des secrets de mon art, de me conserver ainsi frais et vigoureux.

ARGAN.

Par ma foi, voilà un beau jeune vieillard pour quatre-vingt-dix ans !

TOINETTE.

Je suis médecin passager, qui vais de ville en ville, de province en province, de royaume en royaume, pour chercher d'illustres matières à ma capacité, pour trouver des malades dignes de m'occuper, capables d'exercer les grands et beaux secrets que j'ai trouvés dans la médecine. Je dédaigne de m'amuser à ce menu fatras de maladies ordinaires, à ces bagatelles de rhumatismes et de fluxions, à ces fiévrotes, à ces vapeurs, et à ces migraines. Je veux des maladies d'importance, de bonnes fièvres continues avec des transports au cerveau, de bonnes fièvres pourprées, de bonnes pestes, de bonnes hydropisies formées, de bonnes pleurésies avec des inflammations de poitrine : c'est là que je me plais, c'est là que je triomphe ; et je voudrois, monsieur, que vous eussiez toutes les maladies que je viens de dire, que vous fussiez abandonné de tous les médecins, désespéré, à l'agonie, pour vous montrer l'excellence de mes remèdes, et l'envie que j'aurois de vous rendre service.

ARGAN.

Je vous suis obligé, monsieur, des bontés que vous avez pour moi.

TOINETTE.

Donnez-moi votre pouls. Allons donc, que l'on batte comme il faut. Ah ! je vous ferai bien aller comme vous devez. Ouais ! ce pouls-là fait l'impertinent ; je vois bien que vous ne me connoissez pas encore. Qui est votre médecin ?

ARGAN.

Monsieur Purgon.

TOINETTE.

Cet homme-là n'est point écrit sur mes tablettes entre les grands médecins. De quoi dit-il que vous êtes malade?

ARGAN.

Il dit que c'est du foie, et d'autres disent que c'est de la rate.

TOINETTE.

Ce sont tous des ignorants. C'est du poumon que vous êtes malade.

ARGAN.

Du poumon!

TOINETTE.

Oui. Que sentez-vous?

ARGAN.

Je sens de temps en temps des douleurs de tête.

TOINETTE.

Justement, le poumon.

ARGAN.

Il me semble parfois que j'ai un voile devant les yeux.

TOINETTE.

Le poumon.

ARGAN.

J'ai quelquefois des maux de cœur.

TOINETTE.

Le poumon.

ARGAN.

Je sens parfois des lassitudes par tous les membres.

TOINETTE.

Le poumon.

ARGAN.

Et quelquefois il me prend des douleurs dans le ventre, comme si c'étoient des coliques.

TOINETTE.

Le poumon. Vous avez appétit à ce que vous mangez?

ARGAN.

Oui, monsieur.

TOINETTE.

Le poumon. Vous aimez à boire un peu de vin?

ARGAN.

Oui, monsieur.

TOINETTE.

Le poumon. Il vous prend un petit sommeil après le repas, et vous êtes bien aise de dormir?

ARGAN.

Oui, monsieur.

TOINETTE.

Le poumon, le poumon, vous dis-je. Que vous ordonne votre médecin pour votre nourriture?

ARGAN.

Il m'ordonne du potage,

TOINETTE.

Ignorant!

ARGAN.

De la volaille,

TOINETTE.

Ignorant!

ARGAN.

Du veau,

TOINETTE.

Ignorant!

ARGAN.

Des bouillons,

TOINETTE.

Ignorant!

ARGAN.

Des œufs frais,

TOINETTE.

Ignorant!

ARGAN.

Et le soir de petits pruneaux pour lâcher le ventre,

TOINETTE.

Ignorant !

ARGAN.

Et surtout de boire mon vin fort trempé.

TOINETTE.

Ignorantus, ignoranta, ignorantum. Il faut boire votre vin pur; et, pour épaissir votre sang qui est trop subtil, il faut manger de bon gros bœuf, de bon gros porc, de bon fromage de Hollande; du gruau et du riz, et des marrons et des oublies, pour coller et conglutiner. Votre médecin est une bête. Je veux vous en envoyer un de ma main; et je viendrai vous voir de temps en temps, tandis que je serai en cette ville.

ARGAN.

Vous m'obligez beaucoup.

TOINETTE.

Que diantre faites-vous de ce bras-là?

ARGAN.

Comment?

TOINETTE.

Voilà un bras que je me ferois couper tout à l'heure, si j'étois de vous.

ARGAN.

Et pourquoi?

TOINETTE.

Ne voyez-vous pas qu'il tire à soi toute la nourriture, et qu'il empêche ce côté-là de profiter?

ARGAN.

Oui; mais j'ai besoin de mon bras.

TOINETTE.

Vous avez là aussi un œil droit que je me ferois crever, si j'étois en votre place.

ARGAN.

Crever un œil?

TOINETTE.

Ne voyez-vous pas qu'il incommode l'autre, et lui dérobe sa nourriture? Croyez-moi, faites-vous-le crever au plus tôt : vous en verrez plus clair de l'œil gauche.

ARGAN.

Cela n'est pas pressé.

TOINETTE.

Adieu. Je suis fâché de vous quitter si tôt; mais il faut que je me trouve à une grande consultation qui se doit faire pour un homme qui mourut hier.

ARGAN.

Pour un homme qui mourut hier?

TOINETTE.

Oui : pour aviser et voir ce qu'il auroit fallu lui faire pour le guérir. Jusqu'au revoir.

ARGAN.

Vous savez que les malades ne reconduisent point.

SCÈNE XV.

ARGAN, BÉRALDE.

BÉRALDE.

Voilà un médecin, vraiment, qui paroît fort habile!

ARGAN.

Oui; mais il y va un peu bien vite.

BÉRALDE.

Tous les grands médecins sont comme cela.

ARGAN.

Me couper un bras, et me crever un œil, afin que l'autre se porte mieux! J'aime bien mieux qu'il ne se porte pas si bien. La belle opération, de me rendre borgne et manchot!

SCÈNE XVI.

ARGAN, BÉRALDE, TOINETTE.

BÉRALDE.

Oh çà ! mon frère, puisque voilà votre monsieur Purgon brouillé avec vous, ne voulez-vous pas bien que je vous parle...

ARGAN.

Je vous entends, vous en revenez toujours là, et ma femme vous tient au cœur.

BÉRALDE.

Hé bien ! oui, mon frère : puisqu'il faut parler à cœur ouvert, c'est votre femme que je veux dire; et, non plus que l'entêtement de la médecine, je ne puis vous souffrir l'entêtement où vous êtes pour elle, et voir que vous donniez, tête baissée, dans tous les piéges qu'elle vous tend.

TOINETTE.

Ah ! monsieur, ne parlez point de madame; c'est une femme sur laquelle il n'y a rien à dire, une femme sans artifice, et qui aime monsieur, qui l'aime..... On ne peut pas dire cela.

ARGAN.

Demandez-lui un peu les caresses qu'elle me fait.

TOINETTE.

Cela est vrai.

ARGAN.

L'inquiétude que lui donne ma maladie.

TOINETTE.

Assurément.

ARGAN.

Et les soins et les peines qu'elle prend autour de moi.

TOINETTE.

Il est certain. (A Beralde.) Voulez-vous que je vous convainque, et vous fasse voir, tout à l'heure, comme madame aime monsieur? (A Argan.) Monsieur, souffrez que je lui montre son bec jaune, et le tire d'erreur.

ARGAN.

Comment?

TOINETTE.

Madame s'en va revenir. Mettez-vous tout étendu dans cette chaise, et contrefaites le mort. Vous verrez la douleur où elle sera, quand je lui dirai la nouvelle.

ARGAN.

Je le veux bien.

TOINETTE.

Oui; mais ne la laissez pas longtemps dans le désespoir, car elle en pourroit bien mourir.

ARGAN.

Laisse-moi faire.

TOINETTE, à Beralde.

Cachez-vous, vous, dans ce coin-là.

SCÈNE XVII.

ARGAN, TOINETTE.

ARGAN.

N'y a-t-il point quelque danger à contrefaire le mort?

TOINETTE.

Non, non. Quel danger y auroit-il? Étendez-vous là seulement. (Bas.) Il y aura plaisir à confondre votre frère. Voici madame. Tenez-vous bien.

SCÈNE XVIII.

BÉLINE; ARGAN, étendu dans sa chaise; TOINETTE.

TOINETTE, feignant de ne pas voir Beline.

Ah! mon Dieu! Ah! malheur! Quel étrange accident!

BÉLINE.

Qu'est-ce, Toinette?

TOINETTE.

Ah! madame!

BÉLINE.

Qu'y a-t-il?

TOINETTE.

Votre mari est mort.

BÉLINE

Mon mari est mort?

TOINETTE.

Hélas! Oui! Le pauvre défunt est trépassé.

BÉLINE.

Assurément?

TOINETTE.

Assurément. Personne ne sait encore cet accident-là, et je me suis trouvée ici toute seule. Il vient de passer entre mes bras. Tenez, le voilà tout de son long dans cette chaise.

BÉLINE.

Le ciel en soit loué! Me voilà délivrée d'un grand fardeau. Que tu es sotte, Toinette, de t'affliger de cette mort!

TOINETTE.

Je pensois, madame, qu'il fallùt pleurer.

BELINE

Va, va, cela n'en vaut pas la peine. Quelle perte est-ce que la sienne? et de quoi servoit-il sur la terre? Un homme incommode à tout le monde, malpropre, dégoûtant, sans cesse un lavement ou une médecine dans le ventre, mouchant, toussant, crachant toujours; sans esprit, ennuyeux, de mauvaise humeur, fatiguant sans cesse les gens, et grondant jour et nuit servantes et valets.

TOINETTE.

Voilà une belle oraison funèbre !

BÉLINE.

Il faut, Toinette, que tu m'aides à exécuter mon dessein, et tu peux croire qu'en me servant, ta récompense est sûre. Puisque, par un bonheur, personne n'est encore averti de la chose, portons-le dans son lit, et tenons cette mort cachée, jusqu'à ce que j'aie fait mon affaire. Il y a des papiers, il y a de l'argent, dont je me veux saisir ; et il n'est pas juste que j'aie passé sans fruit, auprès de lui, mes plus belles années. Viens, Toinette ; prenons auparavant toutes ses clefs.

ARGAN, se levant brusquement.

Doucement.

BÉLINE.

Ahi !

ARGAN.

Oui, madame ma femme, c'est ainsi que vous m'aimez ?

TOINETTE.

Ah ! ah ! le défunt n'est pas mort !

ARGAN, à Béline, qui sort.

Je suis bien aise de voir votre amitié, et d'avoir entendu le beau panégyrique que vous avez fait de moi. Voilà un avis au lecteur qui me rendra sage à l'avenir, et qui m'empêchera de faire bien des choses.

SCÈNE XIX.

BÉRALDE, sortant de l'endroit où il s'était caché; ARGAN, TOINETTE.

BÉRALDE.

Hé bien ! mon frère, vous le voyez.

TOINETTE.

Par ma foi, je n'aurois jamais cru cela. Mais j'entends votre fille : remettez-vous comme vous étiez, et voyons de quelle manière elle recevra votre mort. C'est une chose qu'il n'est pas mauvais d'éprouver; et, puisque vous êtes en train, vous connoîtrez par là les sentimens que votre famille a pour vous.

(Beralde va se cacher.)

SCÈNE XX.

ARGAN, ANGÉLIQUE, TOINETTE.

TOINETTE, feignant de ne pas voir Angélique.

O ciel! ah! fâcheuse aventure! Malheureuse journée!

ANGÉLIQUE.

Qu'as-tu, Toinette? et de quoi pleures-tu?

TOINETTE.

Hélas! j'ai de tristes nouvelles à vous donner.

ANGÉLIQUE.

Hé! quoi?

TOINETTE.

Votre père est mort.

ANGÉLIQUE.

Mon père est mort, Toinette?

TOINETTE.

Oui. Vous le voyez là; il vient de mourir tout à l'heure d'une foiblesse qui lui a pris.

ANGÉLIQUE.

O ciel! quelle infortune! quelle atteinte cruelle! Hélas! faut-il que je perde mon père, la seule chose qui me restoit au monde; et qu'encore, pour un surcroît de désespoir, je le perde dans un moment où il étoit irrité contre moi! Que deviendrai-je, malheureuse? et quelle consolation trouver après une si grande perte?

ARGAN, embrassant Angélique.

Ah! ma fille!

ANGÉLIQUE.

Ahi!

ARGAN.

Viens. N'aie point de peur; je ne suis pas mort. Va, tu es mon vrai sang, ma véritable fille, et je suis ravi d'avoir vu ton bon naturel.

SCÈNE XXI.

ARGAN, BÉRALDE, ANGÉLIQUE, TOINETTE.

ANGÉLIQUE.

Ah! quelle surprise agréable!

BÉRALDE.

Mon frère, il me vient une pensée. Faites-vous médecin vous-même, la commodité sera plus grande, d'avoir en vous tout ce qu'il vous faut.

TOINETTE.

Cela est vrai. Voilà le vrai moyen de vous guérir bientôt; et il n'y a point de maladie si osée que de se jouer à la personne d'un médecin.

ARGAN.

Je pense, mon frère, que vous vous moquez de moi. Est-ce que je suis en âge d'étudier?

BÉRALDE.

Bon, étudier! Vous êtes assez savant; et il y en a beaucoup parmi eux qui ne sont pas plus habiles que vous.

ARGAN.

Mais il faut savoir bien parler latin, connoître les maladies et les remèdes qu'il y faut faire.

BÉRALDE.

En recevant la robe et le bonnet de médecin, vous apprendrez tout cela, et vous serez après plus habile que vous ne voudrez.

ARGAN.

Quoi! l'on sait discourir sur les maladies, quand on a cet habit-là?

BÉRALDE.

Oui. L'on n'a qu'à parler avec une robe et un bonnet, tout galimatias devient savant, et toute sottise devient raison.

TOINETTE.

Tenez, monsieur, quand il n'y auroit que votre barbe, c'est déjà beaucoup; et la barbe fait plus de la moitié d'un médecin.

BÉRALDE, à Argan.

Voulez-vous que l'affaire se fasse tout à l'heure?

ARGAN.

Comment, tout à l'heure?

BÉRALDE.

Oui, et dans votre maison.

ARGAN.

Dans ma maison?

BÉRALDE.

Oui. Je connois une faculté de mes amies, qui viendra tout à l'heure en faire la cérémonie dans votre salle. Cela ne vous coûtera rien.

ARGAN.

Mais, moi, que dire? que répondre?

BÉRALDE.

On vous instruira en deux mots, et l'on vous donnera par écrit ce que vous devez dire. Allez-vous-en vous mettre en habit décent. Je vais les envoyer quérir.

ARGAN.

Allons, voyons cela.

SCÈNE XXIII.

BÉRALDE, ANGÉLIQUE, TOINETTE.

TOINETTE.

Quel est donc votre dessein?

BÉRALDE.

De nous divertir un peu ce soir. Les comédiens ont fait un petit intermède de la réception d'un médecin, avec des danses et de la musique; je veux que nous en prenions ensemble le divertissement, et que mon frère y fasse le premier personnage.

ANGÉLIQUE.

Mais, mon oncle, il me semble que vous vous jouez un peu beaucoup de mon père.

BÉRALDE.

Mais, ma nièce, ce n'est pas tant le jouer, que s'accommoder à ses fantaisies. Tout ceci n'est qu'entre nous. Nous y pouvons aussi prendre chacun un personnage, et nous donner ainsi la comédie les uns aux autres. Le carnaval autorise cela. Allons vite préparer toutes choses.

DEUXIÈME INTERMÈDE

C'est une cérémonie burlesque d'un homme qu'on fait médecin, en récit, chant et danse. Plusieurs tapissiers viennent préparer la salle et placer les bancs en cadence. Ensuite de quoi, toute l'assemblée, composée de huit porte-seringues, six apothicaires, vingt-deux docteurs, et celui qui se fait recevoir médecin, huit chirurgiens dansans, et deux chantans, entrent et prennent place, chacun selon son rang.

PREMIÈRE ENTRÉE DE BALLET.

PRÆSES.

Savantissimi doctores,
Medicinæ professores,
Qui hic assemblati estis;
Et vos, altri messiores,
Sententiarum facultatis
Fideles executores,
Chirurgiani et apothicari
Atque tota compania aussi,
Salus, honor et argentum,
Atque bonum appetitum.

Non possum, docti confreri,
En moi satis admirari,
Qualis bona inventio
Est medici professio;
Quam bella chosa est et bene trovata,
Medicina illa benedicta,
Quæ, suo nomine solo,
Surprenanti miraculo,
Depuis si longo tempore;
Facit à gogo vivere
Tant de gens omni genere.

Per totam terram videmus
Grandam vogam ubi sumus;
Et quod grandes et petiti
Sunt de nobis infatuti.

Totus mundus, currens ad nostros remedios,
Nos regardat sicut deos;
Et nostris ordonnanciis
Principes et reges soumissos videtis.

Doncque il est nostræ sapientiæ,
Boni sensùs atque prudentiæ,
De fortement travaillare
A nos bene conservare
In tali credito, voga et honore;
Et prendere gardam à non recevere,
In nostro docto corpore,
Quam personas capabiles,
Et totas dignas remplire
Has plaças honorabiles.
C'est pour cela que nunc convocati estis;
Et credo quod trovabitis
Dignam matieram medici
In savanti homine que voici;
Lequel, in chosis omnibus,
Dono ad interrogandum,
Et à fond examinandum
Vestris capacitatibus.

PRIMUS DOCTOR.

Si mihi licentiam dat dominus Præses,
Et tanti docti doctores,
Et assistantes illustres,
Très-savanti Bacheliero,
Quem estimo et honoro,
Domandabo causam et rationem quare
Opium facit dormire.

BACHELIERUS.

Mihi a docto doctore
Domandatur causam et rationem quare
Opium facit dormire.
A quoi respondeo,
Quia est in eo
Virtus dormitiva,

Cujus est natura
Sensus assoupire.

CHORUS.

Bene, bene, bene, bene respondere.
Dignus, dignus est intrare
In nostro docto corpore.
Bene, bene respondere.

SECUNDUS DOCTOR.

Cum permissione domini Præsidis,
Doctissimæ facultatis,
Et totius his nostris actis
Companiæ assistantis,
Domandabo tibi, docte Bacheliere,
Quæ sunt remedia
Quæ, in maladia
Dite hydropisia,
Convenit facere.

BACHELIERUS.

Clysterium donare,
Postea seignare,
Ensuita purgare.

CHORUS.

Bene, bene, bene, bene respondere.
Dignus, dignus est intrare
In nostro docto corpore.

TERTIUS DOCTOR.

Si bonum semblatur domino Præsidi,
Doctissimæ facultati,
Et companiæ præsenti,
Domandabo tibi, docte Bacheliere,
Quæ remedia eticis,

Pulmonicis atque asmaticis
Trovas à propos facere

BACHELIERUS.

Clysterium donare,
Postea seignare,
Ensuita purgare.

CHORUS.

Bene, bene, bene, bene respondere.
Dignus, dignus est intrare
In nostro docto corpore.

QUARTUS DOCTOR.

Super illas maladias,
Doctus Bachelierus dixit maravillas;
Mais, si non ennuyo dominum Præsidem,
Doctissimam facultatem,
Et totam honorabilem
Companiam ecoutantem;
Faciam illi unam questionem.

Dès hiero maladus unus
Tombavit in meas manus;
Habet grandam fievram cum redoublamentis,
Grandam dolorem capitis,
Et grandum malum au côté,
Cum granda difficultate
Et pena à respirare.
Veillas mihi dire,
Docte Bacheliere,
Quid illi facere.

BACHELIERUS.

Clysterium donare,
Postea seignare,
Ensuita purgare.

QUINTUS DOCTOR.

Mais, si maladia
Opiniatria
Non vult se garire,
Quid illi facere?

BACHELIERUS.

Clysterium donare.
Postea seignare,
Ensuita purgare.
Reseignare, repurgare et reclysterisare.

CHORUS.

Bene, bene, bene, bene respondere
Dignus, dignus est intrare
In nostro docto corpore.

PRÆSES.

Juras gardare statuta
Per facultatem præscripta,
Cum sensu et jugeamento?

BACHELIERUS.

Juro.

PRÆSES.

Essere in omnibus
Consultationibus
Ancieni aviso,
Aut bono,
Aut mauvaiso?

BACHELIERUS.

Juro.

PRÆSES.

De non jamais te servire
De remediis aucunis,
Quam de ceux seulement doctæ facultatis,
Maladus dùt-il crevare
Et mori de suo malo?

BACHELIERUS.

Juro.

PRÆSES.

Ego, cum isto boneto
Venerabili et docto,
Dono tibi et concedo
Virtutem et puissanciam
    Medicandi,
    Purgandi,
    Seignandi,
    Perçandi,
    Taillandi,
    Coupandi,
Et occidendi
Impune per totam terram.

DEUXIÈME ENTRÉE DE BALLET.

*Tous les chirurgiens et apothicaires viennent lui faire
la révérence en cadence.*

BACHELIERUS.

Grandes doctores doctrinæ
De la rhubarbe et du séné,
Ce seroit sans douta à moi chosa folla,
    Inepta et ridicula,
Si j'alloi bam m'engageare

Vobis louangeas donare,
Et entreprenoibam adjoutare
　Des lumieras au soleillo,
　Et des etoilas au cielo,
　Des ondas à l'oceano,
　Et de rosas au printano.
Agreate qu'avec uno moto :
　Pro toto remercimento
Rendam gratiam corpori tam docto.
　　Vobis, vobis debeo
Bien plus qu'à naturæ et qu'à patri meo
　Natura et pater meus
　Hominem me habent factum ;
Mais vos me, ce qui est bien plus,
　Avetis factum medicum :
　Honor, favor et gratia,
Qui, in hoc corde que voilà,
　Imprimant ressentimenta
Qui durerunt in secula.

CHORUS.

Vivat, vivat, vivat, vivat, cent fois vivat,
　Novus doctor qui tam bene parlat !
Mille, mille annis, et manget et bibat,
　Et seignet et tuat !

TROISIÈME ENTRÉE DE BALLET.

Tous les chirurgiens et les apothicaires dansent au son des instruments et des voix, et des battements de mains, et des mortiers d'apothicaires.

CHIRURGUS.

Puisse-t-il voir doctas
Suas ordonnancias,

Omnium chirurgorum,
Et apothicarum
Remplire boutiquas!

CHORUS.

Vivat, vivat, vivat, vivat, cent fois vivat,
Novus doctor, qui tam bene parlat!
Mille, mille annis, et manget et bibat,
Et seignet et tuat!

CHIRURGUS.

Puissent toti anni
Lui essere boni
Et favorabiles,
Et n'habere jamais
Quam pestas, verolas,
Fievras, pleuresias,
Fluxus de sang et dyssenterias!

CHORUS.

Vivat, vivat, vivat, vivat, cent fois vivat,
Novus doctor, qui tam bene parlat!
Mille, mille annis, et manget et bibat,
Et seignet et tuat!

QUATRIÈME ENTRÉE DE BALLET.

Les médecins, les chirurgiens et les apothicaires sortent tous, selon leur rang, en cérémonie, comme ils sont entrés.

FIN DU MALADE IMAGINAIRE.

TABLE DES MATIÈRES.

	Pages.
Notice	1
Le Misanthrope	5
Le Médecin malgré lui	13
L'Avare	39
Monsieur de Pourceaugnac	65
Le Bourgeois gentilhomme	97
Les Femmes savantes	165
Le Malade imaginaire	215

FIN DES ŒUVRES CHOISIES DE MOLIÈRE.

BAR-LE-DUC, IMPRIMERIE CONTANT-LAGUERRE.

BIBLIOTHÈQUE DES CHEFS-D'ŒUVRE

Formats in-8° et grand in-12.

Bernardin de Saint-Pierre.	Œuvres choisies, 2 vol.
Boileau.	Œuvres choisies, 1 vol.
Bossuet.	Discours sur l'Histoire universelle, 2 vol.
Buffon.	La terre et l'homme, 1 vol.
—	Les animaux domestiques, 1 vol.
—	Les Quadrupèdes, 1 vol.
—	Les Oiseaux, 2 vol.
Châteaubriand.	Descriptions et voyages, 2 vol.
—	Génie du Christianisme, nouvelle édition, avec une Notice préliminaire et des notes, 2 vol.*
—	Itinéraire de Paris a Jérusalem, nouvelle édition revue et annotée, 2 vol.*
Corneille.	Théâtre choisi, 1 vol.
Fénelon.	Existence de Dieu ; Vérités de la Religion, 1 vol.
—	Fables ; Dialogue des Morts, 1 vol.
—	Œuvres littéraires, 1 vol.
—	Aventures de Télémaque, précédées d'un Avant-Propos, 1 vol.*
La Bruyère.	Œuvres, comprenant : les Caractères de Théophraste ; — les Caractères, ou les Mœurs du siècle ; — le Discours prononcé dans l'Academie Française le lundi 15 juin 1693, précédé d'une Préface, 1 vol.*
La Fontaine.	Fables, 1 vol.
Lamennais.	Œuvres catholiques, 4 vol.
Michaud.	Histoire des Croisades, 4 vol.
Molière.	Œuvres choisies, comprenant : une Notice ; — le Misanthrope (fragments) ; — le Médecin malgré lui ; — l'Avare (fragments) ; — Monsieur de Pourceaugnac ; — le Bourgeois gentilhomme ; — les Femmes savantes ; — le Malade imaginaire, 1 vol.*
Montesquieu.	Grandeur et décadence des Romains, 1 vol.
Pascal.	Pensées, 1 vol.
Plutarque.	Histoire des grands hommes, 1 vol.
Racine (Jean).	Œuvres choisies, comprenant : Andromaque (fragments) ; — les Plaideurs ; — Britannicus ; — Mithridate ; — Iphigénie ; — la Mort d'Hippolyte (extrait de *Phèdre*) ; — Esther ; — Athalie. 1 vol.*
Regnard.	Œuvres choisies, 2 vol.
Rousseau (J.-B.).	Œuvres, 1 vol.
Saint-Simon.	Choix de Mémoires, 4 vol.
Sévigné (Mme de).	Lettres a Madame de Grignan, précédées d'une Notice, 2 vol.*
Thierry (August.).	Œuvres : Histoire de la conquête de l'Angleterre ; — Lettres sur l'Histoire de France ; — Dix ans d'Etudes historiques.

Un grand nombre d'autres ouvrages sont en préparation.

BAR-LE-DUC. — IMPRIMERIE CONTANT-LAGUERRE.

www.ingramcontent.com/pod-product-compliance
Lightning Source LLC
Chambersburg PA
CBHW071528160426
43196CB00010B/1697